TOM COWAN

DIE SCHAMANEN VON AVALON

Tom Cowan

DIE SCHAMANEN VON AVALON

Reisen in die Anderswelt der Kelten

Deutsch von Howard Fine

ARISTON

Die Deutsche Bibliothek – CIP-Einheitsaufnahme

COWAN, TOM:
Die Schamanen von Avalon : Reisen in die Anderswelt der Kelten /
Tom Cowan. Aus dem Amerikan. übers. von Howard Fine. – Kreuzlingen ;
München : Ariston-Verl., 1998
Einheitssacht.: Fire in the head: shamanism and the Celtic Spirit < dt. >
ISBN 3-7205-2047-1

Die amerikanische Originalausgabe erschien 1993 unter dem Titel
»Fire in the Head. Shamanism and the Celtic Spirit« bei Harper San Francisco

Redaktionelle Bearbeitung: Ulrike Ascher, Hamburg
Umschlaggestaltung: Manu Böhler, Überlingen
Umschlagmotiv: Brenda Duke
Satz: SatzTeam Berger, Ellenberg
Druck: Wiener Verlag, Himberg bei Wien

ISBN 3-7205-2047-1

INHALT

Dieses Buch ist meiner Schwester Gail in Liebe gewidmet.

DANKSAGUNG

Ganz besonders danken möchte ich Susan Lee Cohen, meiner Agentin, deren Ermutigung und professioneller Rat stets äußerst hilfreich sind; meiner Herausgeberin Barbara Moulton für ihr frühzeitiges Interesse an diesem Buch und ihre Begeisterung; Lisa Bach für ihre klugen, inspirierenden Lektorenvorschläge; Jack Maguire, Edith Borden, Tom Sheeley und Debbi Sheeley dafür, daß sie das Manuskript gelesen und mir ihre Meinung dazu gesagt haben. Dank schulde ich auch den vielen Lehrern und Mentoren, hier und in der Anderswelt.

EINLEITUNG

KELTEN UND SCHAMANEN

Die Suche nach den keltischen Schamanen ist eine faszinierende und umfassende Unternehmung. Keltische Kultur und schamanische Traditionen haben Jahrtausende lang bis heute überdauert. In Westeuropa reicht der Schamanismus mindestens 20 000 Jahre zurück, möglicherweise sogar noch länger. Zu den ersten uns bekannten Belegen für Schamanismus gehören die Szenen, die auf die Höhlenwände von Lascaux im südwestlichen Frankreich und Altamira in Nordspanien gemalt wurden. Diese eindringlich wirkenden Zeichnungen geben offenbar auf sehr archaische, jedoch höchst genaue Weise schamanische Erfahrungen wieder. So zeigen sie etwa verwandelte Personen, die teils Mensch, teils Vierbeiner und teils Vogel sind, eine in tranceartigem Zustand daliegende menschliche Gestalt, Tiere, die in wilder Besessenheit ausschwärmen, und verblüffend klare Darstellungen von Geburt, Leben, Tod und Wiedergeburt. Der Ursprung dieser Bilder ist nicht etwa verloren in der Zeit. Sie sind vielmehr Teil der menschlichen Psyche. Ähnliche Bilder finden sich auch in den Beschreibungen schamanischer Reisen, die moderne Männer und Frauen unternehmen, die in den Einzugsgebieten der großen Städte des 20. Jahrhunderts leben.

Wesentliche Elemente des keltischen Geistes haben sich mit bemerkenswerter Hartnäckigkeit vom 6. und 7. Jh. v. Chr. bis auf den heutigen Tag erhalten. In dem heute gebräuchlichen irischen Segenswunsch »Möge Dein Weg Dir entgegenkommen, die Sonne Dein Gesicht wärmen, der Regen sanft auf Deine Felder fallen und der Wind stets in Deinem Rücken sein«, klingt ein alter keltischer Schwur an, der die Elemente als Zeugen für das Gelöbnis der Treue anruft: »Möge der Himmel auf mich herabfallen, die See mich ertränken und die Erde mich verschlingen, wenn ich Dir untreu werde!«[1] Die gleichen Verweise auf die Kräfte der Natur benutzte ein frühchristlicher irischer Mönch, als er den Kreuzestod Christi beschrieb: »Bei [Christi] Tod fiel kein Feuer auf seine Häscher herab, um sie zu verbrennen, keine große Flut stieg auf, sie fortzuspülen, die Erde öffnete sich nicht, sie zu verschlingen, der Himmel stürzte nicht ein, um sie zu zerschmettern«.[2] Ob man einem Freund Gutes wünscht, Treue gelobt oder über mögliche Vergeltung für das Leiden Christi spricht – der keltische Geist drückt stets eine tiefe Verbundenheit mit der Welt der Natur aus. In dieser starken Verbindung zwischen Bildsprache und Gefühl spiegelt sich eine schamanische Beziehung zu den Naturelementen. Einst wie heute erwarten die Kelten, daß der Wind und der Himmel, das Meer und das Sonnenlicht ihren aus tiefstem Herzen kommenden Ruf erwidern – genauso wie die Schamanen erwarten, daß die Herden auf ihr Rufen herbeieilen, so daß der Stamm mit der Jagd beginnen kann.

SCHAMANISMUS – VOM FLUG IN DIE ANDERSWELT

Das Wort *Schamane** stammt ursprünglich von den sibirischen Stämmen der Tungusen. Es bezeichnet eine Person, die eine ganz bestimmte Form spiritueller Kraft besitzt. Schamanen waren Visionäre, Heiler oder das, was man heute vielleicht »spirituelle Berater« nennt, die in einem Trancezustand arbeiteten. In den letzten Jahren wurde das Wort allerdings sehr frei und oft ungenau auf vielerlei spirituelle und heilende Verfahren angewandt, die mit Stammeskulturen in Verbindung gebracht werden – vom Einsatz von Trommeln und Rasseln bis zur Verehrung eines Tiertotems. Mircea Eliade, eine der führenden Autoritäten auf dem Gebiet des Schamanismus und der Urreligionen, sprach dieses Problem 1951 in seinem bahnbrechenden Werk *Schamanismus und archaische*

* Mit »Schamane« sind immer auch Frauen, d. h. Schamaninnen, gemeint. Wenn von einer Schamanin die Rede ist, ist immer auch ein Schamane gemeint. (Anm. d. Red.)

Ekstasetechnik an, das noch immer eine der Hauptquellen für das Verständnis traditioneller schamanischer Arbeitsweisen in allen Teilen der Welt darstellt. Eliade riet davon ab, den Begriff *Schamane* allgemein auf »jeden Magier, Zauberer, Medizinmann oder Ekstatiker« der gesamten Religionsgeschichte anzuwenden. Er wies darauf hin, daß ein derartiger Gebrauch die Vorstellung vom Schamanismus zugleich äußerst komplex und äußerst ungenau machen und letztlich keinen Nutzen haben würde.[3] Trotzdem ist der Begriff im Laufe der letzten vierzig Jahre infolge wachsender Begeisterung für den Schamanismus zum Bestandteil des modernen Sprachgebrauchs geworden und belebt Diskussionen über Religion, Spiritualität, Heilung, Umweltbewußtsein und zukünftige Lebensstile. Kein Zweifel, der Begriff – wie die Verfahren – ist bedeutsam für die Entwicklung des menschlichen Bewußtseins, weit über die Kulturen Zentralasiens hinaus, denen er entstammt.

Wir sollten weder zulassen, daß durch den vermehrten Gebrauch des Begriffs *Schamane* die klaren Umrisse des ursprünglichen Schamanismus verschwimmen, noch sollte die puristische Verwendung des Begriffs uns davon abhalten, echte schamanische Handlungen zu erkennen, die in kulturellen Zusammenhängen weit weg von den sibirischen Tungusen auftreten. Wir müssen den Begriff anpassen, weil schamanische Erfahrungen und Praktiken in fast allen ursprünglichen Kulturen auftreten und heute von modernen Menschen zu neuem Leben erweckt werden, die niemals in eine skythische Schwitzhütte gekrochen sind oder eine Nacht allein in der sibirischen Steppe verbracht haben.

Schamanismus ist im Grunde eine Form der Wirklichkeitsbetrachtung und eine Methode oder Technik, innerhalb dieser Wirklichkeit tätig zu werden. Ein Schamane nimmt das Universum ganz anders wahr als andere Menschen, und sie hat dort persönliche Erfahrungen gemacht, die über die anderer Menschen hinausgehen. In den meisten Kulturen mit grundlegend schamanischem Weltbild treten bestimmte wesentliche Elemente schamanischer Tradition auf: (1) Schamanen können willentlich einen einzigartigen visionären Bewußtseinszustand erreichen. Dabei erleben sie (2) eine Reise in *nichtalltägliche* Lebenswelten, in denen sie (3)

Wissen und Kraft zum eigenen Nutzen oder für andere Mitglieder ihrer Gemeinschaft erwerben. Diese drei Ereignisse machen das aus, was viele schamanische Praktiker heute als *Kernschamanismus* bezeichnen. Da die *nichtalltäglichen* Welten zumeist unstofflich sind und weitgehend der Vorstellungskraft entspringen, sprechen Schamanen von ihnen als Geisterwelten, und die dort anzutreffenden Wesen bezeichnen sie als Geister.

Ich habe den Begriff unstofflich absichtlich mit Einschränkung gebraucht; das gleiche gilt auch für die Zuordnung schamanischer Erkenntnis zur Vorstellungskraft. Denn die Geistwelt bzw. *nichtalltägliche Wirklichkeit* ist umfassender als das, was wir Menschen uns darunter vorstellen, und sie entzieht sich vielfach den Aussagen, mit denen wir beschreiben, was unserer Erwartung nach dort abläuft. Zum Beispiel scheint die Geistwelt zwar unstofflich oder unkörperlich zu sein, doch haben in jener Welt vollzogene Handlungen oft erstaunliche Auswirkungen auf die *alltägliche Wirklichkeit*. Während einer Heil-Sitzung kann ein Schamane beispielsweise in die *nichtalltägliche Wirklichkeit* reisen, um die Seele eines Sterbenden zurückzuholen oder Krankheitsursachen zu beseitigen, die etwa als Insekten oder Dämonen erscheinen. In solchen Fällen behandelt der Schamane den unsichtbaren, spirituellen Aspekt der Krankheit, aber der Körper erholt sich. Das gleiche gilt für die ›phantasierte‹ Wirklichkeit. So kann es geschehen, daß eine Schamanin an einen Ort der *nichtalltäglichen Wirklichkeit* reist und ihn als Reich der Geisterwelt bezeichnet, später jedoch erfährt, daß es einen solchen Ort durchaus in der gewöhnlichen, physischen Wirklichkeit gibt. Es kann sich herausstellen, daß andere Schamanen ihn auch bereist haben (entweder körperlich oder außerkörperlich) und ihn ebenfalls kennen. Das deutet darauf hin, daß die Anderswelt ein Eigenleben besitzt, das von der Vorstellung des einzelnen Schamanen unabhängig ist. Zudem lassen die weit verbreiteten Zeugnisse über die Manifestationen von Geistwesen in der physischen Welt vermuten, daß sie auch in der gewöhnlichen, stofflichen Welt erscheinen und handeln können, und zwar zumindest teilweise unabhängig von der Vorstellung des Menschen, der sie wahrnimmt.

Die Kelten – Krieger, Heiler und Schamanen

Die keltischen Stämme besetzten und dominierten Mitteleuropa im 6. und 7. Jh. v. Chr. Im 4. Jahrhundert erreichten sie den Höhepunkt ihrer Vormachtstellung und breiteten sich nach Westen, Süden und Osten aus. Sie galten – besonders bei ihren Gegnern – als furchteinflößendes Volk. Im Jahr 390 v. Chr. plünderten keltische Stämme Rom und lösten bei den Römern eine Keltenfurcht aus, die über Jahrhunderte andauerte. 279 v. Chr. überfiel eine kriegführende Schar Kelten den heiligen Schrein im griechischen Delphi. Schließlich gründeten die wandernden keltischen Stämme Vorposten und Niederlassungen auf dem ganzen europäischen Kontinent, von Nord-Spanien bis zur Türkei, von den Britischen Inseln bis zu den Ufern des Schwarzen Meeres.

Der Begriff *Kelte* stammt von griechischen und römischen Schriftstellern, die damit fast unterschiedslos die verschiedenen Stämme bezeichneten, die nördlich und westlich von ihnen Europa besetzten. Doch diese Stämme wurden nie zu einer ›keltischen Nation‹ vereint. Tatsächlich war ihnen die Idee einer nationalen Einheit genauso fremd wie die Vorstellung einer rassischen oder kulturellen Einheit. Sie hatten unterschiedliche Sprachen und Stammesnamen und verschiedenartige Lebensformen. Einige keltische Völker lebten in ländlichen, bäuerlichen Gemeinschaften, andere in mächtigen Hochburgen, die von charismatischen Häuptlingen beherrscht wurden. Mancherorts bewohnten sie friedliche kleine Dörfer, anderswo lebten sie in militärisch geprägten Hügelfestungen. Viele keltische Siedlungen bildeten den Kern moderner Städte wie Paris, London, Orleans, Bourges und Budapest. Andere dagegen waren lediglich vorübergehende Lager, die im Dunkel der Geschichte verschwunden sind.

Dennoch vertreten die meisten modernen Keltenforscher die Auffassung, daß die Stämme eine eigenständige ethnische Gruppe bilden. Trotz der unbestreitbaren Unterschiede waren die einzelnen Stämme doch durch bedeutsame rassische und kulturelle Gemeinsamkeiten verbunden. Klassische Schriftsteller wie Livius,

Strabon, Cäsar, Tacitus, Plinius der Ältere, Poseidonius, Herodot und Diodor, von denen ein Großteil unseres Wissens über die alten Kelten stammt, betrachteten sie als eine eigene Rasse mit ähnlichen Bräuchen, Werten, Institutionen und Glaubensüberzeugungen. Die Kelten waren furchterregende, stolze und begeisterte Krieger, die im Vergleich zu den Mittelmeervölkern ungewöhnlich bunte Kleidung, Juwelen und Körperschmuck trugen und gerne damit prunkten. Ihre Metallverarbeitung brachte unverwechselbar keltische Produkte hervor; sie liebten es, Geschichten zu erzählen, dichteten, sangen, feierten und tranken gern. Als Volk waren sie gastfreundlich, familienorientiert und standen loyal zu ihrem Klan und Stamm. Körperlich gesehen waren die Kelten größer und blonder als die Menschen in Südeuropa. Ihre Haut und ihr Haar waren heller (obwohl es auch dunkelhaarige Kelten gab) und ihre Augen oft blau. Zudem teilten sie ähnliche religiöse Überzeugungen; so glaubten sie an eine wahrnehmbare Geisterwelt und die Unsterblichkeit der menschlichen Seele.

Klassische Autoren, die die keltische Spiritualität vielfach als Aberglauben abtaten, sprachen oft davon, wie stark die Kelten von spirituellen Dingen besessen seien. Die Keltenforscherin Anne Ross stellt fest, daß »die Kelten so völlig in ihrer Religion und deren Äußerungen aufgingen und so sehr davon in Anspruch genommen wurden, daß das Religiöse in ihrem Leben ständig und eindeutig im Vordergrund stand«.[4] Sie weist darauf hin, daß die verschiedenen keltischen Stämme kein gemeinsames religiöses Glaubenssystem in dem Sinn besaßen, daß durchgehende spirituelle Glaubensgrundsätze die religiösen Handlungen vom Atlantik bis zum Schwarzen Meer und von der Ostsee bis zum Mittelmeer gefärbt hätten. Doch trotz vieler stilistischer Spielarten und Unterschiede in der praktischen Umsetzung darf man von einer keltischen Religion sprechen, die über ähnliche rituelle und spirituelle Ausprägungen verfügte und gleichgewichtig Natürliches und Übernatürliches vermischte. Das erklärt auch den Hang zur Mystik, der die keltische Kultur und das keltische Denken bis heute prägt. »All das«, so Ross, »spricht für eine grundlegende religiöse Geschlossenheit, die wirklich bemerkenswert ist«.

Es gibt auffallende Übereinstimmungen zwischen den Mustern des keltischen und indianischen Stammeslebens. Genau wie die Ureinwohner Nordamerikas lebten die Kelten in vielfältigen, oft weit auseinanderliegenden Siedlungen, taten sich aber gelegentlich zu bestimmten Handels- oder militärischen Zwecken zusammen. Als Völker, die ihre eigene, erdzentrierte Spiritualität ausübten, haben Kelten und Indianer viele animistische Glaubensvorstellungen und Praktiken gemeinsam. Auch die respektvolle Haltung gegenüber dem Land und seinen Geistern ist die gleiche. Das Schicksal beider Völker verlief ebenfalls ähnlich und gleichermaßen tragisch. Wie die Indianer hatten die Kelten unter dem Vormarsch anderer Siedler zu leiden. Im 2. Jh. v. Chr. drangen germanische Stämme aus dem Norden nach Süden vor, und im 1. Jahrhundert stellten sich die Daker (im Gebiet des heutigen Zentralrumänien) vom Osten her den Kelten entgegen. 58 v. Chr. fiel Cäsar in Gallien ein, das keltisches Territorium war, und eroberte es. Bis zum Jahr 84 n. Chr. hatten die Römer das nördliche Schottland erreicht. Die Mehrheit der Kelten wurde schließlich besiegt, ging in der römischen Bevölkerung auf oder wurde von der vordringenden römischen Zivilisation nach Westen abgedrängt. Heute kämpfen viele moderne Kelten, genau wie die Indianer, um den Erhalt ihrer Sprachen, Literatur, Volksbräuche und überlieferten religiösen Traditionen, besonders in den wenigen Gebieten, wo eine keltisch geprägte Lebensanschauung noch einigermaßen vollständig überlebt hat.

Der römische Historiker Tacitus hat das Schicksal der Kelten scharfsinnig aus Abläufen heraus erklärt, die sich im Lauf der Geschichte noch oft wiederholen sollten, wenn europäische Siedler und Planer in anderen Teilen der Welt mit einheimischer Bevölkerung zusammenstießen. Tacitus stellt fest, daß manche Kelten schließlich »solche Neuerungen als Zivilisation bezeichneten, wo sie doch in Wirklichkeit nur ein Zeichen für ihre Versklavung waren«.[5] Wo zuvor erbitterte Stammesrivalitäten geherrscht hatten, brachten die Armeen und Siedlungen der römischen Eroberer oft zum ersten Mal ein gewisses Maß an Frieden. Doch die besiegten Stämme bezahlten teuer für die Pax Romana: mit dem Verlust ihrer kulturellen Unabhängigkeit und Identität. Die materiellen Annehmlichkeiten aus dem Mittelmeerraum gingen einher mit ideologischen Anforderungen, die die kulturellen Werte und religiösen Vorstellungen zerstörten, die jahrhundertelang die keltische Lebensweise bestimmt hatten. Mit der Zeit machten die älteren keltischen Bräuche den römischen Traditionen Platz, obwohl Rom offiziell die Politik verfolgte, einheimisches Brauchtum wo immer möglich zu erhalten und mit dem Neuen zu verbinden. Unweigerlich wurden die nachfolgenden Generationen junger Kelten durch Erziehung und Ausbildung romanisiert (und später christianisiert).

Unsere Suche nach den keltischen Schamanen beginnt bei diesen alten Stammesvölkern, die einst auf dem gesamten europäischen Kontinent in blühenden Gemeinschaften lebten und die den Grundstein legten für das reiche keltische Erbe, das wir heute kennen. Von drei Seiten her bedrängt, wanderten einige keltische Völker nach Westen und ließen sich in Gebieten nieder, die heute die sechs keltischen Nationen bilden: Irland, Schottland, Wales, die Bretagne, die Insel Man und Cornwall. Dabei blieben die keltischen Sitten am besten in den Gebieten erhalten, die die römischen Armeen nie betraten: in Irland, in den westschottischen Highlands und in den walisischen Bergregionen. Wir werden den Ausdruck ›keltischer Geist‹ nicht ausschließlich auf die Werte, Glaubensvorstellungen und Lebensweisen dieser frühen Stämme anwenden. Im keltischen Geist eingebettet finden sich zu allen Zeiten schamanische Eigenschaften. Um den keltischen Schamanismus zu verstehen, werden wir uns auf eine lange Wanderung begeben, die sicher im Sinne der weitgereisten Kelten gewesen wäre.

Vom Überleben und der Dauerhaftigkeit des keltischen Geistes und seiner schamanischen Eigenschaften zeugt die Tatsache, daß jede Gesellschaft in jedem Zeitalter bestimmte Menschentypen hervorbrachte, in denen Spuren eines älteren, tieferliegenden Wissens erhalten blieben: Spuren jener Glaubensüberzeugungen und Praktiken, die wir schamanisch nennen. Druiden und Priesterinnen, Barden und Dichter, legendäre Helden, mythische Götter und Göttinnen, christliche Mönche und Heilige, Mystiker, Hexen und Heiler sind zwar getrennt durch Raum und Zeit und durch die fortschreitende wissenschaftlich-technische Kultur der modernen Welt, doch was sie trennt, ist nicht so stark wie das, was sie verbindet: klare spirituelle Werte, die über Jahrhunderte gleich geblieben sind. Diese reiche mystische Ader, die die Römer als *Aberglauben* abstempelten, war in Wirklichkeit das Rückgrat keltischer Spiritualität.

Gleichzeitig ist sie die philosophische Grundlage des Schamanismus, und das macht Kelten, damals wie heute, zu erstklassigen Kandidaten für schamanische Erfahrungen. Um es aus der Sicht des Kernschamanismus zu sagen: Es gab wohl nie eine Zeit, und wird auch keine geben, zu der die wahren Kelten nicht an die unsichtbare Anderswelt geglaubt haben und an die Möglichkeit, dorthin zu reisen, um die Geheimnisse des göttlichen Universums zu entdecken.

FEUER IM KOPF

In den 90er Jahren des 19. Jahrhunderts schrieb der irische Poet und Nationalist William Butler Yeats ein Gedicht, dem er den Titel »Das Lied von Aengus dem Wanderer« gab[6]. Es beginnt so:

Ich ging hinaus in den Haselnußwald,
Denn ein Feuer war in meinem Kopf,
Und ich schnitt und schälte einen Haselnußzweig,
Und band eine Beere an ein Garn …

Mit dieser Angel, gefertigt aus dem Holz eines Baumes, dem die Kelten magische Eigenschaften zuschrieben, fängt Aengus eine silberne Forelle im Zauberlicht des erwachenden Tages, in dem »Motten gleich den Sternen schwirrten«. Er nimmt sie mit nach Hause, um sie zu kochen. Doch als er das Feuerholz aufschichtet, hört er, wie jemand seinen Namen ausspricht, und als er zu der Stelle blickt, wo er den Fisch auf den Boden gelegt hatte, steht die

Forelle verwandelt in »eine schimmernde Maid/Mit Apfelblüten in ihrem Haar« vor ihm. Nachdem die Feenfrau seinen Namen gerufen hat, läuft sie zur Tür hinaus und verschwindet in der »heller werdenden Luft« des neuen Tages. Aengus schwört, er werde die Feenmaid finden, sollte er über der Suche »durch hohles Land und Hügelland« auch ein alter Mann werden.

Vielleicht ist Yeats' Aengus ein Schamane. Er hat jenes Feuer im Kopf, das alle Schamanen als die Quelle ihrer Erleuchtung kennen und das ihre Visionen von anderen Wirklichkeiten erhellt. Die schamanische Reise beginnt und endet im Kopf, in einem veränderten Bewußtseinszustand, auch wenn dabei Anderswelten besucht werden, die unabhängig vom Geist des Schamanen existieren. Aengus folgt dem Licht seiner Vision und bereist dabei das »hohle Land«, das gleich unter oder hinter dem dichteren Terrain der alltäglichen Wirklichkeit liegt. In mancher Hinsicht ist Aengus' Reise eine klassische schamanische Seelenreise, die von seiner Vorstellungskraft erhellt wird. Diese Bewertung schmälert nicht etwa die Echtheit der Reise, denn der Schamane nutzt die Vorstellungskraft als visionäres Werkzeug. Mit ihrer Hilfe beschreibt er die Inhalte der bereisten Bewußtseinsebene. Offenbar funktioniert dieses Werkzeug, hat doch der Schamanismus die letzten 20 000 Jahre überlebt.

Im schamanischen Erbe einer jeden Kultur spiegeln sich deren Besonderheiten, genauso wie die Abenteuer jeder einzelnen Schamanin die charakteristischsten Züge ihrer Persönlichkeit widerspiegeln. Das ist bei einer Erfahrung, die gleichzeitig persönlich und überpersönlich ist, auch zu erwarten. Die Überzeugungen und Erwartungen des Schamanen und die seiner Kultur formen den Inhalt schamanischer Visionen. Das Feuer im Kopf entfacht die Schamanin zwar selbst, aber auf welche Weise sie es tut, hängt zum Teil von kulturellen Glaubens- und Wertvorstellungen ab. Die Forelle, der Haselnußzweig, die Geisterfrau mit den Apfelblüten im Haar, das Feenland unter den Hügeln – viele Kelten kennen sie, ob sie nun Schamanen sind oder nicht. Sie gehören zum keltischen Volksgut, unter dessen Einfluß die keltische Schamanin wirkt.

Der Glaube an die Allgegenwart der Anderswelt ist in keltischen

Ländern auch heute noch stark vorhanden. In modernen irischen Erzählungen wimmelt es von ganz normalen Leuten, die die Lieder und den fröhlichen Lärm des Feenvolks hören können, die Gruppen von Feen begegnen und ins Zwielicht der Anderswelt hinübergleiten, wo sie Abenteuer erleben, die mit den Berichten der berühmtesten Schamanen mithalten können. Diese gewöhnlichen Menschen sind keineswegs in schamanischen Ekstasetechniken bewandert, doch eine Kultur, die Erfahrungen dieser Art als selbstverständlich betrachtet, fördert ihr unvorbereitetes Auftreten. Aus keltischer Sicht neigt die schamanische Geister- und Kräftewelt ständig dazu, ins alltägliche Bewußtsein einzubrechen – während man Forellen angelt oder ein Feuer macht, um das Frühstück zu bereiten.

Wir wissen nicht, ob Yeats' Aengus die Geisterfrau, die sein Leben für immer verändert, jemals finden wird. Man darf hoffen, daß er Erfolg hat, daß er sie findet und es ihm möglich wird,

… ihre Lippen zu küssen und ihre Hände zu fassen;
Und durch das hohe, lichtfunkelnde Gras zu schreiten,
Und bis zum Ende aller Zeit und Zeiten
Die silbernen Äpfel des Mondes zu pflücken
Und die goldenen Äpfel der Sonne.

KAPITEL 1

DIE VIELFALT DER SCHAMANISCHEN ERFAHRUNG

Trommeln war zu hören auf den Hügeln um Edinburgh. Ein 1684 in London veröffentlichter Bericht, mit dem die Existenz von Hexen und Geistern bewiesen werden sollte, erzählt von einem Jungen, dem »Feenknaben aus Leith in Schottland«: Jeden Donnerstag abend ging er mit seiner Trommel zu einem Hügel zwischen Edinburgh und Leith. Dort schlug der ›Feenjunge‹ die Trommel, während Männer und Frauen durch unsichtbare Türöffnungen ein anderes Reich betraten, in dem es prächtige Säle voll fröhlicher Leute gab, die aßen, tranken, tanzten und sich amüsierten. Nachdem sie dieses andersweltliche Fest genossen hatten, flogen die Männer und Frauen im Geist in weit entfernte Länder wie Frankreich oder Holland, bevor sie in die *alltägliche Wirklichkeit* zurückkehrten.[1]

Wer war der Feenknabe von Leith? Wer waren die Männer und Frauen, die durch unsichtbare Türen treten konnten? Und wo gingen sie tatsächlich hin?

Moderne Schamanen, die Trommeln einsetzen, um den visionären Bewußtseinszustand für die Reise in *nichtalltägliche* Erlebnisräume zu schaffen, erkennen dieses Szenario sicher wieder. Sie könnten den Jungen, seine Trommel, die Eingänge zur Anderswelt, das Geisterfest und den Seelenflug nach Frankreich und Holland leicht erklären. Überall auf der Welt wenden Menschen auch heute schamanische Verfahren in Trommel-Sitzungen an, die denen ähneln, die sich im Schottland des 17. Jahrhunderts abgespielt haben.

Schamanismus ist eine weltweite Erscheinung, die in verschiedenen Formen die Jäger-, Fischer- und Sammlergemeinschaften überlebt hat, die vor 20 000 Jahren existierten. Der Mythograph und Religionswissenschaftler Joseph Campbell erklärt, daß Schamanismus »im Kern Bestandteil einer uralten Tradition ist, zu der eine Reihe von Charakteristika und verwandten Zügen gehören. Manche davon mögen in dieser Region vorherrschen, andere in jener, aber stets haben sie Bezug zu der unverkennbaren Erwählungskrise«, die einen Mann oder eine Frau dazu beruft, »Wanderer zwischen den Welten« der *alltäglichen* und *nichtalltäglichen Wirklichkeit* zu werden.[2]

Um es mit einem abgewandelten Satz aus William James' klassischem Werk *Die Vielfalt der religiösen Erfahrung* zu sagen: Es hat immer verschiedene Arten der schamanischen Erfahrung gegeben, und es gibt sie weiterhin. Wer heute als Schamanin lebt und arbeitet, tut dies vielleicht nicht so wie die klassische Schamanin in einer traditionellen Stammesgesellschaft, weil die moderne Gesellschaft im Augenblick ›Vollzeitschamanen‹ nicht akzeptiert und unterstützt. Wie nicht anders zu erwarten – in einer industrialisierten, städtischen Gesellschaft, die auf wachsender Spezialisierung auf nahezu allen Gebieten beruht – sind die zahlreichen Rollen, die die Schamanin in archaischen Gesellschaften einst spielte, heute auf viele Experten verteilt. Dazu gehören Ärztinnen, Therapeuten, Künstlerinnen, Entertainer und Geistliche, um nur einige zu nennen.

Ist der Schamanismus, den zeitgenössische Schamanen in Ureinwohnerkulturen oder städtischen Räumen ausüben, nur eine verwässerte Form des Schamanismus der Alten? Möglicherweise, wenn man der alten sibirischen Legende vom Groß-Schamanen Morgan-Kara Glauben schenken darf. Dieser Legende nach holte Morgan-Kara eine Seele zurück, die der Erhabene Gott in einer Flasche gefangen gehalten hatte. Daraufhin spaltete der Erhabene Gott mit einem Blitz seine beidseitige Trommel. Seitdem hat die Schamanentrommel nur ein Fell, und nie wieder waren die Schamanen ganz so mächtig wie Morgan-Kara (zumindest nicht in Sibirien). Es mag also zutreffen, daß die Schamanen der jetzigen Generation, ob sie nun von Stammesältesten oder modernen schamanischen Lehrern ausgebildet wurden, nicht mehr ganz so mächtig sind wie die Schamanen vergangener Zeiten.

Ob man die Theorie vom ›schamanischen Niedergang‹ – wonach die heutigen Schamanen nur ein blasser Abklatsch der alten sind – nun vertritt oder nicht: Fest steht, daß wir die reichhaltige, Rückhalt gebende schamanische Kultur verloren haben, in der die Schamanen einst wirkten. Seit um das Jahr 1600 die wissenschaftliche Revolution einsetzte, verwirft die westliche Kultur die visionären und mystischen Traditionen der schamanischen Betrachtung der Wirklichkeit. Verständlicherweise wissen die meisten Menschen heutzutage nur wenig über den Schamanismus. Aber gleich ob er nun stark oder schwach, klar erkennbar oder verborgen ist – der Schamanismus ist weder ausgestorben, noch ist er ein bloßes Überbleibsel irgendeiner längst vergessenen Spiritualität. Er hat viel mit mystischen und esoterischen Traditionen in allen Kulturen gemein, alten und modernen. Nach wie vor haben Menschen überall auf der Erde unmittelbare schamanische Erlebnisse. Unter verschiedenen Namen und auf unterschiedliche Weise erklärt, ist der Kern schamanischer Erfahrung immer noch ein lebendiger Bestandteil des menschlichen Lebens.

Die visionären Erlebnisse, die von Schamanen früherer Zeiten überliefert sind, treten weiterhin auf, bei Männern und Frauen in modernen westlichen Kulturen ebenso wie bei Menschen, die noch in Stammesgemeinschaften leben. Der Anthropologe Michael Harner hat bahnbrechende Methoden entwickelt, um Kernschamanismus (also die Grundelemente der schamanischen Arbeit ohne besonderes kulturelles Beiwerk) zu lehren und ihm Bedeutung für die moderne Gesellschaft zu geben. In seinem klassischen Werk *Der Weg des Schamanen* stellt er fest: »Diese schamanischen Methoden sind in der ganzen Welt überraschend ähnlich, sogar bei Völkern, deren Kulturen in anderer Hinsicht sehr unterschiedlich und seit Zehntausenden von Jahren durch Ozeane und Kontinente voneinander getrennt sind.«[3] Manche Anthropologen erklären das mit Hilfe einer Art Zerstreuungstheorie, die besagt, daß der Schamanismus bei einer einzigen Gruppe von Menschen entstand, deren Mitglieder dann abwanderten und die Tradition in andere Teile der Welt mitnahmen. Was Harner und andere als Kernschamanismus bezeichnen, kann auch ein gewöhnlicher menschlicher Archetyp sein. Campbell weist darauf hin, daß »sich das zentrale Nervensystem unserer Gattung in den bloßen 12 000 bis 15 000 Jahren, die seit der Zeit der Höhlenschamanen vergangen sind, kaum verändert hat« und daß alle schamanischen Offenbarungen einen »ähnlichen menschlichen Zug« besitzen, ganz gleich, wo sie auftreten.[4] Vielleicht trägt jeder von uns seit der Geburt eine teilweise unbewußte Hoffnung in sich, ein Bild von einem Menschen, der in der Lage ist, mit Hilfe von Geistern in ungesehene Welten zu reisen, um von dort mit Weisheit und Wissen zurückzukehren, die die menschliche Seele heilen können.

AUF DEM WEG IN EINE ANDERE WELT

Wie sieht der grundlegende schamanische Archetyp aus, der in jedem Jahrhundert neu erwacht und bei bestimmten Männern und Frauen vielfältige schamanische Erfahrungen entstehen läßt? Zum Teil besteht der Archetyp aus den Kernelementen des Schamanismus: die Reise in die *nichtalltägliche Wirklichkeit*; die Hilfe geistiger Führer, die gewöhnlich Tiergestalt besitzen; und die Rückkehr mit einem bestimmten Wissen oder einer Kraft, die anderen in der Gemeinschaft nützen kann. Neben diesen Kernelementen gehört zum wesentlichen Archetyp auch

- eine traumatische Initiationskrise, bei der die Anwärter oft eine stark schwächende, lebensbedrohliche Krankheit durchstehen (obwohl manche Schamanen sich ihrer Berufung langsamer bewußt werden, indem sich ihre angeborene Beziehung zur Geisterwelt allmählich stärker und intensiver entwickelt);
- die Fähigkeit, nach Belieben immer wieder Reisen in die Anderswelt zu unternehmen;
- eine veränderte Sicht der Wirklichkeit, zu der das Gefühl gehört, daß alle geschaffenen Dinge eins sind und verbunden mit der Macht oder Lebenskraft, die das Universum durchzieht;
- die Fähigkeit, »magisch zu handeln«, d. h. die alltägliche Wirklichkeit mit Mitteln zu heilen, zu sehen und zu beeinflussen, die

nach den Maßstäben der Gemeinschaft als außergewöhnlich gelten.

Das vollständige schamanische Erlebnis vollzieht sich in einem tranceähnlichen, *nichtalltäglichen* Bewußtseinszustand, für den Harner die Bezeichnung »Schamanischer Bewußtseinszustand« geprägt hat. Die physischen und psychologischen Verästelungen dieses Bewußtseinszustands werden zur Zeit untersucht. Es scheint sich dabei um eine einzigartige Form der Wahrnehmung zu handeln, die zwar anderen visionären Zuständen ähnelt – etwa dem Traum, der Hypnose, unkontrollierbaren Halluzinationen, Tagträumen, außerkörperlichen und todesnahen Erfahrungen –, die sich aber deutlich von diesen unterscheidet. Trotz der Unterschiede gibt es auch Gemeinsamkeiten, und Menschen, die über schamanisches Wissen verfügen und »archaische Ekstasetechniken« beherrschen, können sich willentlich in schamanische Trance versetzen.[5] Meistens werden dazu hypnotische Geräusche benutzt – gleichmäßiges Trommeln, Klangstöcke oder Rasseln – und/oder eine sich ständig wiederholende Tätigkeit – Klatschen, Sprechgesang (chanting) oder Tanz.

Die Schamanin unterscheidet sich von anderen Mystikern und Magiern zum einen durch ihre Reise in die Anderswelt, zum anderen durch ihr Vertrauen auf die Hilfsgeister und andersweltlichen Lehrer, die ihr Kraft und Weisheit schenken. Nach ihrer Rückkehr in die *alltägliche Welt* teilt sie ihr Wissen durch ›schamanische Dienste‹ mit der Gemeinschaft. Zu diesen schamanischen Dienstleistungen gehören unter anderem Weissagungen, Heilung, Traumdeutung, Übergangsriten, das Zurückholen von Seelenanteilen oder andere persönliche und gemeinschaftliche Zeremonien. Die besonderen magischen Talente und Fähigkeiten der Schamanin finden sich teilweise auch bei Nicht-Schamanen, wie Magiern, Hexen oder Geistheilern. Im Gegensatz zu diesen gewinnt die Schamanin ihre Kraft unmittelbar aus ihren Reisen in die Anderswelt und durch die Unterstützung durch ihre persönlichen Hilfsgeister.

Ein Zusammenwirken aus Handeln, Vision und Dienst stellt in

den meisten Kulturen den schamanischen Archetyp dar. Durch die Trancereise in die Anderswelt, in Begleitung der Hilfsgeister, handelt der Schamane.

Seine Vision zeigt *nichtalltägliche Wirklichkeiten*, die das spirituelle Wesen des Universums enthüllen. Mit seinen weitreichenden Fähigkeiten und Talenten psychisch-spiritueller Natur dient er der Gemeinschaft, bringt anderen zum Beispiel Heilung. Die besondere Kraft des schamanischen Archetyps weckt Hoffnung und Furcht im Hinblick auf die letzte unausweichliche Reise der Seele ins ›größere Universum‹, das auch als die Geisterwelt, die Leere, die Ewigkeit, das Kollektive Unbewußte, das Himmlische Königreich oder die Göttliche Seele bezeichnet wird. Wie der einzelne auf den schamanischen Archetyp anspricht, ist von Mensch zu Mensch und sogar von Augenblick zu Augenblick verschieden. Denn das Bild, das hinter der Gestalt steht, ist das Selbst des Menschen, ein eingeweihtes und verwandeltes Selbst, das dazu berufen ist, schon vor dem körperlichen Tod das ›größere Universum‹ zu erforschen, zurückzukehren und die Erfahrung mit anderen zu teilen.

VON DEN FEEN ENTFÜHRT

Die Kelten betrachten die Initiationsreise in die Geisterwelt oft als Entführung durch Feen, die sie auch ›Edles Volk‹ nennen, die ›Guten Leute‹ oder das ›Volk von Sidhe‹ (die älteren Götter und Göttinnen, die in den Feenhügeln wohnen). ›Von Feen geholt‹ bezeichnet hier das oft bizarre Verhalten oder die lebensbedrohliche Krankheit, die traditionelle schamanische Gesellschaften als Erwählungskrise des Kandidaten gedeutet hätten – also als Berufung zum Schamanen. Wir müssen dieses Konzept vollständig verstehen, um seine schamanischen Elemente zu erkennen.

Es gibt verschiedene Wege, ins Feenland oder zu den Sidhe (*Schi* gesprochen) geholt zu werden. Manchmal stolpert ein Mensch ins Reich der Feen, indem er auf einem eigentlich wohlvertrauten Pfad einen falschen Schritt macht oder, wie die Iren sagen, auf eine ›verlorene Scholle‹ tritt. In älteren Sagen und neueren Legenden wird ein Mensch von einem Feenmann oder einer Feenfrau in die Reiche der Anderswelt gelockt, oder auch von einem Feentier, das oft schneeweiß oder farblos ist. Neben diesem eher zielbewußten Eintritt gibt es auch die Möglichkeit, daß der Betreffende in tiefen Schlaf sinkt, durch Feenmusik oder den Gesang von Zaubervögeln eingeschläfert wird. In Berichten über Entführungen durch Feen heißt es, daß die Entführten ›erwachten‹, um sich dann im Königreich der Feen wiederzufinden.

In der *alltäglichen Wirklichkeit* zeigt eine merkwürdige Krankheit oder Depression der Familie und den Freunden an, daß ein Mensch ›geholt‹ worden ist. Die Person mag sich seltsam oder lustlos verhalten und immer wieder lange Zeit im Bett verbringen. Sie ist vielleicht deprimiert oder ›nicht sie selbst‹. Ihre Freunde werden sagen, daß die Feen sie haben. Es ist nicht ungewöhnlich, wenn die Krankheit sieben Jahre dauert, ein Zeitraum, der von Initiationskrankheiten in klassischen schamanischen Kulturen bekannt ist. Natürlich kann sie auch viel länger anhalten. Was geschieht während dieser Zeit? Wie können wir erklären, daß ein Mensch über viele Jahre hinweg schwer krank bleibt, sich auf sozial inakzeptable Weise beträgt oder geistig verwirrt scheint?

Es ist durchaus vernünftig anzunehmen, daß diejenigen, die ins Feenland geholt werden, tatsächlich physisch geschwächt werden und sich die Krankheit keineswegs nur in ihrem Kopf abspielt. Das steht in Einklang mit Berichten über die schamanische Initiationskrankheit. Die Berufung zum Schamanen ist gleichzeitig eine spirituelle, psychologische und physische Krise. Der Verlust der Konzentrationsfähigkeit und des Gedächtnisses, Depression und Schlafstörungen entsprechen dem klassischen Verhalten des schamanischen Auserwählten, der nicht ›ganz gegenwärtig‹ oder ›voll da‹ zu sein scheint, solange er die einschneidendste Zeit der Einweihung und Bewußtseinsveränderung durchmacht. Um es mit den Iren zu sagen: Wenn ein Mensch von den Feen ›berührt‹ wird, fängt er an, sich ›albern‹ zu benehmen. Die Erfahrungen, die der Schamane in seinen visionären Erlebnissen in der *nichtalltäglichen* Welt macht, können sich in der *alltäglichen Wirklichkeit* in Gelenk- und Muskelschmerzen äußern. Die Frau eines sibirischen

Schamanen erzählt, was ihr Mann erlebte: »Sieben Jahre lang war er krank. Während seines Leidens hatte er Träume: Mehrmals wurde er zusammengeschlagen, manchmal zu fremdartigen Orten entführt.«[6]

Wer sind die Feen? In der landläufigen Vorstellung besteht ein völlig verzerrtes Bild vom keltischen Feenvolk. Heute werden Feen meist als Fantasiegestalten abgetan, die Schmetterlingen oder geflügelten Elfen ähneln, zarte Wesen, die für gewöhnlich am entferntesten Ende eines typischen englischen Gartens im Mondschein tanzen. Was wir uns heute unter Feen vorstellen ist englisch, nicht keltisch. Die Anthropologin Margaret Murray[7] und der Autor Diarmaid Mac Manus[8] suchen die Schuld dafür bei Shakespeare. Sie meinen, der Dichter sei der erste gewesen, der die Feen als winzige Kobolde mit Libellenflügeln darstellte, die uns zu mitternächtlicher Stunde umflattern und blitzschnell wieder verschwinden. Shakespeares *Sturm* und *Sommernachtstraum* haben dieses Bild in der westlichen Vorstellung verankert. Die Feenmärchen des 19. Jahrhunderts (und die Künstler, die sie illustrierten) wie auch die Walt-Disney-Produktionen der letzten Jahrzehnte haben diese Sichtweise verstärkt. Um die wirkliche Kraft und Erscheinung des Feenvolks und seine Beziehung zum keltischen Schamanismus zu verstehen, müssen wir auf die frühesten Berichte der keltischen Mythologie zurückblicken, in denen die Ahnen der heutigen Feen erstmals auftauchten.

In Schottland, Irland, Wales und der Bretagne, in Cornwall und auf der Insel Man werden Feen nicht durchgehend als kleine Kobolde gesehen, auch wenn das Wort im weitesten Sinn (auch) vielerlei kleine Geister bezeichnet und man Feen oft »Das Kleine Volk« nennt. Feen können beliebige Größen haben. Einigen Berichten zufolge sind sie meist etwas größer als Menschen, manchmal gar über vier Meter groß. Anderen Aussagen nach scheinen sie kleiner zu sein als wir. Daß es in der keltischen Tradition jede Menge Berichte gibt, wonach Sterbliche und Feen heiraten und Feenkinder bekommen, weist darauf hin, daß die Feen menschenähnliche Gestalt annehmen können, wenn sie es wollen. Murray zeigt, daß sogar Shakespeare wußte, daß die Feen menschliche Größe haben können. In *Die lustigen Weiber von Windsor* verkleidet sich Anne Page, eine erwachsene Frau, als Fee und geht davon aus, daß man sie auch für eine solche hält. Kein Zweifel, nicht alle Feen sehen wie Peter Pans Tinkerbell aus.

In seiner Sammlung *Irish Fairy and Folk Tales* warnt W. B. Yeats, daß Feen »keine angeborene Gestalt haben, sondern sich verändern, ganz nach Laune oder je nachdem, wer sie sieht ... Man glaube nicht, daß die Feen immer klein sind. Sie sind in jeder Hinsicht kapriziös, sogar, was die Größe anbelangt.«[9] Mit anderen Worten, keltische Feen handeln und verhalten sich offenbar ganz so, wie Geistwesen es überall tun. Aus schamanischer Sicht sind Geister etwas äußerst Persönliches, und keine zwei Schamanen erleben dieselben Geistwesen auf genau dieselbe Weise. Sogar bei modernen schamanischen Praktikern ist es so, daß Menschen mit dem gleichen Krafttier, etwa einem Raben, Bär oder Adler, eine äußerst persönliche Beziehung zu diesem Tier unterhalten und seine Kräfte und sein Verhalten auf höchst unterschiedliche Weise schildern. Demnach ist es nicht ungewöhnlich, daß wir bei denen, die bereit sind, über ihren Feenglauben zu sprechen, eine erstaunliche Vielfalt von Überzeugungen finden. Das reicht von der Überzeugung, Feen seien gefallene Engel (jedoch keine bösen), über die Meinung, sie seien entweder körperlose Geister oder Elementargeister, bis hin zu der Ansicht, die Toten lebten bei den Feen und würden praktisch selbst zu solchen.

Zu den beeindruckendsten Einsichten in die Geisterwelt gehört, daß die Geistwesen offenbar den menschlichen Kontakt brauchen. Diese Einsicht zieht sich durch sämtliche keltischen Überlieferungen über Feen. Aus Gründen, die nicht immer klar werden, sind die alten keltischen Gottheiten und die Bewohner der Feenhügel darum bemüht, ihre Geheimnisse, Weisheit und Kraft mit uns zu teilen. Weil sie menschliche Gesellschaft suchen, kommen sie entweder in unsere Welt der *alltäglichen Wirklichkeit* oder nehmen uns in ihre Welt mit. Fast hat es den Anschein, als würden sie in uns spirituelle Gefährten erkennen, die für eine gewisse Zeit als Sterbliche wiedergeboren wurden. Und fast sieht es so aus, als solle ihre manchmal auch boshafte Einmischung in unser Leben uns in einer bedeutsamen Weise helfen. Vielleicht brauchen wir die Feen, um als Gattung zu überleben und für unseren fleischgewordenen Geist (unsere Seele), damit er sich behaupten und schließlich den irdischen, menschlichen Zustand überwinden kann. Schamanen und keltische Visionäre haben erkannt, daß die gegenseitige Abhängigkeit zwischen Geistwesen und Sterblichen ein entscheidender Bestandteil im Gefüge des Universums ist.

Die Spuren des keltischen Schamanismus sind zwar nur bruchstückhaft vorhanden, aber dennoch klar und deutlich zu erkennen, denn ein keltischer Geist und eine keltische Persönlichkeit sind ein fruchtbarer Nährboden für schamanische Erfahrungen. Wir könnten kein besseres Prisma als die keltische Seele finden, um die funkelnden Strahlen des Schamanismus zu betrachten. Durch dieses Prisma können wir sie genauer und eingehender untersuchen und sie einzeln oder in ihrer Gesamtheit zum Mittelpunkt des Kristalls zurückverfolgen. Um einen besseren Überblick über den keltisch geprägten Schamanismus zu bekommen, wollen wir uns nachfolgend mit fünf Kelten beschäftigen, die schamanische Verfahrensweisen benutzt haben. Wir wissen teilweise nicht allzuviel über sie, doch genug, um unsere Vorstellungskraft anzuregen, so daß wir uns ein Bild von dem machen können, was eine ergiebige schamanische Strömung in der europäischen Spiritualität gewesen sein mag.

BIDDY EARLY – DIE WEISSE HEXE VON CLARE

Biddy Early lebte um die Mitte des 19. Jahrhunderts in der westirischen Grafschaft Clare und war als ›weise Frau‹ bekannt, eine andere Umschreibung für ›weiße Hexe‹. Die örtlichen Kirchenoberen betrachteten ihre Fähigkeiten bis zu ihrem Tod mit Mißtrauen. Schon als Kind konnte Biddy Early Elementargeister und Feen sehen. Sie wurden ihre Spielkameraden. Allgemein war man sich darüber einig, daß sie als Erwachsene ihr Wissen um Heilkräuter vom »Erdvolk (den Feen)« bezog, »die ihr beibrachten, sie zu magischen und halbmagischen Zwecken einzusetzen.«[10] Sie heilte

Krankheiten, empfahl Kräutermedizin und sagte die Zukunft voraus. Mindestens einmal bot sie auch an, eine Verbindung zur Anderswelt für eine Frau herzustellen, die ihr totes Kind sehen wollte.

Anfang des 20. Jahrhunderts befragte Lady Gregory, eine Volkskundlerin, irische Nationalistin und Freundin von W. B. Yeats, in der Grafschaft Clare Menschen, die sich an Biddy Early erinnerten. Sie zeichnete mehrere Berichte über deren schamanische Kräfte und Fähigkeiten auf. Manche Leute glaubten, Biddy Early habe ihre Heilkräfte von ihrem toten Bruder erhalten, der während seiner Krankheit im Schatten eines Weißdorns gelegen hatte. Nach seinem Tod ging sie ein ganzes Jahr lang Tag für Tag zu dem Strauch und weinte. Dann »brachte er sie hinunter«, d. h. er nahm sie in die Anderswelt mit, wo er ihr das Heilwissen gab.[11] Nachbarn behaupteten, Biddy Early sei sieben Jahre lang in die Geisterwelt mitgenommen worden, eine übliche Zeitdauer für Entführungen durch Feen. Es ist nicht ungewöhnlich, daß eine zukünftige Schamanin von den Geistern verstorbener Verwandter oder Ahnen eingewiesen wird.

Biddy Early ›sah‹ Heilmittel und künftige Ereignisse mit Hilfe einer blauen Flasche, die sie schüttelte, bis sich im Inneren ein Nebel bildete. Wenn die Flasche wieder klar wurde, konnte sie die Krankheit sehen und erkennen, wie sie zu heilen war. Gelegentlich blickte sie auch in die Flasche, um ein Ereignis vorherzusehen. Biddy Early erhielt die blaue Flasche von den Feen, und zwar über ihren ältesten Sohn, der ebenfalls eine persönliche Beziehung zum ›Erdvolk‹ hatte. Eines Tages nahm er sich die Zeit, um mit den Feen eine Partie Hurling* zu spielen (Feen scheinen von Zeit zu Zeit Menschen zum Hurlingspielen zu brauchen). Als Zeichen der Anerkennung schenkten sie ihm die blaue Flasche mit der Anweisung, sie mit nach Hause zu nehmen und seiner Mutter zu geben. Die Flasche wurde ihr Kraftgegenstand, obwohl sie auch ohne sie ›sehen‹ und heilen konnte. Sie bestimmte, daß die Flasche nach

* Hurling ist eine keltische Form des Feldhockeys, die neben der keltischen Variante des Fußballs irischer Nationalsport ist.

ihrem Tod in den Lough Kilgarron geworfen werden sollte, und dort liegt sie noch heute, obwohl zahlreiche Schatzjäger versucht haben sie zu finden. Daß man nach dem Tod seine Kraftgegenstände den Feen zurückgibt, ist eine gebräuchliche keltische Tradition.

Während Biddy Early ihre Arbeit tat, war sie möglicherweise »in Trance«, wie einer ihrer Bekannten es ausdrückte. Es war bekannt, daß sie nachts einen kleinen Schuppen hinter ihrem Haus aufsuchte, wo sie sich mit ihren »unsichtbaren Freunden« beriet, den Feen, die ihre Hilfsgeister waren.[12] Dieser kleine, sicherlich dunkle Raum, weitab von den Ablenkungen ihres Heims, dürfte ihr den seherischen Bewußtseinszustand ermöglicht haben, der sie in die Welt ihrer spirituellen Gefährten führte. Biddy Early scheint ihre Form des Schamanismus mit großer Regelmäßigkeit ausgeübt zu haben. Ein Beobachter meinte, sie sei »jede Nacht mit den Feen gegangen«.[13]

Ihr ganzes Leben hindurch lag sie mit dem Gemeindepriester und seinem Bischof im Streit, die beide fürchteten, daß ihre Fähigkeiten vom Teufel stammten. Mehr als einmal suchten die Geistlichen sie auf, um sie von ihren schamanischen Verfahren abzubringen. Dabei bestand ein Teil ihrer Sorge offenbar darin, daß ihre eigene Autorität untergraben werden könnte, weil Biddy Early in der Bevölkerung so viele Anhänger besaß. Doch sie ›besserte‹ sich nie. Sie ging selbst weiterhin unregelmäßig zur Kirche, hatte mehrere Ehemänner und trank wahrscheinlich mehr, als gut für sie war. Gegen Ende ihres Lebens schickte sie jedoch während ihrer letzten Krankheit nach dem Pfarrer. Sie starb 1873.

FURSEY – IM ZEICHEN SCHAMANISCHEN FEUERS

Der im 8. Jahrhundert lebende Mönch und Geschichtsschreiber Beda Venerabilis überliefert die schamanische Vision eines irischen Adeligen namens Fursey, der in England eine Abtei gründete. Obwohl Fursey nie zum Priester geweiht wurde, legte er als

Kind jenes meditative, rätselhafte Verhalten an den Tag, das dem verträumten, zerstreuten Wesen von Kindern ähnelt, die in anderen Gesellschaften Schamanen werden. In ihren Studien zur schamanischen Persönlichkeit bezeichnet Joan Halifax dieses jugendliche Interesse am Spirituellen als einen »Hang zum Heiligen«,[14] der Erwachsenen in der Gemeinschaft, besonders älteren Schamanen, anzeigt, daß ein bestimmtes Kind sich besonders gut zur schamanischen Ausbildung eignet. Beda erzählt, daß Fursey schon in jungen Jahren »mönchische Disziplin« übte und »heilige Bücher«[15] las.

Eines Tages wurde Fursey krank. Er »verließ seinen Körper vom Abend bis zum Hahnenschrei« und »wurde von Engeln, die ihn geleiteten, hoch emporgehoben«. Von himmlischer Höhe herab hatte er eine Vision von der Schlechtigkeit der Welt. Seine drei Engels-»Begleiter« zeigten ihm riesige, vernichtende Feuer, abscheuliche Teufel, entsetzliche Ausbrüche spiritueller Kämpfe zwischen guten und bösen Geistwesen und andere Szenarien, die für das christliche Mittelalter typisch sind.

Auf dieser Reise schleuderte ein »unreiner Geist« Fursey den Körper eines Mannes entgegen, »den sie im Feuer quälten«. Das brennende menschliche Geschoß versengte Furseys Schulter und Kinn und hinterließ auf seinem physischen Körper ein sichtbares Brandmal. Für den Rest seines Lebens trug er »das Zeichen des Feuers, das er in seiner Seele gespürt hatte«. Er scheint seinen Ruf als verwundeter Heiler genossen zu haben, ähnlich wie so mancher Schamane in anderen Kulturen. Zweifellos erhöhte die Narbe seine Glaubwürdigkeit als Weiser, dem das Himmelreich vertraut war. Bevor die hilfreichen Engel ihn in seinen Körper zurückbrachten, gaben sie ihm »heilsame Ratschläge, was zur Rettung derer unternommen werden sollte, die sich auf dem Sterbebett reuig zeigten.« So erhielt Fursey eine ›klassische‹ schamanische Ausbildung als Sterbebegleiter und half später, die Seelen von Sterbenden in die nächste Welt zu geleiten.

Eine weitere typische schamanische Kraft war Furseys Fähigkeit, seine Körpertemperatur zu erhöhen, um starke Kälte auszuhalten. Beda beschreibt, daß Fursey »im tiefsten Winter und bei beißendem Frost in einem dünnen Gewand« dasitzen konnte,

»wenn er (seine Vision) erzählte, doch er schwitzte dabei, als herrsche größte Sommerhitze«. Eliade gibt uns dramatische Beispiele für die schamanische Fähigkeit, Kälte zu ertragen. So müssen die Schamanen der Eskimos zum Beweis ihrer schamanischen Initiation eisigen Temperaturen widerstehen können.[16] Der Forscher und Völkerkundler Knud Rasmussen berichtet von einem Schamanen, der fünf Tage in eisigem Wasser zubrachte, ohne krank zu werden und ohne daß seine Kleider naß wurden.[17] Dieser Schamane konnte also nicht nur seine Körpertemperatur regulieren, er war auch vor der natürlichen Wirkung des Wassers geschützt.

FERGUS – VOM SICHEREN UMGANG MIT GEISTERN

Viele irische Geschichten beschreiben Begegnungen mit einer Gruppe der ›Kleinen Leute‹, die im Volksglauben gemeinhin als Zwerge oder Elfen gesehen werden, die nichtsahnenden Menschen Streiche spielen. Solche boshaften Schelme haben im irischen Volksgut eine ebenso starke Tradition wie in der schamanischen Literatur der ganzen Welt. Die Furcht vor diesen Kobolden ist bei den keltischen Völkern bis in die Moderne hinein stark geblieben. Möglicherweise kannten oder erinnerten immer weniger Kelten die traditionellen Schutzzauber oder sicheren Verfahren beim Umgang mit Geistwesen, je mehr die ursprüngliche keltische Schamanin zuerst von den christlichen Bräuchen vereinnahmt und dann in einem wissenschaftlichen Zeitalter abgewertet wurde.

Fergus, der Held einer traditionellen irischen Erzählung, scheint unwissentlich ein sicheres Verfahren im Umgang mit Geistwesen genutzt zu haben. Eines Tages schlief er am Strand ein, verfiel möglicherweise in einen Trance- oder tiefen Traumzustand, als ein Trupp Kobolde versuchte, ihn fortzuschleppen. Er erwachte jedoch und bekam drei von ihnen zu fassen. »Leben gegen Leben«, forderten sie, womit sie meinten, daß sie ihm etwas schenken würden, wenn er ihnen nichts tat.[18] Fergus, der ein sehr gutmütiger Mensch war und außerdem seinen Vorteil erkannte, bat sie um die

Fähigkeit, unter Seen, Wasserfällen und Meeren (allesamt bekannte Eingänge zur keltischen Anderswelt) reisen zu können.

Die Kobolde erfüllten seine Bitte, nur verboten sie ihm, unter einen bestimmten See in seiner eigenen Nachbarschaft zu reisen. Dann steckten sie besondere Kräuter in Fergus' Ohren, und von da an »ging er mit ihnen unters Meer«. In einer anderen Version der Geschichte bezieht Fergus seine Kraft von einem Zaubermantel, den die Kobolde ihm gaben. Wenn er ihn trug, konnte er unter Meeren und Seen hindurchgehen und das Feenland betreten, wann immer er wollte.

Fergus' »Handel« mit den Zwergengeistern wurde offenbar schnell, direkt und ohne Umschweife abgeschlossen. Viele Menschen, die zum ersten Mal lernen, schamanisch zu reisen, stellen überrascht fest, wie einfach sie sich in der Anderswelt bewegen können und wie erfolgreich sie handeln können. Auch wenn die Reise in die *nichtalltägliche Wirklichkeit* von da an mit großer zeremonieller Sorgfalt durchgeführt wird, ist sie eine ganz alltägliche Angelegenheit. Als moderne Menschen stehen wir zu Anfang der Geistwelt vielleicht mißtrauisch gegenüber. Es mag uns schwerfallen zu verstehen, daß die Geistwesen menschlichen Umgang brauchen und wünschen und daß sie uns (innerhalb gewisser Grenzen) Begegnungen leicht machen. Schamanen sind besonders in der Lage, das Reisen in die *nichtalltägliche Wirklichkeit* bewußt zu beherrschen, sobald die anfängliche Furcht überwunden ist. Der Schamane bleibt in der Anderswelt kein verwirrter Besucher, sondern ist ein Meister in der Erforschung der *nichtalltäglichen Welt*. Und dennoch – fast, als wollten die Geister uns vor Überheblichkeit bewahren – bringen sie oft irgendein Hindernis oder Tabu ins Spiel. Das könnte, wie bei Fergus, heißen, daß wir die Anderswelt nicht durch einen See in unserem eigenen Garten betreten können.

Cu Chulainn – Freund und Feind der Götter

In der irischen Sage erleidet Cu Chulainn, der große Sagenheld, als Teil seiner Einführung in die Anderswelt eine Feenkrankheit.[19] Eines Tages, als Cu Chulainn in der Nähe eines Sees auf Vogeljagd ist, schläft er neben einem Menhir ein, einem aufrecht stehenden Stein, der ein starker Kraftort und oft einen Übergang zur Geisterwelt markiert. Der Held weiß nicht, daß die beiden Vögel, die er verfolgt hat, in Wirklichkeit Fand und Liban sind, zwei Feenschwestern, und daß sie in Wahrheit ihm nachstellen. Dann, entweder noch im Schlaf oder beim Aufwachen, trifft Cu Chulainn auf die beiden Frauen, von denen eine rot, die andere grün gekleidet ist. Sie lachen ihn aus und schlagen mit einer Peitsche auf ihn ein, bis der legendäre Held beinahe stirbt. Er legt sich mit einer seltsamen Krankheit zu Bett, die kein Druide oder Arzt heilen kann. Ein Jahr lang bleibt er ans Bett gefesselt und spricht mit niemand. Am Abend vor Samhain (die Nacht vom 31. Oktober auf den 1. November) erscheint Cu Chulainn dann ein Geister-Besucher, singt ein Lied, das ihn heilt, und lädt ihn ein, ihm in die Anderswelt zu folgen.

Danach kehrt Cu Chulainn zu dem Menhir zurück, wo er zum ersten Mal von den Feen verzaubert worden war. Hier erscheint ihm Liban und überredet ihn, mit ins Feenland zu kommen und ihr Volk beim Kampf gegen einen Feind zu unterstützen. Dafür soll ihre Schwester Fand seine Frau werden. Cu Chulainn nimmt an, gewinnt die Feenschlacht, heiratet Fand und bleibt einen Monat lang bei ihr. Dann kehren sie in die *alltägliche Wirklichkeit* zurück, wo Cu Chulainn seiner sterblichen Frau Emer gegenübertreten muß. Druiden geben dem unglücklichen Paar Zaubertränke, die sie vergessen lassen – einen für Cu Chulainn, um Fand zu vergessen, und einen anderen für Emer, um den Vorfall zu vergessen. Mananan, der Meeresgott, stellt einen Zauberumhang zur Verfügung, der Cu Chulainn und Fand für immer voneinander fernhalten soll. Der scheint zu wirken; das häusliche Glück kehrt zu Cu Chulainn und Emer zurück, und Cu Chulainn betritt bis zu seinem Tod nie mehr die Anderswelt.

Wird eine Person in die schamanischen Mysterien eingeweiht, macht sie im allgemeinen eine schwere Krankheit durch. Dabei hat sie die ersten bedeutsamen Begegnungen mit Geistwesen, die das Delirium oder Koma dazu nutzen, den zukünftigen Schamanen in den *Schamanischen Bewußtseinszustand* einzuführen. So war etwa Kislasow, ein sibirischer Schamane, sieben Jahre lang krank. Seine Frau berichtet: »Er wurde krank, als er 23 war, und mit 30 wurde er Schamane.«[20]

Wenn der zukünftige keltische Schamane sich von der Krankheit erholt, hat er möglicherweise keine bewußte Erinnerung an diese Reise. Zudem kann es sein, daß er viel von dem vergessen hat, was sich in der *alltäglichen Wirklichkeit* zugetragen hat. Viele Menschen verweigern sich während dieser Krisenreise der schamanischen Berufung und leben danach als ganz gewöhnliche Männer und Frauen weiter. Sie entscheiden sich dagegen, Schamanen zu werden. Manche ›Verweigerer‹ werden zu dem, was ich als »unfähigen Schamanen« bezeichne, nämlich zu Menschen, die die schamanische Kraft zwar verstehen und in mehr oder weniger großem Ausmaß auch von ihr heimgesucht werden, die aber zögern, diese Kraft im eigenen Leben anzuwenden.

›Gestörte‹ Schamanen gewinnen selten ihre frühere Lebenslust zurück. Sie scheinen gezeichnet und zur Freudlosigkeit verdammt zu sein. Viele sterben bald nach ihrer Rückkehr in die *alltägliche Wirklichkeit* (wofür die Kelten natürlich die Feen verantwortlich machen). Auch aus anderen Kulturkreisen gibt es Berichte, wonach die Weigerung, der schamanischen Berufung zu folgen, chronische Krankheit, Lethargie und den Tod zur Folge hat. Der deutsche Ethnopsychologe Holgar Kalweit beschreibt diese Ablehnung der Kraft als einen Versuch, die Tore der Wahrnehmung wieder zu schließen, nachdem sie bereits geöffnet waren und wir eine »vielfältigere und reichhaltigere Welt« erlebt haben. Er sagt, »(sie) lassen … sich nicht mehr schließen – die durch diese Schleusentore hereinströmenden Eindrücke stauen sich sonst, überfluten alles und ertränken uns in einer *unkontrollierten* mystischen Schau«.[21] Um es im Bezugsrahmen des schamanischen Archetypus auszudrücken: Diese Menschen erleiden großen seelischen Schaden bei dem Versuch, die schamanische Energie zu unterdrücken, die sie einmal auf so dramatische Weise erlebt haben – eine Energie, die ein Schamane zu beherrschen lernen würde.

TUAN MAC CARELL – GESTALTWANDLER UND GESCHICHTENERZÄHLER

Ein irischer Mönch namens Finnian von Moville, der um das 6. Jahrhundert herum lebte, stieß in der Nähe seines Wohnorts auf einen alten heidnischen Krieger, Tuan Mac Carell. Er lud Tuan ein, in die Abtei zu kommen und von den Ureinwohnern Irlands zu erzählen. Tuan nahm die Einladung an und gab Heldensagen von den Siedlern zum besten, die in uralten Zeiten als erste nach Irland gekommen waren. An den Geschichten war weiter nichts Ungewöhnliches, abgesehen von einer unglaublichen ›Kleinigkeit‹. Tuan behauptete nämlich, von Anfang an dabeigewesen zu sein und an der irischen Geschichte, die er hier wiedergab, teilgenommen zu haben. Tatsächlich war Tuans Erzählung eine verwirrende Mischung aus antiker Mythologie, Geschichte und Autobiographie. Tuans Bericht zufolge hatte er jedes Mal, wenn er kurz vor dem Tod stand, seine Gestalt gewechselt und war als Vogel, Säugetier oder Fisch voller Stärke und Lebenskraft wiedergeboren worden. Aus der Sicht dieser Tiere hatte er dann die Geschichte Irlands weiterverfolgt. Seiner eigenen Rechnung nach lebte er so 320 Jahre, bevor er als Mensch wiedergeboren wurde.

Tuans Verwandlungen und Wiedergeburten stehen in einer ungebrochenen schamanischen Tradition. Als Mensch lebte er »von Berg zu Berg, von Klippe zu Klippe« in der Wildnis. Seinen eigenen Worten nach war er »behaart, klauenbewehrt, wettergegerbt, grau, nackt, armselig, elend«. Dann, »als ich eines Nachts im Schlaf lag, sah ich mich selbst, wie ich Hirschgestalt annahm«. Danach war Tuan »jung und frohen Herzens«.[22] Als Hirsch wurde er der König des Hochwilds, der seit dem Paläolithikum dem Schamanismus zugeordnet wird. Wann immer Tuan alt wurde und bereit war zu sterben, wurde er in einen Eber, Falken oder auch einen Lachs verwandelt. Durchbrochen wurde dieser Kreislauf der Tierverwandlungen schließlich, als Tuan als Lachs von einem Fischer gefangen und für die Frau von Carell, einem örtlichen Stammeshäuptling, zubereitet wurde. Sie aß den Fisch, und neun Monate später gebar sie Tuan Mac Carell.

Tuan erzählt, daß er bei diesen Verwandlungen stets einen bestimmten Ort, einen Kraftplatz, aufsuchte. Zur Vorbereitung fastete er üblicherweise drei Tage und drei Nächte lang. Der Aufenthalt an einsamen Orten in Wäldern und Höhlen und die körperliche Anstrengung des Fastens gehören zur schamanischen Tradition. Diese Rituale bereiten den Schamanen darauf vor, die Tiergeister zu sehen und auf Seelenflügen in die *nichtalltägliche Wirklichkeit* ihre Gestalt anzunehmen. Tuan erlebte seine verschiedenen Verwandlungen zweifellos im Trancezustand, und als Geschöpf der Lüfte, des Wassers und des Landes erwarb er tiefgehendes Wissen um die Welt der Natur, mit dem er seine Kenntnisse der irischen Geschichte ergänzte. Tuan wurde ein Seher, Poet, Geschichtenerzähler und einer, der die Erinnerungen seines Volkes überlieferte. Er konnte sowohl die inneren Geheimnisse der *alltäglichen* als auch die der *nichtalltäglichen Wirklichkeit* lehren.

VON GÖTTERN, HELDEN UND SCHAMANEN

Historisch gesehen haben epische Dichtung und kulturelle Mythen möglicherweise ihren Ursprung in den Visionen der Schamanen eines Volkes. In seiner umfangreichen vergleichenden Religionsstudie vermutet Mircea Eliade, daß der Stoff, aus dem die Mythologie einer Kultur gewirkt wird, teilweise aus den Reisen historischer Schamanen in die Anderswelt stammt. Seinen Worten nach war der Kern der Geschichten »ekstatischen Ursprungs in dem Sinn, daß er den Erzählungen von Schamanen entliehen wurde, die ihre Reisen und Abenteuer in den übermenschlichen Welten beschrieben«.[23] Ganz gewiß müssen die ältesten Sagen und Legenden über den Ursprung eines Volkes und die Helden ihrer Kultur zum ersten Mal von jemandem erzählt worden sein, dem man heute ›schöpferische Fantasie‹ bescheinigen würde. Mit diesem Ausdruck möchte ich die Fähigkeit einer Person bezeichnen, visionäre Erlebnisse zu schildern und ihnen Form und Ausdruck zu verleihen. Ich will damit nicht andeuten, daß die Produkte der Vorstellungskraft etwa Fantastereien sind, bloße Einbildung oder wilde Halluzinationen, die weder in der *alltäglichen* noch in der *nichtalltäglichen Wirklichkeit* begründet sind. Sogar wenn die Bilder der Vorstellung in irgendeinem irdischen Sinn ›nicht wirklich‹ sein mögen – der Mensch, in dessen Bewußtsein sie sich zutragen, ist sehr wohl wirklich und historisch. Ähnlich sieht es auch beim Träumen aus: Der Träumer selbst ist unbedingt wirklich, gleiches gilt aber auch für seinen Traum und seine Erlebnisse in der Traumwelt, nur auf einer anderen Wahrnehmungsebene.

Wenn wir die keltischen Götter, Göttinnen und Helden in diesem Licht betrachten, haben wir verschiedene Möglichkeiten, sie zu deuten und damit auch verschiedene Fenster, durch die wir nach den ursprünglichen keltischen Schamanen Ausschau halten können. Die Gottheiten und großen Helden könnten Geistwesen gewesen sein, die Schamanen auf ihren anderweltlichen Reisen antrafen – Reisen, die zum Stoff von Geschichten wurden, mit denen sie ihr Volk lehrten, aufklärten oder unterhielten und mit denen sie ihren Ruf als Schamanen stärkten. Als dann mit der Zeit der Schamanismus zugunsten eines fester organisierten Priestertums zurückging (wie Joseph Campbell es erklärt hat),[24] wurden diese Erzählungen aus ihrem ursprünglichen schamanischen Zusammenhang gerissen und als einfache, unmittelbare Geschichten über Götter und Göttinnen zum besten gegeben.

Man kann die Geschichten über Gottheiten und große Helden aber auch so auslegen, daß sie ursprünglich von historischen Schamanen selbst handelten, vielleicht als Erläuterung ihrer Reisen in die *nichtalltägliche Wirklichkeit.* Wie die meisten Menschen, die über magische Kräfte verfügen sollen, werden Schamanen von ihren Mitmenschen oft als überlebensgroße Gestalten gesehen. Daher wäre es nicht verwunderlich, wenn Geschichten über ihre Taten (besonders nach ihrem Tod) einen übernatürlichen Zug bekommen. Während die Geschichten über diese Schamanen dann von Generation zu Generation weitergetragen wurden (und der Glaube an den Schamanismus schwächer wurde), wandelten sich die Hauptpersonen allmählich zu Göttern oder übermenschlichen Helden, weil man gewöhnlichen Menschen keine magischen und machtvollen Taten mehr zuschreiben wollte.

Die Erziehung und Ausbildung des Helden (als Pflegekind) weisen deutlich darauf hin, daß die Geschichten ursprünglich von Menschen und nicht von Göttern handelten. Obwohl die Helden in vielen Geschichten als Gottheiten dargestellt werden, deuten ihre Geburt, Erziehung und ihre Einweihung in die Geheimnisse der Magie darauf hin, daß ihnen diese Kenntnisse und Fähigkeiten nicht angeboren waren. Der Held muß sie erlernen wie ein Sterblicher. Es ist bezeichnend für die enge Verbindung zwischen Schamanen und Sagenhelden, daß der Held einen ganz ähnlichen Ausbildungs- und Einweihungsablauf durchläuft wie ein zukünftiger Schamane: Entführung durch Geister, Magier oder Hexen; Einweisung in Zauber- und Tranceverfahren; eine einsame Kindheit im Wald oder einem fernen Land; eine Reihe magischer Aufgaben und unüberwindlicher Hindernisse, die bewältigt werden müssen; und schließlich die Einweihung in das Leben der Erwachsenen und die schamanischen Geheimnisse.

Mircea Eliade trifft in diesem Zusammenhang eine wichtige Feststellung über die wahre Natur des Schamanen, die unter zeitgenössischen schamanischen Praktikern wenig oder nicht sehr offen diskutiert wird. Er meint nämlich, Schamanen seien in gewissem Sinn selber Geister. Während sie sich in einem *nichtalltäglichen Bewußtseinszustand* befinden, können sie ihr Menschsein überwinden und als Geister wirken. Eliade: »Indem der Schamane in der Ekstase die ›gefährliche‹ Brücke überschreitet, welche die beiden Welten verbindet und mit welcher nur die Toten es aufnehmen können, beweist er …, daß er ›Geist‹ ist, kein menschliches Wesen mehr.«[25] Wenn das zutrifft, läßt sich leicht verstehen, wie Geschichten über die Leistungen von Göttern und großen Helden Schamaninnen zugeschrieben werden konnten, und umgekehrt. Mehr als andere Menschen teilt die Schamanin die spirituelle Natur der Götter und Göttinnen.

Dieser spirituelle Wesenszug des Schamanismus scheint modernen schamanischen Praktikern etwas peinlich zu sein, wenn man nach der großen Zurückhaltung urteilt, mit der dieses Thema behandelt wird. Sie leben und wirken in einer Gesellschaft, die eine ständige Anwesenheit und den dauernden Einfluß von Geistwesen nicht anerkennt. Unsere Kultur lehnt durchgängig die Vorstellung ab, ein menschliches Wesen könne ein Geist ›werden‹. Vielleicht sind selbst Menschen, die sich dem schamanischen Weltbild und Fertigkeiten verpflichtet fühlen, immer noch Kinder unseres Zeitalters. So fühlen wir uns wohler, wenn wir die schamanische Reise psychologisch ›erklären‹ können (Archetypen, das Kollektive Unbewußte, die aktive Vorstellungskraft), statt sie aus dem älteren Bezugsrahmen von Geistern und Geisterwelt zu deuten. Aber unterschätzen wir dabei nicht die schamanische Erfahrung, unser Vorgehen und sogar uns selbst? Werden schamanische Reisende zu Geistern, indem sie den ›gefährlichen Übergang‹ in die Geisterwelt vollziehen? Und sind sie, wie Eliade anmerkt, in gewisser Hinsicht »tot«, während sie reisen, und daher gewissermaßen auch keine menschlichen Wesen mehr? Wenn die schamanische Reise eine Art Generalprobe für den Tod ist, dann sollten moderne Schamanen diesen Anteil der schamanischen Arbeit vielleicht betonen, wenn sie als Berater für Sterbende wirksam helfen möchten.

Aus einer ganzen Reihe von Gründen können wir feststellen, daß keltische Gottheiten, menschliche Helden und Schamanen die gleichen Formen magischer Kräfte besitzen: etwa Macht über das Wetter, die Fähigkeit, sich oder andere in eine andere Gestalt zu verwandeln, und die Fähigkeit, Krankheiten zu heilen oder Tote ins Leben zurückzuholen. Wir haben gleichfalls gute Gründe, das Wesen einzelner legendärer Persönlichkeiten aus mehr als einer Perspektive zu betrachten: der des Gottes, des Großen Helden oder des Schamanen.

Wie immer wir sie auch betrachten wollen – die Sagen von den keltischen Helden können uns als Aussagen über noch ältere Götter und Göttinnen oder gar über Schamanen unter unseren Vorfahren dienen. Wenn wir bei unseren Erklärungsbemühungen beweglich bleiben, können wir Mythen als wichtige kulturelle Artefakte nutzen, die ein Licht auf das keltische Verständnis vom Schamanismus und von schamanischen Erfahrungen werfen.

KAPITEL 2

VERWANDELTE WELTEN

Amergin, der oberste Barde der einfallenden Milesier, betrat irischen Boden mit einem stolzerfüllten Gedicht auf den Lippen, das die keltische Vorstellungskraft bis heute bewegt.

Ich bin der Wind, der übers Meer bläst,
Ich bin eine Woge aus der Tiefe,
Ich bin das Donnern des Ozeans,
Ich bin der Hirsch der sieben Schlachten,
Ich bin ein Falke auf der Klippe,
Ich bin ein Strahl der lichten Sonne,
Ich bin die grünste der Pflanzen,
Ich bin der wilde Eber,
Ich bin ein Lachs im Fluß,
Ich bin ein See in der Ebene,
Ich bin das Wort der Weisheit,
Ich bin die Spitze eines Speers,
Ich bin der Ruf, der über die Erdenränder lockt,
Ich kann mich verwandeln wie ein Gott.[1]

Das »Lied von Amergin«, das als eines der ältesten Werke der irischen Literatur gilt, spiegelt den siegreichen Geist der Milesier, die zu den ursprünglichen Siedlern Irlands gehörten. Zudem fängt es ein uraltes menschliches Bestreben ein, das auch weiterhin die keltische Folklore und Literatur durchziehen sollte: die Gleichsetzung des Barden oder Geschichtenerzählers mit dem Innenleben dessen, was er beschreibt. Oder, um es in schamanischen Worten zu sagen, die Fähigkeit, sich in den Geist anderer Schöpfungen zu verwandeln.

In ähnliche Richtung geht das Lied des walisischen Barden Taliesin:

Vielfache Gestalt hab' ich gehabt;
Ich war die schmale Klinge eines Schwerts;
Ich war ein Tropfen in der Luft;
Ich war ein schimmernder Stern;
Ich war ein Wort in einem Buch;
Ich war ein Adler;
Ich war ein Boot auf der See;
Ich war die Saite einer Harfe;
Ein Jahr lang war ich verzaubert in der Gischt des Wassers;
Es gibt nichts, worin ich nicht gewesen bin.

Die bemerkenswerte Botschaft dieser letzten Zeile, die Fähigkeit, ›in‹ allem zu sein, was geschaffen ist, ist eine Schlüsselerfahrung des Schamanismus. Die ›Tranceverfahren‹ der Schamanin sind nicht nur Fertigkeiten, die es ermöglichen, außerhalb des eigenen Bewußtseins zu stehen, obwohl es die erste Bewegung der Seele auf der schamanischen Reise ist, aus dem Selbst herauszutreten. Erst der nächste Schritt unterscheidet die Schamanin wirklich von anderen außerkörperlich Reisenden: die Fähigkeit, andere Lebenswelten zu betreten, am geheimen Leben anderer Geschöpfe teilzunehmen und sich mit ihren Seelen zu verständigen. Die Fähigkeit, das eigene Bewußtsein in das Bewußtsein eines anderen Wesens zu schicken – sei es der Wind, ein Falke, eine Harfensaite oder eine ganze Landschaft in dieser oder in der Anderswelt –, und die anschließende Rückkehr ins eigene Selbst ist das wesentliche Geschehen bei der schamanischen Reise.

In diesem Kapitel wird das uralte Verfahren des ›Shapeshifting‹ – der Gestaltwandlung – als ein Schlüsselelement des keltischen Geists untersucht. Die Kelten haben eine weitere, ebenso alte Erkenntnis bis in die heutige Zeit bewahrt: Alles im Universum ist im Kreis oder Gewebe des Lebens miteinander verbunden. So wie ein keltisches Knotenmuster in sich verschlungen und verflochten ist, besteht das Dasein als ununterbrochene Kette, die alle Teile des Universums miteinander verbindet. Die Fähigkeit der Schamanen, ihre Gestalt zu verwandeln, bezieht sich unmittelbar auf ihre Erkenntnis, daß im Gewebe des Lebens alle geschaffenen Dinge an derselben Kraft teilhaben und daß sie Kraft, Leben und Bewußtsein *austauschen* können. Der Schamane erkennt, daß die Schöpfung nur scheinbar festgelegt ist, und so tritt er selbst in den Erfahrungszustand anderer Wesen ein und gestattet diesen auch, die eigenen bewußten Erfahrungen des Schamanen zu teilen. Es ist, als würde man eine Zeitlang die Köpfe tauschen oder den eigenen Kopf ausleeren, so daß er mit neuen Wahrnehmungen und neuem Leben gefüllt werden kann. Die heidnischen Kelten beeindruckte diese Vorstellung besonders. Um sie letztlich zu verwirklichen, müßte der Kopf vom Körper getrennt werden, um das allwissende Haupt zu bewahren und zu verehren.

DIE VERWANDLUNG DES BEWUSSTSEINS

Um in andere Welten zu reisen, müssen wir mehr tun, als nur unseren Körper zu verlassen. Wir müssen unseren Kopf verlassen. Die Schamanin versteht es meisterhaft, der Geist-Körper-Verbindung zu entkommen, die das *alltägliche* Bewußtsein kennzeichnet, und in den schamanischen oder *nichtalltäglichen* Bewußtseinszustand einzutreten.

In diesem traumähnlichen Zustand verwandelt sich die Vorstellungswelt in einen zeit- und raumlosen Ort, an dem die Schamanin am Bewußtsein anderer Wesen teilhaben kann. In diesem Punkt treffen sich Gestaltwandlung und schamanische Reise. Die Gestaltwandlung braucht eine veränderte Vorstellungswelt, damit sich das Bewußtsein der Schamanin in das eines anderen Lebewesens oder *Gegenstands* umwandeln kann. Die schamanische Reise wandelt die Vorstellungswelt *geographisch* um, erschafft aus ihr die Landschaft, in der die Schamanin reist. Gestaltwandlung ist Bewußtsein-als-Gegenstand; Reisen ist Bewußtsein-als-Landschaft.

Schamanische Reisen und Gestaltwandlungen sind Formen einer Verschmelzung. Beim Reisen wird die Schamanin Teil der Geistwelt, bei der Gestaltwandlung verschmilzt sie mit dem Geist eines Tieres, einer Pflanze oder eines Gegenstandes. In beiden Fällen gestaltet sich die Vorstellungswelt der Schamanin unmittelbar und willentlich neu, damit ihr Bewußtsein sich mit dem eines anderen Wesens verbinden kann. Je nach Macht und Kraft der Schamanin verwandelt sich dabei ein mehr oder minder großer Teil ihres Bewußtseins in das des anderen Wesens. Ein kleinerer Teil des eigenen Bewußtseins bleibt bestehen, um den Ablauf zu überprüfen und die Rückkehr in die *alltägliche Wirklichkeit* zu sichern.

Gestaltwandlung und schamanisches Reisen beginnen im Kopf, in der Vorstellungskraft des Schamanen. Mit ihr beschreibt er das Wesen der Anderswelt und *nichtalltäglicher Wirklichkeit*. Sobald sich das Bewußtsein des Schamanen verschiebt, verschiebt sich auch dessen innerer Aufbau, und der Schamane verschmilzt mit dem Bewußtsein eines Tieres, einer Pflanze oder eines Gegenstandes. Es kann sein, daß die Aura der Schamanin tatsächlich Pflanzengestalt annimmt oder die Energie ausstrahlt, die wir mit einem bestimmten Tier verbinden. Wenn sich diese Veränderungen schließlich vollzogen haben und die Schamanin mächtig genug ist, verändert sich ihr physischer Körper, so daß auch andere die Verwandlung sehen können. Die Schamanin sieht dann aus wie das Tier, die Pflanze oder der Gegenstand und verhält sich entsprechend.

Mag die körperliche Verwandlung für Zuschauer auch der dramatischste Teil des Gestaltwandels sein, der wichtigste ist es nicht. Würde ein Schamane den physischen Körper verwandeln, ohne daß damit eine bedeutsame Bewußtseinswandlung einhergeht, würde das dem Gestaltwandler wenig Macht oder Wissen verleihen. Es wäre Form ohne Inhalt. Es wäre lediglich ein Taschenspielertrick, ohne die tiefgreifende Angleichung zwischen dem Schamanen und dem anderen Wesen, eine Übereinstimmung, die viele Schamanen bezeugen, die sich in ihre Hilfsgeister verwandeln oder, in seltenen Fällen, zeitweise von ihnen besessen sind.

In Zusammenhang mit der Gestaltwandlung gibt es Gesichtspunkte, die nicht nur für den Schamanen, sondern auch für alle Mitglieder der Gemeinschaft von Interesse sind. Die Badyaranken im Senegal behaupten beispielsweise, daß sich die Seele auf eigenen Entschluß hin vom Körper eines Menschen trennen und in Gestalt eines beliebigen natürlichen Gegenstands erscheinen kann. Wer Naturerscheinungen begegnet, die sich irgendwie verdächtig oder anders als gewöhnlich verhalten, kann sich in Gefahr befinden. Ein Tier, ein Baum, der Wind oder ein Sturm könnten die Seele eines feindlich gesinnten Schamanen oder Zauberers sein. Natürlich besteht auch Gefahr für den Schamanen, denn er könnte in dieser anderen Gestalt gefangen, verletzt oder getötet werden.

Schamanen, die in den letzten 100 Jahren von Anthropologen und Forschern befragt wurden, geben an, ihre Kraft von Tieren und Naturgeistern empfangen zu haben, manchmal auch durch eine unmittelbare Vereinigung mit der Natur. Das bedeutet, daß sie während der schamanischen Reise durch die Geisterwelten ihr eigenes Bewußtsein mit den Bestandteilen des Universums verschmelzen. Sie verwandeln sich jeweils in die Gestalt des Tieres, von dem sie Wissen und Macht erlangen möchten. Ward Rutherford, der viele archaische Religionen untersucht und darüber geschrieben hat, ist der Ansicht, daß solche Verwandlungserlebnisse die Voraussetzung gewesen sein könnten, um Barde zu werden.[2] Und da Barden und Druiden häufig gleiche Fähigkeiten nachgesagt werden, dürfen wir annehmen, daß die Fähigkeit zur Gestaltwandlung auch eine Voraussetzung war, um Druide zu werden. Sowohl Barden als auch Druiden könnten also ihre Kräfte erlangt haben, indem sie sich in die Natur, die Elemente und in Tiere verwandelten.

Druiden waren in der alten keltischen Kultur die Gestaltwandler schlechthin. Durch Zaubersprüche und Beschwörungen verwandelten sie Männer und Frauen in Vögel und andere Tiere, in Pflanzen und Gegenstände aus der Natur. Der ›magische Schlaf‹ der Druiden könnte ein der schamanischen Trance ähnlicher hypnotischer Zustand gewesen sein, in dem sie sich verwandelten oder in die tieferen Regionen der Anderswelt hinabtauchten. Die Druidenlehre von der Seelenwanderung – daß die Seele den Tod überlebt und in andere Existenzformen übergeht – spiegelt deutlich den Glauben, daß der Geist anpassungsfähig ist und am körperlichen und spirituellen Leben anderer Wesen teilhaben kann.

Nirgends wird die Gestaltwandlung auf dramatischere Weise offenbar als in den verschlungenen Lebensläufen und den Abenteuern keltischer Helden und Gottheiten. Wir haben gesehen, wie Tuan Mac Carell jeweils eine Zeit als Hirsch, Adler und Lachs verbrachte, dabei die Geschichte der Iren kennenlernte und die Kunst der Verwandlung erlernte. Fintan, ein anderer Gestaltwandler aus der Sage, brachte viele Jahrhunderte in verschiedenen Gestalten zu, beobachtete die irische Geschichte und wurde ein Verbindungsglied in dem, was er die »Endlosigkeit des Seins« nannte.[3] Die Feenkönigin Morgan, die in einer ihrer vielen Gestalten über Avalon, König Arthurs letzte Ruhestätte, gebietet, beschreibt der Dichter Taliesin: Sie »hat gelernt, wie man alle Pflanzen zur Heilung des Körpers einsetzt; sie beherrscht auch die Kunst, ihre Gestalt zu verwandeln und durch die Lüfte zu fliegen«.[4] Ihr umfassendes Heilwissen, ihre Fähigkeit zu fliegen und ihre Gestalt zu verändern, legen die Vermutung nahe, daß sie ihre Zauberkraft aus den gleichen Quellen bezog wie die Schamanen.

Manchmal erwirbt der gerade Eingeweihte das allumfassende Wissen auf einen Schlag, es überkommt ihn fast wie ein Blitz, der ihm mystische Einsicht verleiht. So war es bei Taliesin. Der gewöhnliche Ablauf der schamanischen Ausbildung wurde bei ihm umgekehrt – er erhielt zuerst das schamanische Bewußtsein und wurde dann in einer Folge von Ereignissen eingeweiht (und auf die Probe gestellt), die sein Leben bedrohten und sein Ego erschütterten. Taliesin, der als Junge Gwion hieß, bekam sein Wissen von der keltischen Göttin Cerridwen durch ein Versehen: Die Göttin hatte den Knaben Gwion gebeten, ihren Kessel zu hüten und den darin brodelnden Trank der Eingebung und Weisheit umzurühren. Sie hatte vor, dieses Getränk ihrem Sohn zu geben, um ihn zum weisen Seher zu machen und seine mangelnde Schönheit durch göttliches Wissen auszugleichen. Drei Tropfen des Gebräus spritzten auf Gwions Finger. Sofort steckte er ihn in den Mund, um ihn zu kühlen. So erhielt er die Gabe der Weisheit, die der Kessel verlieh. Der Rest des Gebräus wurde zu Gift, sprengte den Kessel, lief auf den Boden, verseuchte schließlich einen Fluß und vergiftete die Pferde, die dort getrunken hatten.

Cerridwen war wütend, daß der Junge ihr die Macht des Kessels mir nichts, dir nichts genommen hatte. Gwion floh vor ihrem Zorn, aber sie verfolgte ihn, und es folgte ein Wettrennen, in dem beide unablässig ihre Gestalt veränderten. Er verwandelte sich in einen Hasen, sie in einen Windhund; er in einen Fisch, sie in einen Otter; er in einen Vogel, sie in einen Falken. Zuletzt wurde er zu einem Getreidekorn, sie zu einer Henne, die ihn verschlang. Später gebar sie ihn als ein Kind wieder, aus dem der große Dichter Taliesin werden sollte. Ironischerweise war Taliesin schön (sein Name bedeutet die ›Strahlende Braue‹). Doch Cerridwens Zorn hatte sich noch nicht gelegt. Sie setzte das Baby Taliesin in einer ledernen Tasche auf dem Meer aus. Er wurde jedoch gerettet und zu dem Dichter, der sich rühmte, daß es nichts gebe, in dem er nicht gewesen sei.

DIE VERWANDLUNG DER ZEIT

Die Erfahrung, an der unendlichen Vielfalt der Schöpfungsformen teilzuhaben, bildet den Mittelpunkt der keltischen Mystik. Sie schließt sogar die Fähigkeit ein, das eigene Bewußtsein in die menschliche Geschichte zu senden. Selbst historische Ereignisse können auf dem geflochtenen Band der Zeit herbeigeholt und verwandelt erlebt werden. In einem langen Gedicht schildert Taliesin all die Momente der menschlichen Geschichte, die er persönlich miterlebt hat. Die Liste ist beeindruckend – sie reicht bis zur Erschaffung der Welt zurück, wie sie von den christlichen Predigern beschrieben wird. Taliesin behauptet, dabeigewesen zu sein, als »Luzifer in die tiefste Hölle fiel«; er »trug das Banner vor Alexander«; er war »in Afrika vor der Entstehung Roms«; er begleitete »Heon ins Tal Hebron«; er war dabei, als »Absalom erschlagen wurde«; er rühmt sich, der »Patriarch von Elijah und Henoch« gewesen zu sein; er »war mit Noah in der Arche« und »sah die Zerstörung von Sodom und Gomorrha«; er segelte mit den überlebenden Übriggebliebenen von Troja«; er »trug Moses durch das Wasser des Jordans«; er war »mit dem Herrn in der Eselskrippe«. Und schließlich verkündet er: »Ich war mit Maria Magdalena unter dem Kreuz«.[5]

In vielen Kulturen bewahren Schamanen die Geschichte ihres Volkes, sie prägen sie sich auf ihren Reisen in die *nichtalltägliche Wirklichkeit* ein, blicken auf sie zurück und durchleben sie noch einmal. Die meisten archaischen Gesellschaften haben außerdem wiederkehrende Rituale, in denen sie den Mythos des Volkes von der Entstehung der Welt neu inszenieren. Sie schaffen die Vorzeit neu – die Traumzeit, wie die Australier es nennen –, in der übernatürliche Wesen Landschaften und die ersten Menschen erschufen. Schamanen durchleben diese geheiligten Ereignisse während ihrer Reisen noch einmal. Dabei kann es passieren, daß sich ihr Verständnis dessen, was sie von älteren Schamanen gelernt und aus erster Hand in Trance erlebt haben, mit der Zeit verwischt. Es gibt Umstände, die eine ungetrübte Erinnerung der Ereignisse erschweren. Auch mancher Schamane wird alt und senil, und sein Erinnerungsvermögen nimmt mit dem Alter ab. Zudem können einige seiner Tranceerlebnisse Informationen enthalten, die er vor Jahren von seinen eigenen Lehrern erfuhr. Und diese Lehrer hatten vielleicht bereits ein verschwommenes Bild von den tatsächlichen geschichtlichen Abläufen, hatten sie mit persönlichen visionären Erlebnissen und mit den Visionen ihrer Gefährten vermengt.

Es geht hier nicht um die historische Genauigkeit der Ereignisse, von denen die Schamaninnen wissen bzw. die sie persönlich miterlebt haben. Es geht vielmehr darum, daß Schamaninnen die innere und äußere Geschichte ihres Volkes verkörpert haben und sich in ihren Erzählungen persönliche Erfahrungen aus der Anderswelt mit der gemeinsamen heiligen und weltlichen Geschichte des gesamten Stammes mischen. Falls in einer Erzählung Tatsachen und Fantasie verschwimmen – und das passiert –, liegt das unter

Umständen keineswegs daran, daß der Schamane etwa einen Hang zur Täuschung hätte. Schamanen lügen nicht unbedingt, wenn sie sich rühmen, allwissend und allgegenwärtig zu sein. In der *nichtalltäglichen Wirklichkeit* sind Schamanen überall und sie sind fähig, alles menschliche Wissen zu besitzen.

DER ABGETRENNTE KOPF

Eine Zeile im Lied von Amergin, »Ich kann mich verwandeln wie ein Gott«, läßt erkennen, wie die keltischen Schamanen ihr weitreichendes Wissen und die Fähigkeit zur Verwandlung erlangten. Diese Übertragung der Zeile weist darauf hin, daß eine göttliche Kraft die Gestaltwandlung ermöglicht. So erscheint es beinahe zwingend, das Wesen des Göttlichen mit Veränderung, Umwandlung und schöpferischer Erneuerung gleichzusetzen.

Andere, abweichende Übersetzungen erwähnen dagegen die Gestaltwandlung überhaupt nicht, sprechen statt dessen von einem ›Feuer im Kopf‹:

Ich bin der Gott, der im Kopf das Feuer formt.[6]
Ich bin der Gott, der für den Kopf Feuer formt.[7]
Ich bin ein Zauberer: Wer außer mir entzündet den kühlen Kopf mit Rauch?[8]
Ich bin der Gott, der im Kopf des Menschen das Feuer des Denkens entfacht.[9]
Ich bin Weisheit: Wer außer mir kühlt den Kopf, der von flammendem Rauch erfüllt ist?[10]

Alle genannten Fassungen stimmen in zwei Punkten überein, die mehr mit Gestaltwandlung zu tun haben, als auf den ersten Blick zu erkennen ist. Die Gestaltwandlung selbst beginnt im Kopf und entspricht in gewisser Weise dem Feuer, denn Feuer ist das wandelbarste der Elemente. Amergins letzte Zeile könnte auch einfach heißen: »Ich bin das Feuer der Vorstellungskraft« oder »In mir brennen die Bilder einer anderen Welt«. Wir verstehen die hellseherische Vorstellungskraft des Schamanen – sein wichtigstes Werkzeug – besser, wenn wir diese beiden Bereiche näher betrachten: das Haupt und das Feuer.

Die alten Kelten waren berühmt (und berüchtigt) für ihren Kult um das abgetrennte Haupt. Keltische Krieger stellten stolz die Köpfe ihrer Feinde zur Schau. Es wird überliefert, daß sie sie entweder an ihr Pferd banden oder sogar um den Hals trugen. Damit erweckten sie Abscheu bei den Römern und Entsetzen bei feindlichen Stämmen, was durchaus in ihrer Absicht lag. Abgeschlagene Köpfe wurden auf Torpfosten gesteckt und neben Türen plaziert; manche wurden auf Pfähle gespießt, andere einbalsamiert und in besonderen Truhen aufbewahrt, die als Familienerbstücke gehütet wurden. Knochenteile von Schädeln wurden als Amulette getragen. Vergoldete Schädel dienten als sakrale Trinkgefäße, und weniger verzierte benutzte man am Brunnen als Becher.

Im südenglischen Danebury hat man in Erdschächten mit Schädeln gefüllte Verstecke gefunden. In Frankreich kann man in Entremont und in Roquepertuse noch heute in Stein gehauene Köpfe sehen und stilisierte Schädel, die keltische Künstler als Schnitzwerk an Tempeln und Denkmälern anbrachten. In der Tempelarchitektur erhielten Schädel einen Ehrenplatz und wurden sorgsam in eigens dafür herausgemeißelte Nischen gesetzt. Manche Kopfskulpturen haben zwei oder drei Gesichter. Wollte der Bildhauer damit andeuten, daß der Kopf die magische Fähigkeit besaß, in mehr als eine Richtung zu blicken, vielleicht in die Vergangenheit und Zukunft, oder in andere Vorstellungswelten, die Räume hinter den Augen? Versuchte der Bildhauer eine Vorstellung von den Visionen zu vermitteln, die im ›Kopf-hinter-dem-Kopf‹ auftauchen? Nach Ansicht des Keltenforschers und Archäologen Barry Cunliffe ist es sehr schwierig, all die Funde geschnitzter Schädel und abgetrennter Häupter sowie ihre Fundorte zu deuten.[11] Eines jedoch wird klar angesichts der Sorgfalt und Ehrfurcht, mit der sie behandelt wurden: Der Kult um den menschlichen Kopf war mehr als heidnische Blutrünstigkeit.

Nach Einschätzung der Keltenforscherin Anne Ross war der abgetrennte Kopf ganz im Gegenteil ein religiöses Symbol, das für die keltische Spiritualität ebenso kennzeichnend war, wie es das Kreuz für das Christentum ist. Das Symbol des abgetrennten Haupts, so Ross, »enthält das Wesen der Religion der heidnischen Kelten«, und in seinen verschiedenen ikonographischen und literarischen Ausdrucksformen finden wir »den harten Kern der keltischen Religion«.[12]

Die Kelten glaubten, daß die Seele unsterblich und ihre irdische Behausung der Kopf sei. Besaß man den Kopf einer Person, so besaß man ihre Seele, ihren Geist und ihre persönliche Kraft. Das entspricht der in manchen Kulturen geübten Praxis, das Herz oder Gehirn eines mutigen Kriegers oder bewunderten Gegners zu essen, um sich seine Stärke und Geschicklichkeit einzuverleiben. Die alten Kelten glaubten, daß der Kopf nach einer Enthauptung und dem Tod weiterleben könne, daß er sich bewegen, sprechen, singen, Prophezeiungen abgeben und mit Geschichten unterhalten könne. In manchen Sagen leitet ein abgetrenntes Haupt die großen Feste der Anderswelt.

Aus schamanischer Sicht ist es sehr wahrscheinlich, daß der Schädel oder der abgetrennte Kopf eines der wichtigsten Kraftgegenstände des Gestaltwandlers war, ein physisches Werkzeug, welches das Heilige darstellt und enthält. Amergins Herausforderung, er werde ein Feuer für den Kopf entfachen, deutet ebenfalls klar in diese Richtung. Als schamanisches Symbol ist der Schädel nicht einfach leer – er wird *geleert*, ausgehöhlt, auf eine andere Form des Bewußtseins vorbereitet. Lame Deer, ein Medizinmann der Sioux, beschreibt, wie die traditionelle Schwitzhüttenzeremonie, die einer Visionssuche voranging, die gleiche Wirkung hatte. Sie »schien mein Gehirn leer gemacht zu haben«, sagte er. »Vielleicht war das gut so, jede Menge Platz für neue Einsichten.«[13]

Als Kraftgegenstand oder magisches Werkzeug steht der Schädel für das, was der Gestaltwandler mit dem eigenen Kopf tun muß, um das Bewußtsein eines anderen Wesens anzunehmen. Der Geist, ausgeleert wie der Kopf, muß sich wandeln, so wie der schamanisch ausgebildete Schmied Metall umwandelt. Das Feuer der Vorstellungskraft muß den Kopf durchdringen, um die Verwandlung in andere Bewußtseinsformen auszulösen. Wie die Feenhügel wird der glatte, runde Schädel – vom alltäglichen Bewußtsein geleert – zum Tor, durch das der Schamane in die Anderswelt reist. Um einen Ausdruck von den Huichol-Indianern in Nordmexiko zu entlehnen: Der Schädel enthält das *neireka*, das geistige Portal, durch das jeder beim Tod in die nächste Welt hinübergeht, durch das der Schamane aber schon zu Lebzeiten aus- und einzugehen versteht.

Es gibt noch andere Hinweise darauf, daß der abgetrennte Kopf ein schamanisches Symbol für die Verwandlung ist. Ein keltischer Schrein in Roquepertuse besteht aus drei aufrechten Säulen mit einem waagrechten Sturz, wie er für die gröber behauenen Dolmen in allen keltischen Gebieten typisch ist. In die Säulen sind Nischen gehauen, die menschliche Schädel enthielten. Auf dem waagrechten Stein sitzt ein Vogel, der zum Abflug bereit ist. Nach schamanischen Traditionen ist der Vogel ein wichtiges Krafttier oder ein geistiger Führer, der für den Seelenflug in andere Welten steht. Ein anderer Steinvogel, der in Roquepertuse zu sehen ist, trägt zwei Köpfe im Schnabel, die in entgegengesetzte Richtung blicken – ein Bild, das stark an die Vielschichtigkeit des schamanischen Bewußtseins erinnert.

DIE AURA DES KRIEGERS

In keltischen Sagen beschreibt das Feuer im Kopf auch die Kampfbereitschaft eines Kriegers, die wiederum eine andere Form eines verwandelten Bewußtseinszustands ist. Bei dem irischen Cu Chulainn zum Beispiel war um den Kopf das »Licht des Helden«, eine flammende Aura, zu sehen, wenn er wild zum Kampf entschlossen war. Sobald dieses Licht erschien, konnte er seinen berühmten ›Lachssprung‹ ausführen und so große Entfernungen oder Höhen überwinden. Wenn er in einer Schlacht kämpfte, drehte er sich auf magische Weise in seiner Haut herum, so daß er in alle Richtungen Hiebe verteilen konnte. Es wird erzählt, daß sein Haar nach allen Seiten abstand und an jeder Strähne Blutstropfen hingen oder feurige Funken stoben. Auf dem Höhepunkt des Schlachtfiebers stieg der »Mond des Helden« von seiner Stirn auf, »dick wie ein Wetzstein«, und ein Strom schwarzen Bluts spritzte dann aus seinem Schädel, so hoch wie der Hauptmast eines Schiffes. Die Hitze, die dabei seinem Körper entströmte, konnte drei Fässer voll Wasser erwärmen. Wer nun denkt, daß ales, was sich da an Pyrotechnik rund um Cu Chulainn entlud, den eigentlichen bewaffneten Kampf unnötig machte, der irrt. Unerschrockene Feinde erhoben sich dennoch gegen ihn und versagten. Bei einer Gelegenheit jonglierte Cu Chulainn mit neun erbeuteten Köpfen in einer Hand und zehn in der anderen. Als er schließlich selbst den Tod fand und enthauptet wurde, setzte man seinen Kopf auf einen Stein, der sich daraufhin spaltete.

Die Keltenforscherin Marie-Louise Sjoestedt hat gezeigt, daß viele indoeuropäische Ursprungswörter für *Held* die Vorstellung von Zorn, hitzigem Eifer, Schwellung und Geschwindigkeit beinhalten.[14] Der Held war der Hitzige, erfüllt von flammender Energie, er floß über und barst vor Kraft und Leben. Die unbändigen Rituale vor einer Schlacht, die keltische Krieger im Angesicht ihrer Feinde vollführten, dienten einerseits dazu die ›Kampfeshitze‹ anzufachen. Auf der anderen Seite waren sie eine Art Machtspiel, das den Feind vor der Schlacht erschrecken sollte. Es ist nicht auszuschließen, daß auch die Sitte nackt zu kämpfen eine Strategie darstellte, die den Krieger in einen anderen Bewußtseinszustand versetzten sollte, obwohl auch dies eine Taktik war, um den Feind nervös zu machen und abzulenken. Auf jeden Fall wirkten die keltischen Krieger auf ihre Feinde verwegen, befremdlich und völlig verrückt.

Eine andere Art der geheimnisvollen Aura, die den Kopf umgibt, ist auf steinernen Bildwerken keltischer Götter zu sehen. Funde in Heidelberg, Pfalzfeld und Holtzgerlingen zeigen zwei dicke, turbanartige ›Lappen‹, die die Schädeldecke umgeben. Stehen sie für die beiden Hälften des Gehirns? Zeigen sie vielleicht das besondere Licht des Helden oder das Ausmaß geistiger Energie, die nötig ist, um sich zu verwandeln? Der Keltenforscher Proinsias Mac Cana meint, daß die ›Lappen‹ auf diesen vorchristlichen Schnitzereien auf etwas Heiliges oder Übernatürliches hinweisen.[15] Später, im christlichen Zeitalter, war die Sonnenscheibe oder der Heiligenschein hinter dem Kopf eines Heiligen das künstlerische Mittel, um dieselbe heilige Eigenschaft darzustellen. Tatsächlich sah man keltische Mönche laut Augenzeugenberichten häufig umstrahlt von einem hellen, andersweltlichen Licht. Ein solches Licht umgab etwa St. Columban, wenn er allein beim Gebet war. Als seine Mitbrüder ihn insgeheim beobachteten, füllte sich die ganze Kirche mit Licht. Eine Lichtsäule, ähnlich dem Blutstrahl beim kämpfenden Cu Chulainn erhob sich flammend vom Haupt des Heiligen. Interessant ist auch, daß während dieser Zeiten, die er ganz ins Gebet vertieft verbrachte, Engel gesehen wurden, die über ihm schwebten und in sein Ohr flüsterten. Höchstwahrscheinlich befand sich St. Columban in Trance und verständigte sich mit seinen Hilfsgeistern.

Die geistige Flamme, ob sie nun von einem Druiden, Mönch oder Zauberer, von Gott oder den Heroen selbst entfacht wird, entspricht der starken Körperhitze, die für nordasiatische Schamanen typisch ist. Auch tibetische Mönche, die in der Tradition des Yoga ausgebildet wurden, das seinen Ursprung in schamanischen Verfahren hat, können ihre Körpertemperatur soweit erhöhen, daß der Schnee schmilzt. In manchen Kulturen geht der *nichtalltägliche* Bewußtseinszustand, der bei den afrikanischen !Kung »kochende Energie« genannt wird, mit einem körperlichen Fieberzustand einher. Wir haben gesehen, daß die Fähigkeit, durchdringende Körperwärme zu erzeugen und der Kälte zu widerstehen, bei den Inuit als Zeichen für schamanische Erwählung gilt. Der Forscher Rasmussen fand einen Eskimoschamanen, der ihm erklärte: »Jeder wirkliche Schamane muß in seinem Körper eine Erleuchtung fühlen, im Inneren seines Kopfes oder in seinem Gehirn, etwas, das ihm die Kraft gibt, mit geschlossenen Augen in der Dunkelheit zu sehen, hinter die verborgenen Dinge, in die Zukunft oder in die Geheimnisse eines anderen Menschen.«[16] Michael Harner beschreibt den Jivaro-Schamanen im Amazonasgebiet als jemand, der im veränderten Bewußtseinszustand Licht abgibt, »insbesondere in Form einer ›Krone‹, einer Aura vom Kopf ausgehend«. Jedoch können dieses Licht nur andere Schamanen sehen, die sich ebenfalls in einem veränderten Bewußtseinszustand befinden.[17] Sichtbar oder nicht, das innere Licht oder Feuer stellt einen Schlüsselbestandteil der schamanischen Erfahrung dar.

SCHÄDEL, BECHER UND KESSEL

Daß ausgehöhlte Schädel an Brunnen als Trinkbecher benutzt wurden, ist ein weiterer überzeugender Hinweis darauf, daß der abgetrennte Kopf ein schamanischer Kraftgegenstand war. Der heilige Brunnen ist in der keltischen Tradition ein wichtiger Eingang in die Anderswelt. Eine Anzahl Schädel, die auf dem Grund von Brunnen gefunden wurden, könnten einst Trinkgefäße gewesen sein, die versehentlich ins Wasser fielen. Vielleicht wurden sie aber auch absichtlich hineingeworfen, um alle, die in die Tiefe blickten, daran zu erinnern, daß hier ein Eingang zu einer anderen, tieferen Welt liegt, einer Welt, die sich nach schamanischem Verständnis auch dem Kopf innewohnt. Anne Ross ist der Ansicht, daß die Vielzahl der Schädel, die zusammen mit Töpferwaren und geschnitzten Köpfen in Teichen und Brunnen gefunden wurden, eindeutig eine Beziehung zwischen dem Kopf und dem göttlichen Raum herstellt. Sie merkt an, daß der Schädel mancherorts als Brunnenhüter galt und deshalb als Torwächter zur Anderswelt.[18]

Das Haupt als Hüter der Tore zur Anderswelt läßt sich besonders eindrucksvoll in Ritualen darstellen, die Schädel als Trinkbecher vorschreiben, wenn beispielsweise junge Anwärter in den Kreis der Druiden aufgenommen werden sollen. Für solche geheiligten Handlungen benutzen die Druiden aus Schädeln hergestellte Becher. Der römische Historiker Livius schreibt, daß ein Schädel »als heiliges Gefäß« benutzt wurde, »um Trankopfer darzubringen und als Trinkschale für den Priester und die Tempelwärter« diente.[19] Da die Einzelheiten der druidischen Rituale nicht überliefert sind, können wir nur vermuten, welcher Art das zeremonielle Getränk war.

Bei ähnlichen Zeremonien ähnlicher Geheimbünde und bei Initiations-Ritualen ist es üblich, den Neulingen eine bewußtseinserweiternde Droge zu geben, um Visionen herbeizuführen und den Zugang in die *nichtalltägliche* Wahrnehmung zu öffnen.

Auch die alten Griechen kannten solche geheimen Einweihungs-Riten. Es liegt deshalb nahe, daß die Druiden, deren Tradition sich bis nach Griechenland zurückverfolgen läßt, ebenfalls entsprechende Zeremonien mit bewußtseinserweiternden Drogen entwarfen. Wir können die rauschhaften Verfahren der Druiden sogar bis nach Sibirien verfolgen, der Heimat des klassischen Schamanismus. Der Historiker Carlo Ginzburg, der sich mit europäischer Magie und Hexentum beschäftigt, hat gezeigt, daß die keltischen, thrakischen und skythischen Stämme im Raum der unteren Donau zusammentrafen.[20] Die Skythen nördlich und westlich des Schwarzen Meers besaßen eine ausgeprägte schamanische Kultur, die nach Ginzburgs Theorie von ihren Kontakten mit mittelasiatischen Schamanen herrührte. Die Skythen bauten Schwitzhütten, die von der Konstruktion her denen der amerikanischen Ureinwohner glichen und in denen sie auf heißen Steinen Hanfsaat verbrannten. Die Dämpfe erzeugten angenehme rauschhafte Zustände. Reisende berichteten von ebenfalls vergleichbaren Zeremonien bei den sibirischen Schamanen. Interessanterweise waren die Skythen ebenfalls Kopfjäger, so daß hier eine weitere Verbindung zwischen keltischem Brauch und schamanischen Arbeitsweisen in Sibirien besteht, bei denen ebenfalls Schädel benutzt wurden.

Es wäre vorstellbar, daß die ganz frühen Kelten im unteren Donauraum Verfahren anwandten, die eine veränderte Wahrnehmung der Wirklichkeit hervorrufen und die sie über die Skythen von den Sibiriern übernahmen. So benutzten sie möglicherweise die Schwitzhütte mit bewußtseinsverändernden Kräutern, und vielleicht reichten sie jungen Druiden (und anderen Personen) rauscherzeugende Tränke in Schädelgefäßen. Falls es so war, wäre den aufmerksamen Druiden, denen Symbole und Mythen vertraut waren, die Bedeutung des Schädels als Becher gewiß nicht entgangen: Die Wirkungen einer Droge werden im Kopf spürbar, der zudem die unsterbliche Seele beherbergt. Da der Kopf nach keltischem Verständnis einen Anteil des Göttlichen darstellte, erscheint es aus magischer Sicht fast zwingend, den Schädel als Becher für einen Trank zu benutzen, der den Neuling in die göttlichen Mysterien einführt.

Der römische Schriftsteller Lucan beschreibt eine gallische Praktik, bei der ein Opfer anscheinend rituell in einem Kessel ertränkt wird. »Ein Mann wird mit dem Kopf voran in einen vollen Zuber gesteckt, so daß er ertrinkt.«[21] Die Szene, die auf dem von Kelten gefertigten Kessel von Gundestrup (ca. 200 v. Chr.) zu sehen ist, scheint dieses brutale Opfer darzustellen. Eine andere, menschlichere Auslegung könnte sich jedoch aus unserem Verständnis von der Heiligkeit des Hauptes und vom Brunnen als Zugang zur Anderswelt ergeben. Um diese Deutung zu stützen, müssen wir jedoch erst den Kessel der Wiedergeburt näher betrachten.

Der Sage nach gelangte der keltisch-nordische Kessel der Wiedergeburt von Irland aus nach Britannien, wo er vom Großkönig, Bran dem Gesegneten, aufbewahrt wurde. Später wurde der Kessel nach Irland zurückgebracht. Nach einigen Jahren führte Bran sein Heer übers Meer und fiel in Irland ein, um seine Schwester Branwen zu retten und den Kessel der Wiedergeburt zurückzuerobern. Während des Feldzugs benutzten die Iren den Kessel, um ihre Gefallenen wieder zum Leben zu erwecken. Ein toter Soldat wurde in den Kessel gelegt, und am folgenden Tag stand er lebendig wieder auf, wenn auch stumm und unfähig, über seine Erlebnisse in der Anderswelt zu berichten. Die Szene auf dem Kessel von Gundestrup scheint diesen Vorgang zu zeigen. Krieger stehen in einer Schlange und warten darauf, mit dem Kopf voran in den Kessel gesteckt zu werden. Über ihnen ist eine zweite Reihe von Kriegern zu sehen, die auf Pferden sitzen und wohl davonreiten, um weiterzukämpfen.

So funktioniert der Kessel als verkleinerter Brunnen oder als Zugang zur Anderswelt. Er wird nicht etwa dazu verwendet, ein Opfer zu ertränken (was natürlich auch ein wirksamer Weg ist, um in die Anderswelt zu gelangen). Vielmehr dient er als Behälter, der die Körper der Gefallenen auf dem Kopf stehend aufnimmt und sie durch den Trank im Kessel zu neuem Leben erweckt. Wenn der Kessel über einem Feuer hängt (was in der Szene aus

Gundestrup allerdings nicht der Fall zu sein scheint), sind wir wieder bei der Vorstellung vom schamanischen Feuer im Kopf angelangt. Zuerst wird wieder der Kopf hineingesteckt, anschließend der Körper, so daß der Geist neu erweckt und ins Leben zurückgebracht wird. Die literarischen Berichte über Brans Kriegszug in Irland erzählen, daß der Kessel tatsächlich erhitzt wird, bevor er die Körper der toten Soldaten aufnimmt.

Diese Erzählung stellt auch noch in anderer Hinsicht Verbindungen zwischen den Themen Gestaltwandlung und abgetrennte Häupter her. Beim Kampf gegen die Iren wird Bran von einem vergifteten Pfeil am Fuß verwundet. Er befiehlt seinen Männern, seinen Kopf abzuschlagen, diesen mit nach London zu nehmen und dort zu begraben. Bis dahin jedoch, so verspricht er, wird der Kopf weiter zu den Männern sprechen, sie unterhalten und ihnen als Führer durch die Anderswelt dienen. Er weist die Männer ausdrücklich an, sieben Jahre lang zu zechen und den Liedern der Vögel der Göttin Rhiannon zu lauschen, deren Musik die Zuhörer in eine Trance versetzt, die sie in die *nichtalltägliche Wirklichkeit* brachte. Danach sprach der Kopf noch 80 Jahre lang, während die sieben Krieger ihr Gelage fortsetzten, die Freuden der Anderswelt genossen und alles Leid des gewöhnlichen Lebens vergaßen. Ihr Aufenthalt in der Anderswelt war erfüllt von Glückseligkeit und der Unterhaltung, die Brans sprechender Kopf bot, der offenbar ununterbrochene (und hoffentlich interessante) Reden hielt. Einer dieser sieben Krieger Brans war Taliesin.

Wie ein keltisches Knotenmuster sind die Grundgedanken der Gestaltwandlung, Weisheit, Wiedergeburt, abgetrennten Köpfe und magischen Kessel durch die Ereignisse in Taliesins Leben miteinander verknüpft: Der Dichter erhielt seine Weisheit aus Cerridwens Kessel, wo er von dem Zaubergebräu kostete, das auf seinen Finger gespritzt war. Um ihrem Zorn zu entgehen, verwandelte er sich in verschiedene Tiere, und als Getreidekorn wurde er von einer Henne verschluckt. Später, als Baby, wurde er ins Meer geworfen, in einer Ledertasche, in der er ersticken oder ertrinken sollte. Als Erwachsener begleitete Taliesin Brans Armee nach Irland, um den Kessel der Wiedergeburt zurückzuholen, er enthauptete den

König der Briten und reiste in die Anderswelt, wo er noch weiter in die Geheimnisse des Kosmos eingeweiht wurde.

Ganz eindeutig haben wir es hier mit einem vielschichtigen Gefüge ineinandergreifender Symbole und Bilder zu tun, doch die klassischen Bestandteile der schamanischen Initiation helfen bei der Entschlüsselung. Obwohl sie Raum und Zeit zu sprengen scheinen, bilden sie als visionäre Erlebnisse ein schlüssiges Ganzes: Todes- oder todesnahe Erfahrungen und die daraus entstandene Bewußtseinsveränderung; die Hilfe von Tiergeistern und die Fähigkeit, ihre Gestalt anzunehmen, um ihre besondere Kraft und ihr Wissen zu erhalten; die Reise in die *nichtalltägliche Wirklichkeit*; die Erkenntnis, daß alles Geschaffene untereinander austauschbar und in gewissem Sinne eins ist. Was liegt also näher, als zu vermuten, daß Taliesin ein walisischer Schamane war, ein Meister ekstatischer Bewußtseinszustände.

DER SCHÄDEL DER WEISHEIT

Das abgeschlagene Haupt als Quelle der Wahrheit, Weisheit und Heilung ist in der keltischen Kultur ein vertrauter Teil der Tradition. Neben der walisischen Erzählung von Bran gibt es alte irische Berichte über abgetrennte Köpfe, die auf steinerne Pfeiler gesetzt wurden und dann sprachen, sangen und sich sogar umher bewegten. In manchen Erzählungen, darunter auch christliche Heiligenlegenden, läßt der Kopf an der Stelle, wo er niedergelegt oder aufgepfählt wurde, eine Quelle entspringen. Und selbstverständlich besitzt das Wasser, das dort aus dem Boden quillt, wundersame Heilkräfte. So wurde etwa einer christlichen Legende nach das Haupt von St. Melor auf einem Stab befestigt, der sich – in die Erde gesteckt – in einen schönen Baum verwandelte. Zwischen seinen Wurzeln entsprang eine nie versiegende Wasserquelle. Wie zu erwarten, besaß auch dieses Wasser eine heilende Wirkung.

Auch in anderen Kulturen ist das abgeschlagene Haupt als Quelle von Wahrheit und Weisheit zu finden. Orpheus, der Sänger aus der griechischen Sage beispielsweise, besaß viele schamanische Fähigkeiten: Er konnte heilen, verwünschen und verzaubern, die Zukunft voraussagen, sich mit Tieren verständigen und, was das Wichtigste ist, in die Unterwelt und wieder zurück reisen. Anhänger des Weingottes Bacchus köpften ihn und warfen seinen Kopf in den Fluß Hebros. Das Haupt trieb zur Insel Lesbos und sang auf dem ganzen Weg dorthin. Später wurde es zur Weissagung eingesetzt. In germanischen Sagen bewachte der Kopf des Gottes Mimir einen Brunnen am Fuß des Weltenbaumes Yggdrasil. An diesem Brunnen wurden dem großen nordischen Schamanen Odin Weisheit und Einsicht zuteil, und dort enträtselte er das Geheimnis der Runen.

Mircea Eliade notiert, daß die zentralasiatischen Jukagir die Schädel von Schamanen aufbewahrten und als heilige Gegenstände verehrten.[22] Auch sie galten als Behältnisse, die althergebrachtes Wissen und Informationen über das Leben nach dem Tod bargen. Die Jukagir befragten vor jeder wichtigen Unternehmung einen Schamanenschädel. Die einfachste Methode der Prophezeiung bestand darin, zu prüfen, ob der Schädel sich leicht oder schwer anfühlte, was dann ja oder nein hieß.

DAS GEWEBE DES LEBENS

Im *Schwarzen Buch von Camarthan*, einem frühen walisischen Werk, finden wir eine christliche Fassung von Amergins Gedicht. Darin, so der religiöse Schriftsteller Robert Van de Weyer, werden die »Ich bin«-Eigenschaften nicht dem Schamanen oder Dichter zugeschrieben, sondern Gott.[23] Einige Bilder bleiben gleich, andere sind neu.

Ich bin der Wind, der über dem Meer atmet,
Ich bin die Welle auf dem Ozean,
Ich bin das Murmeln raschelnder Blätter,
Ich bin die Strahlen der Sonne,
Ich bin das Licht des Monds und der Sterne,

Ich bin die Kraft der wachsenden Bäume,
Ich bin die Knospe, die zur Blüte schwillt,
...

Amergins rätselhafte letzte Zeile »Ich kann mich verwandeln wie ein Gott«, die wir mit der »Flamme des Denkens« oder dem »Feuer der schamanischen Verwandlung« in Verbindung gebracht haben, lautet hier anders:

Ich bin die Gedanken aller Menschen,
Die meine Schönheit und Gnade preisen.

Bemerkenswerte Verlagerungen in der Betonung werden hier sichtbar, die wichtige Teile der allmählichen Christianisierung des Denkens bei den heidnischen Kelten enthüllen. Ein Heide konnte noch kühn von sich behaupten, daß er die Macht besäße, sich wie ein Gott zu verwandeln oder tatsächlich der Gott zu sein, der Gedanken oder Erfahrungen in den Geist überträgt. Ein Christ jedoch schreibt diese Macht allein Gott zu, einem übernatürlichen Wesen, das unabhängig vom menschlichen Bewußtsein besteht. Für den Schamanen können die Gedanken und Erlebnisse der gesamten Schöpfung im menschlichen Geist Gestalt annehmen, wenn der Mensch die schamanischen Ekstasetechniken beherrscht, die diese Gedanken und Erlebnisse leicht zustandekommen lassen. Indem der Schamane diese Gedanken und Erlebnisse schafft, wird er ein Gott oder teilt die Macht Gottes. Die christliche Auffassung läßt sich auf zweifache Weise deuten. Entweder flößt Gott dem menschlichen Geist die Lobpreisungen ein, oder ein Mensch kann Gott geistig erfahren, indem er die Schönheit und Gnade Gottes rühmt. Trotz der veränderten Betonung besteht aber immer noch eine Einheit und ein Zusammenhang zwischen der geistigen Kraft des Göttlichen und des Menschlichen, so wie es auch die älteren heidnischen Fassungen des Gedichts beschreiben.

Auf diesen, Gott gewidmeten Vers folgen Zeilen, in denen sich – laut Van de Weyer – die Seele ausdrückt. Wiederum gleichen viele Bilder denen in der heidnischen Fassung. Hier fällt sofort auf, daß die Seele nicht von sich behauptet, eins mit der Schöpfung in ihrem ursprünglichen und natürlichen Zustand zu sein, sondern in Verbindung mit einer menschlichen oder göttlichen Eigenschaft.

Ich bin eine feurige Flamme, die von leidenschaftlicher Liebe lodert,
Ich bin ein Lichtfunke, der die tiefste Wahrheit erhellt,
Ich bin eine rauhe See, die sich in gerechtem Zorn erhebt,
Ich bin ein ruhiger See, Linderung für die gequälte Brust,
Ich bin ein wilder Sturm, der gegen menschliche Sünden wütet,
Ich bin eine sanfte Brise, die in traurige Herzen Hoffnung weht,
Ich bin trockener Staub, der weltlichen Ehrgeiz erstickt,
Ich bin nasse Erde, die reiche Früchte der Gnade trägt.

Der christliche Verfasser behält die Bildhaftigkeit des keltischen Gestaltwandlers bei, die selbstbewußte Beschreibung seiner Fähigkeiten. Allerdings macht er die eindringliche Schönheit der Bilder für christliche Leser annehmbar, indem er unterstellt, daß die Seele nur an der Schöpfung (und dem Geist Gottes) teilhaben kann, wenn sie ehrenwerte oder tugendhafte Eigenschaften zeigt wie leidenschaftliche Liebe, tiefe Aufrichtigkeit, gerechten Zorn, geistigen Trost, Empörung gegen die Sünde oder Hoffnung für ein trauriges Herz. Diese Aussagen, ob sie nun der menschlichen Seele entspringen oder von Gott stammen, haben damit einen moralischen Anstrich bekommen, der in den älteren heidnischen Fassungen nicht vorkommt.

Trotz dieser unterschwelligen Veränderung bewahrt der Text den heidnischen Glauben an fortbestehendes Leben, an das Gewebe des Lebens. Wenn sowohl Gott als auch die menschliche Seele im Ozean zu finden sind, in einem See, einer Flamme, einem Lichtfunken, betrachtete der keltische Geist die Schöpfung immer noch aus schamanischer Sicht, wonach alles im Universum lebendig, bewußt, zugänglich und von Kraft erfüllt ist. Der Schöpfer/Geist und die menschliche Seele sind letztlich eins und bestehen aus dem gleichen Stoff, der gleichen göttlichen Kraft.

Die Keltenforscher Alwyn und Brinley Rees stellen fest, daß die

Ähnlichkeiten zwischen den Druiden und Mönchen, wie wir sie aus den verschiedenen Fassungen des Gedichts erkennen können, auf noch ältere Überlieferungen zurückgehen.[24] Die Rolle der Heiligen als »Beherrscher der Natur und der Fruchtbarkeit, entspricht in vielen Punkten der der vorchristlichen Druiden«. Zu Recht weist Rees darauf hin, daß die Druiden »den Tuatha de Danann* als Meister der Zauberkunst gleichen«. Hier gibt es also eine weiterführende Tradition, in der auch die selbstbewußten »Ich-bin«-Behauptungen des keltischen Gestaltwandlers stehen. Eine fortgesetzte Reihe schamanischer Erfahrungen führt von den alten keltischen Gottheiten über die druidischen Priester bis hin zu den christlichen Mönchen. Doch auch hier stirbt die Überlieferung nicht, sondern geht in das Wissen und die Arbeitsweise der europäischen Hexen des Mittelalters über. Hier wie dort finden wir die gleiche Verbundenheit mit der Natur. Ziehen wir nun noch in Betracht, daß der Glaube an die Möglichkeiten des Feenvolkes der Sidhe in Irland noch immer sehr lebendig ist, sehen wir eine ungebrochene schamanische Tradition von mythologischen Zeiten bis zum heutigen Tag.

Der Keltenforscher Christopher Bamford erklärt, daß nach keltischer Auffassung die Aufgabe des göttlichen Retters darin bestanden habe, »alles in allem« zu werden und die Menschheit und die Natur in Gott auszusöhnen.[25] Er meint: »Die Christenheit und das, was Christus getan hat, war nie Selbstzweck«, sondern ein »göttliches Mittel«, um jenen Zustand der Harmonie zu erlangen, »der der Schöpfung zugedacht war [und der] in Irland immer herrschte«. Sogar heute noch glauben viele Iren, daß die grüne Insel einen besonderen Schutz gegen den Sündenfall genießt. Nach Bamford findet sich, besonders in der frühen irischen Kirche, eine starke Verbindung zwischen Ökologie und Heiligkeit, ein tiefes Verständnis dafür, daß Natur und Geist eins sind und daß ein Leben im Einklang mit dieser Einheit zur Heiligkeit führt. Es ist deshalb die Pflicht der Menschheit, sich dieses Netzwerks aus göttlicher Macht und Naturerscheinungen bewußt zu werden und darin

* Der gälische Name eines der alten irischen Göttergeschlechter.

zu leben. Traditionelle Schamanen würden es als ihre Pflicht und ihr Privileg bezeichnen, in dieses Netzwerk zu *reisen*, um es zu erleben, es sich selbst und anderen nahezubringen und zugänglich zu machen.

Im keltischen Verständnis der Welt sind Himmel und Erde voneinander abhängig und arbeiten auf wundersame Weise zusammen. Die Welten von Geist und Materie sind in heiliger Vertrautheit miteinander verbunden. Selbst die neue christliche Religion konnte in diesem Punkt die keltische Denkweise nicht ändern. Die alte heidnische Verehrung der Natur überlebte daher bis in die christliche Ära und stellte sicher, daß die heilige Einheit von Himmel und Erde weiterhin die unabänderliche Grundlage der keltischen Spiritualität blieb.

Falls wir einen noch genaueren Ausdruck für die Vorstellung von Geist in der Materie suchen, können die traditionellen Schamanen helfen. Bei den Inuit gibt es eine göttliche Kraft, die als *Sila* bekannt ist. Es ist »eine Kraft ... die nicht in einfachen Worten erklärt werden kann. Ein großer Geist, der die Welt und das Wetter und alles Leben auf der Erde trägt«.[26] Sila spricht, aber nicht mit Worten, »sondern durch Sturm und Schnee und Regen und das Wüten der See; durch alle Kräfte der Natur, die der Mensch fürchtet«. Aber Sila umfaßt auch die sanfte Natur und spricht »wenn die Sonne scheint und die See ruhig ist und kleine Kinder unschuldig spielen«. Der Inuitschamane Najagneq erklärt, daß in den Ohren der Kinder Silas Stimme »sanft und freundlich ... fast wie die einer Frau« klingt. Sila ist »gleichzeitig unter uns und unendlich weit fort«. Seine Stimme ist »so fein und freundlich, daß nicht einmal Kinder sich fürchten können. Was sie sagt, ist ›Fürchtet Euch nicht vor dem Universum‹«.

Dieses Geflecht göttlicher Macht, das Sila genannt wird, entspricht der göttlichen Macht in anderen Ureinwohnerkulturen. Es ähnelt dem, was die Polynesier *mana* nennen, die Algonquin *manitou*, die Lakota *wakanda*, die Irokesen *orenda*, die Pawnee *tirawa* und die !Kung *ntum*. Praktisch dasselbe wird in Indien durch *brahman* ausgedrückt und in China und Japan durch *tao*. Eine europäische esoterische Tradition nennt es häufig *magick*. Es ist der Gott ohne Gestalt, der große Geist oder das wundersame Geheimnis hinter allem, was ist. Tatsächlich *ist* es Alles-Was-Ist. In vielen Kulturen ist der Schamane derjenige, der am weitesten in dieses Geheimnis eindringt und seine Weisheit und Kraft für die Gemeinschaft auslegt.

Keltische Denker in der christlichen Ära nannten dieses Gewebe göttlicher Macht »Gnade« oder »Christus«. In der frühen irischen Kirche umschloß diese Vorstellung die Weltlichkeit der Schöpfung, die göttliche Gabe der Natur in all ihrer Körperlichkeit. Im Katholizismus und den späteren protestantischen Formen des Christentums jedoch, wurde das Heilige vom Weltlichen geschieden und der Geist von der Materie getrennt, bis schließlich die Natur nicht nur als unheilig, sondern als dämonisch galt. »Die Welt, das Fleisch und der Teufel« war dafür eine Umschreibung. So verlor die westliche Welt die ältere keltische Vision einer Einheit von Natur und dem Göttlichen, von Materie und Geist. Die Welt wurde entzaubert, die Magie des Lebens verschwand.

Bei den frühen Kelten ist das *Geflecht des Lebens* ausdrücklich in der Natur der Wirklichkeit enthalten, in der druidischen Lehre von der Unsterblichkeit der Seele und im weitverbreiteten Glauben, daß menschliche und tierische Wesen ihre Gestalt verändern können. In zahllosen Sagen, Legenden und Volksmärchen erhalten sogar unbeseelte Gegenstände eine andere Form, und Greifbares wie Schwerter, Schilde, Becher, Kessel, Schmuck und Kleidung verwandelt sich in Kraftgegenstände, die auf ihre Benutzer zauberische Wirkung ausüben. So eine Kraft birgt auch Arthurs Schwert Excalibur und ist auf seine Weise ein Schutzgeist, ähnlich wie die Trommel, die Rassel, die heilige Pfeife, Räucherwerk und sogar ganz gewöhnliche Werkzeuge und Waffen, die in anderen vorchristlichen und heidnischen Kulturen ihre eigenen Hilfsgeister haben.

Die Kelten teilten die schamanische Ansicht, daß Kraft oder Magie in allem steckt und daß jedes Ding ein Schutzgeist sein kann. So verbindet das lebendige Wesen des Universums alle geschaffenen Dinge miteinander. Hinter dieser Vorstellung steht das unausgesprochene Empfinden, daß die Natur des Universums beweglich ist und daß unsere persönliche Wirklichkeit nicht von der Haut und unserem Ich begrenzt wird, sondern holographisch ein Teil der Schöpfung ist. Wir bestehen jenseits von Raum und Zeit und können uns in jeder körperlichen Form ausdrücken, die wir uns wählen. Wir können der Falke sein, der in den Lüften kreist, eine scharfe Schwertspitze oder der Ruf, der uns über die Ränder der Erde lockt.

Für die Schamanin ist das menschliche Bewußtsein nicht auf einen bestimmten Körper oder einen bestimmten Kopf beschränkt. Enthauptung wie auch Zerstückelung sind Abläufe schamanischer Verwandlung. Tatsächlich kann es bei Zerstückelungsreisen geschehen, daß der Kopf der Schamanin auf einem Amboß umgeschmiedet, in einem Kessel gekocht oder mit Kristallen gefüllt wird. Doch die Quälerei ist es wert. Die neu erstandene Schamanin kehrt in die *alltägliche Wirklichkeit* mit Wahrnehmungskräften zurück, die keine Grenzen kennen.

In rauschhaften Begegnungen mit der Anderswelt wird der keltische Abenteurer – sei es ein Druide, Barde, Mönch oder ein gewöhnlicher Mensch – in Säugetiere, Vögel oder andere Lebewesen verwandelt. Mit neuem Wissen und neuem Verständnis für das großartige Gewebe des Lebens kehren die Abenteurer zurück. Wenn sie über die Gabe der Dichtkunst verfügen (und welcher Kelte täte das nicht?), können sie wie Amergin die lange, fesselnde Litanei von allem singen, was einst war, was ist und wieder sein könnte – vorausgesetzt natürlich, daß man den Kopf dafür hat.

KAPITEL 3

GRENZBEREICHE UND ZWEIDEUTIGES

Für irische Dichter ist der Rand eines Gewässers – die Stelle, wo das Ufer dem Fluß begegnet oder der Strand dem Ozean – ein Ort der Weisheit, der Erleuchtung und des geheimen Wissens. Wasser, Nebel, Dunst und Tau faszinieren die Iren seit langem, vielleicht, weil die Inselnation vom Meer umgeben ist und sich Nebel, Dunst und Wolken dort oft auf sehr eindrucksvolle Weise zeigen. Jede Schwelle oder Grenze zwischen Elementsphären, jede Übergangszone zwischen zwei gegensätzlichen Gebieten, jeder Ort, an dem Gegensätze aufeinanderstoßen, gilt für die Kelten als ein Ort voller Magie.

In *The Celtic Twilight*, einer Sammlung von Essays über irische Mystik, erinnert sich W. B. Yeats an einen Spaziergang am Meeresstrand mit einer jungen Frau, die Feenlichter auf den Feldern sehen konnte.[1]

Sie wanderten einen »Sandstrand weit im Westen« entlang und kamen zu einem »bekannten Lieblingsplatz (der Feen) ..., einer flachen Höhle zwischen schwarzen Felsen, die sich im nassen Meeressand spiegelte«. Die junge Frau blickte ein paar Minuten lang in die Höhle und auf deren Spiegelbild und fiel, wie vorauszusehen, in Trance. Kurz danach begann sie Feenmusik zu hören, lachende und singende Stimmen, und dann sah sie die *Guten Leute* selbst, die auf einem hellen Licht tanzten, das vom Eingang der Höhle herüberstrahlte. W. B. Yeats fiel ebenfalls in »eine Art Trance, in der das, was wir irreal nennen, allmählich gebieterische Wirklichkeit gewann«. Im nächsten Moment sah er die Feen »in vier Scharen« und eine »schimmernde Frau«, in der er die Feenkönigin erkannte. Yeats und die Königin unterhielten sich über Wechselbälger und über die Frage, ob er Menschen kenne, die vor ihrer Geburt Feen gewesen waren (sie sagte, er kenne in der Tat welche, wollte aber ihre Namen nicht preisgeben). Dann sprachen sie darüber, ob diese Höhle über dem wassergetränkten Sand »der größte Feenplatz« sei (sie sagte, das sei er nicht). Und so hatten also W. B. Yeats und seine junge Begleiterin dort, an einem ›westlichen Strand‹, bei einer Höhle, die sich im nassen Sand spiegelte, eine Schwelle zur Anderswelt gefunden.

In diesem Kapitel werden wir uns eingehend mit der schamanischen Sichtweise beschäftigen, nach der die Wirklichkeit aus Grenzgebieten und Zweideutigem besteht. Als ›Wanderer zwischen den Welten‹ ist ein Schamane an Orten zu Hause, die ›halb und halb‹ sind, in Regionen, die ›weder das eine noch das andere‹ darstellen. Das sind Auffassungen, die im keltischen Empfinden auf starken Widerhall treffen. Wir werden insbesondere die körperliche und spirituelle Krise des schamanischen Neulings untersuchen und zeigen, wo die neu gewonnene Wirklichkeitssicht des Schamanen auffällige Entsprechungen in wichtigen Bereichen des keltischen Erbes findet. Dazu gehören die reichhaltigen irischen Göttersagen, die keltische Zeitauffassung, die Zweideutigkeit der Geschlechter, die schwer faßbaren Figuren des Spielmanns und des Narren und die keltische Vorliebe für das Dreifache.

DIE INITIATION DES SCHAMANEN

Die Kelten lieben Orte und Dinge, die ›dazwischen und inmitten‹ sind, Zustände, die sich am besten mit ›weder dies noch das‹ beschreiben lassen. Dazu gehören zum Beispiel das Zwielicht, Dunst, Morgen- und Abenddämmerung, Nebel und Moore, der flüchtige Tau. Wie bei W. B. Yeats und seiner Begleiterin lösen solche Erscheinungen leicht unwillkürliche schamanische Erlebnisse aus, besonders jenen veränderten Bewußtseinszustand, der die Spitze des schamanischen Eisbergs ist. Darunter vollzieht sich die schamanische Reise in die Anderswelt, die über die Schwellen von Traum und Tagtraum führt, den Übergang von der *alltäglichen* in die *nichtalltägliche Wirklichkeit* erkundet und den Raum zwischen unserer Alltagswelt und der Welt des Traums und der Visionen entdeckt. Für den Neuschamanen führt die Einweihung in die Geheimnisse und Verfahren der Seelenreise zu einer dramatischen Begegnung mit diesen Wirklichkeiten. Meist ist sie ein erschütterndes Erlebnis, das die bisherige Vorstellung des Anwärters vom Kosmos völlig auflöst.

Dieses Hineintauchen ins Zwielicht der Psyche tilgt die alltäglichen Festlegungen der Wahrnehmung. An ihre Stelle tritt eine Vision, die einzigartig und ganz persönlich ist. Geführt von den Vorfahren, trifft der werdende Schamane Geistwesen, die teils Tier, teils Mensch sind, Männer, die sich wie Frauen kleiden, und umgekehrt; und monströse Gestalten und Formen, die für die zwiespältigen Kräfte des Universums stehen, die das menschliche Ego erschrecken. Von diesem Augenblick an wird das Universum weiter und großartiger sein, es wird geheimnisvoller und dennoch (und das ist ein Grund, Schamane zu werden) leichter zu handhaben. Es stellt sich heraus, daß die alten gesellschaftlichen Grenzen und geistigen Gefüge, die der Neuschamane früher für unabänderlich und unverletzlich hielt, sozial bedingte, willkürliche Grundsätze sind. Wie eine Maske verhüllt die Alltagswelt der Familie und des Klans vielgestaltige Geisterreiche, Naturerscheinungen, Schönheit und Schrecknisse, die sich jeder Festlegung widersetzen. Und während er die Gefahren der Einweihung durchsteht, lernt der Neuschamane, wie man diese Maske entfernt.

Die Schamanin entwickelt eine fließende, geschmeidige Weltsicht, die nicht so brüchig ist wie die der meisten Menschen. Schamaninnen wissen, daß das *Wirkliche* und *Unwirkliche* nur die gegenüberliegenden Enden einer ununterbrochenen Linie sind, auf der die Wirklichkeit so gedehnt werden kann, daß sie auch das einbezieht, was sonst als unwirklich gilt. Besser noch, diese Linie läßt sich wie eine federnde Rute biegen, krümmen und zu einem Kreis formen, in dem sich die Endpunkte des Wirklichen und Unwirklichen treffen und eins werden. Für die Schamanin ist das Universum wirklich der Uroboros, die Schlange, die ihren eigenen Schwanz im Maul hat und so das verbindet, was der Anfang und das Ende zu sein scheint. Je nachdem, wie man es betrachtet, verschlingt die Schlange entweder das Universum ihres eigenen Körpers oder speit es aus. Die Schamanin sieht sie beides zugleich tun, und ist dadurch keinesfalls verwirrt.

Die schamanische Initiation ist eine Reise ins Chaos, ein Hinabtauchen in die Urwelt, wo die Dinge nicht sind, was sie zu sein scheinen, wo Verhaltensregeln und Glaubensrichtlinien versagen und unangemessen sind. Anfangs ist die künftige Schamanin entsetzt, wenn sie vermeintlich feindliche Geistwesen trifft; selbst wenn freundliche Geister in der Gestalt von Ahnen oder Tiermächten sie sicher durch diese Prüfung führen. Während dieses Vorgangs erwerben die Schamanen ein neues Selbst. Ihr geistiges Universum wird aufgetrennt und neu verwoben. Ihre Körper werden zerstückelt und wieder zusammengefügt oder durch spirituelle Körper ersetzt. Schließlich kehren die Schamanen in die *alltägliche Wirklichkeit* zurück: als »weise Frau« oder »wissender Mann«, als Deuterin der Geisterwelt, als jemand, der gesehen hat, wie die Wirklichkeit zerstört und neu aufgebaut wird. Die Schamanin beginnt, das vielschichtige Wesen des Universums und das unendliche Gesetz des Wandels zu verstehen, auf dem es beruht.

Während der Schamane immer mehr Vertrauen in seine spirituellen Verbündeten faßt und die Geographie der Anderswelt kennenlernt, erwirbt er einen besonderen Gleichgewichtssinn, der mit der Zeit zu einer wichtigen Kraftquelle wird. Als jemand, der die Balance zwischen den gegensätzlichen Kräften der Welten hält, erlebt der Schamane die wahre Natur des Kosmos: die Einheit und gegenseitige Abhängigkeit zwischen Schöpfer und Schöpfung.

Der feste Glaube an die *nichtalltägliche Wirklichkeit* ist den Kelten zweite Natur. Oft äußert sich dieser Glaube in einer seltsamen Mischung aus Furcht vor und Sehnsucht nach der *nichtalltäglichen* Wirklichkeit sowie in einer beeindruckenden Betrachtung der Gegensätze von Gut und Böse. Die Gefahr und die Schönheit der keltischen Anderswelt schwingen ständig unterschwellig mit, befinden sich genau über, unter, hinter oder geradewegs im Mittelpunkt eines jeden Augenblicks. Um den schamanischen Aufbau des keltischen Denkens richtig würdigen zu können, wollen wir einen irischen Mythos untersuchen, in dem wir seit Anbeginn der Zeit die Schlüsselbegriffe von Licht und Dunkelheit finden, die die Zwielicht-Beschaffenheit des keltischen Bewußtseins hervorbringen.

FOMORIER UND DANANNER – URGEWALT UND LICHTGESTALT

Zwei sich bekämpfende Geistervölker sind verantwortlich für die Rivalitäten und widersprüchlichen Einflüsse der irischen Anderswelt: die Fomorier und die Dananner. Weil sie urzeitliche spirituelle Mächte sind, können wir sie hier als Schöpfer der übernatürlichen und moralischen, wenn nicht gar der greifbaren Landschaft ansehen. Die Dananner und Fomorier ähneln den Urgeistern der schamanischen Anderswelt und sind Vorläufer der Geister und Feen im modernen Volksgut. In ihren uralten Fehden finden wir die Erklärung für Gut und Böse, Glück und Unglück, Wahrheit und Unwahrheit, Liebe und Krieg und die Kräfte von Leben und Tod.

Die Fomorier lebten schon lange vor der Ankunft der Dananner in Irland. Sie scheinen immer dort gewesen zu sein, und wenn sie sich nicht im Land selbst aufhielten, dann lauerten sie in ihren Festungen vor der Küste. Man hielt sie sogar für älter als die Götter. Die riesigen, abscheulichen, unförmigen Wesen waren die Mächte der Dunkelheit und Nacht, des Chaos und der Monstergeburten und der Gegenpol zum Tag, Licht, zur Ordnung und menschlichen Schönheit. Sie waren mißgestaltete Geschöpfe, die offenbar nur ein Bein und einen Arm besaßen. Ihr Häuptling, Balor vom Bösen Auge, hatte ein riesiges Auge, das zu Asche verbrannte, was immer es anblickte. Für gewöhnlich hielt er es mit einem Lid geschlossen, das zum Glück so schwer war, daß es nur mit der Kraft mehrerer Männer angehoben werden konnte. Balors Auge war denn auch eine mächtige Waffe gegen die Feinde der Fomorier.

Obwohl die Fomorier oft als das Böse schlechthin gelten, gibt es auch freundliche Beurteilungen. Danach gebieten die nichtmenschlichen Gottheiten über die Fruchtbarkeit und stehen für die ungezähmten Geister des Landes und der zerstörerischen Naturgewalten wie Sturm, Erdbeben, Pflanzenfäule oder Dürre. Als solche können sie weder völlig vernichtet noch als ausschließlich schlecht angesehen werden, denn sogar die Naturkräfte, die der Menschheit Schaden zufügen, spielen im größeren Ganzen eine lebenswichtige Rolle. Der Keltenforscher Alexi Kondratiev erklärt überzeugend: »Wenn die fomorischen Kräfte nicht geschlagen werden, kann der Stamm dem Land seinen Lebensunterhalt nicht abgewinnen. Und doch, wenn die Fomorier vernichtet werden, dann wird mit ihnen auch das Prinzip der Fruchtbarkeit zerstört, was auf das gleiche hinausläuft.«[2] Dies ist genau das Paradox, das die Schamanen aller Kulturen begreifen und zu handhaben verstehen, um das Überleben des Stammes und die fortdauernde Fruchtbarkeit des Bodens zu sichern.

Die Dananner sind das genaue Gegenteil der Fomorier. Der Sage nach waren sie schöne, stattliche Wesen, die am ersten Maitag in Zauberschiffen vom Himmel herabsegelten und nach Irland kamen. Die Kinder der Göttin Dana stehen für Ordnung, Güte, Recht und für die Sicherheit und Ruhe, die eine gut organisierte Stammesgemeinschaft bietet. Sie kennen sich in der Magie aus, in der Heilkunst, sowie auf handwerklichem und kulturellem Gebiet.

Die Dananner und Fomorier streiten sich ständig und führen häufig gegeneinander Krieg. Trotzdem verbindet sie eine eigenartige symbiotische Beziehung, die vermutlich entsteht, weil die Dananner auf Gegenspieler angewiesen sind. Wollen Dananner fruchtbare Felder, brauchen sie die Geister der Fruchtbarkeit. Beide Klans scheinen nach einem Gleichgewicht der Kräfte zu streben, was sich im Mythos in mehreren gemischten Ehen ausdrückt. Einer dieser Verbindungen entspringt Lugh der Glänzende, der irische Sonnengott und danannische Held, der Balor schlägt und die Fomorier in die abgründigen Regionen unter dem Meer verbannt, so daß Irland nun von den erleuchteten Danannern regiert wird. In späteren Sagen und Märchen wie auch vielen modernen Fantasy-Erzählungen kehren die unförmigen bösartigen ›Monster‹ in den verschiedensten Verkleidungen zurück, um das Feenland und sogar die Welt der Sterblichen heimzusuchen.

›Böse‹ Geister wie die Fomorier finden sich in den meisten Kulturen. Michael Harner stieß während seiner eigenen Initiationserlebnisse bei den Schamanen am Amazonas auf sie.[3] Als er von seiner ersten Reise in die Anderswelt zurückkehrte, erzählte er seinem Lehrer, daß er abscheuliche Wesen getroffen habe, die ihn bedrohten und behaupteten, die »wahren Herren der Welt« zu sein. Harner beschreibt sie als »große, leuchtende, schwarze Geschöpfe mit kurzen, flugsaurierähnlichen Flügeln und riesigen walfischartigen Körpern«. Er hatte furchtbare Angst vor ihnen. Als er seinem Lehrer von ihrer boshaften Behauptung berichtete, sie beherrschten das Universum, tat der Schamane das mit einem Lachen ab. »Ach, das sagen sie immer«, versicherte der alte Mann Harner. »Doch sie sind nur die Herren der Äußeren Finsternis«.

Nachdem die Dananner die Fomorier in diese äußere Finsternis verbannt hatten, regierten sie Irland, bis sie selbst besiegt wurden: in einem Krieg gegen menschliche Siedler, die Milesier, die von jenseits der Meere kamen. Geschlagen, aber nicht gebrochen, zogen sich die Dananner in die Feenhügel zurück und überließen Irland den Sterblichen. So berichtet es die Sage. Die Menschen herrschen über das Land; die Anderswelt wird bevölkert von Geistern wie den Feen, den Toten, von Engelwesen und urzeitlichen Kräften, die einst als Dananner und Fomorier bekannt waren. Der Keltenforscher T. W. Rolleston gibt eine anschauliche Beschreibung dieser Anderswelt: »Wo das menschliche Auge nur grüne Hügel und Wälle wahrnimmt, die Ruinen von Festungen oder Grabmälern, da erheben sich die Feenpaläste der besiegten Gottheiten. Dort feiern sie in ewigem Sonnenschein ihre Feste und laben sich an den magischen Speisen und Zauberbieren, die ihnen immerwährende Jugend und Schönheit verleihen. Und von dort kommen sie hie und da hervor, um sich in Liebe oder Krieg unter die sterblichen Menschen zu mischen.«[4]

ZEIT JENSEITS DER ZEIT

Die zwei wichtigsten Feiertage des keltischen Kalenders, der 1. November und der 1. Mai, bieten Gelegenheiten für besonders einschneidende Begegnungen zwischen Sterblichen und Unsterblichen und die größten Feenfeste. Keine anderen Tage im Jahr sind so von Magie und Geheimnis erfüllt. Es sind Zeiten der Furcht, des Gelächters, des Frohsinns und der Gefahr – ein Geflecht von Gefühlen und Handlungen, das die fein säuberlich festgelegten Grundbegriffe der menschlichen Erfahrungen sprengt. Diese Nächte sind Zwischenzeiten voll Widersinn und Verwirrung, die zwielichtigen Randzonen der Wahrnehmung, in denen mehr vor sich geht, als das Auge erkennt.

Samhain (*Sau-en* gesprochen), das keltische Neujahr, das heute vor allem in den angelsächsischen Ländern als Halloween gefeiert wird, ist eine Nacht, die weder zum vergangenen noch zum kommenden Jahr gehört. Eine ›Zeit außerhalb der Zeit‹, wo sich die Schleier zwischen den Welten heben und Berührungen zwischen Geistwesen und Sterblichen möglich werden. Grenzen verschwinden, Geister gehen um. In Schottland spricht man von einer ›Nacht des Unfugs und der Verwirrung‹. Obwohl die Bedrohung im Vergleich zu den tödlichen Schlachten der Fomorier und Dananner gering scheinen mag, ist die Furcht immer noch die gleiche. Die Menschen, und besonders die Kinder, die heute diese Nacht feiern, spüren deutlich, daß die normalen Gesetze aufgehoben sind. Besitz kann zerstört, Essen und Geschenke können eingefordert werden. Gastlichkeit überwindet die verschlossene Tür und das Tor am Zaun, die Grenzen zwischen Mein und Dein gelten vorübergehend nicht mehr. Schelme fordern Einlaß in das Heim anderer Menschen, so wie Geistern aus der Anderswelt Einlaß in diese Welt begehren. Samhain erinnert uns daran, daß die Pforten offen sind, daß Schwellen überbrückt werden können und die *alltägliche* und *nichtalltägliche Wirklichkeit* sich mischen. Und schließlich ist es beruhigend, bei Wintereinbruch daran erinnert zu werden, daß die Nachbarn gastfreundlich sind und Nahrung miteinander geteilt werden kann.

Seit jeher ist Samhain eine Nacht zum Wahrsagen – jetzt läßt sich herausfinden, wer im nächsten Jahr sterben wird, und junge Frauen können erfahren, wen sie heiraten werden. In dieser Nacht läßt sich besonders gut wahrsagen, weil die Zeitgrenzen aufgehoben sind. In der Nacht zum 1. November vermischen sich Gegenwart und Zukunft, und das Künftige kann im Jetzt gesehen werden. Meist wollen wir ja etwas über die Übergänge von einem Lebensstadium in ein anderes erfahren. Wer wird sterben und in die Geisterwelt eingehen? Wer wird heiraten und neues Leben in die stoffliche Welt bringen? Was liegt näher, als gerade in dieser Nacht, in der die Welten ineinanderstürzen, mehr über die Übergänge zwischen diesen Welten zu erfahren? Samhain wird traditionell mit einem überlieferten dörflichen Ritual gefeiert. Alle Lichter und Feuer werden gelöscht und in der Ortsmitte ein großes Lagerfeuer entfacht. Für kurze Zeit ist dies die einzige Quelle für Licht und Wärme, das Heim – der Mittelpunkt der menschlichen Gemeinschaft – liegt im Dunkeln, der Regellosigkeit der alten Fomorier überlassen. Dann holen die Menschen das Licht zurück: Vom großen Feuer trägt jeder eine Flamme zurück ins Haus. Die vertraute Ordnung kehrt zurück.

Die unverkennbaren Vorgänge, auf die wir an Halloween gefaßt sind, ähneln den Initiationserlebnissen des Neuschamanen. Tiere, Geister und Menschen verschmelzen; Wesenheiten sind teils Tier, teils Mensch; die Geschlechterrollen sind ins Gegenteil verkehrt oder unklar, wobei kunstreich verhüllt wird, welchem Geschlecht man tatsächlich angehört. Zukunft und Vergangenheit verbinden sich, und die Geister der Ahnen kehren für diese eine Nacht zurück, um zu feiern. Die für Halloween so typische Gastfreundlichkeit spiegelt eine grundsätzliche Voraussetzung der schamanischen Reise wider: Die Welten sind füreinander erreichbar und empfänglich, und wenn ihre Bewohner es wünschen, können sie von der einen in die andere hinüberwechseln. Auch wenn sich dort schreckliche Geschöpfe drohend in den Weg stellen und Verwirrung stiften, gibt es doch freundliche und hilfsbereite Wesen, die Geschenke und Kraftgegenstände bereithalten.

Das Fest Beltane (Walpurgisnacht) in der Nacht zum 1. Mai kündigt die andere Hälfte des keltischen Jahres an. An diesem Tag endet der Winter. Auch dies ist für Geister und Menschen ein Grund zum Feiern, aber die Stimmung ist ganz anders als an Samhain, der die dunkle Jahreszeit ankündigt. Beltane feiert das Ende des Winters, die Rückkehr der Blumen und der wärmeren Tage, die Vorboten des fruchtbaren Sommers. Die jungen Leute schlafen nachts im Freien, lieben sich, stehen vor Tagesanbruch auf, um Brunnenwasser zu trinken, und kehren mit Blumen und Blättern im Haar ins Dorf zurück. Und sie bringen einen jungen Baum mit, der später am Tag als Maibaum geschmückt wird.

Der Tanz um den Maibaum spiegelt ebenfalls schamanische Grundgedanken. Wenn die Tänzer den Maibaum umringen, hält jeder von ihnen ein buntes Band in den Händen, das an der Spitze des Baums befestigt ist. Meist wechseln sich ein Mädchen und ein Junge ab – die Mädchen tanzen in die eine Richtung, die Jungen in die andere. Sie erinnern damit an die Zweiheit des Lebens – Tod und Auferstehung. Ihr doppelspiraliger Tanz flicht die Bänder in einem farbenfrohen Muster um den Baum, das die verflochtene Natur der Tänzer und der Richtungen ebenso widerspiegelt wie das sich drehende Rad des Lebens. Der Maibaum ist der Weltenbaum, die kosmische Säule oder Achse, die Himmel und Erde verbindet. Ähnliche, von den Ästen befreite Bäume hat man in keltischen Brunnen und zahlreichen neusteinzeitlichen Erdschächten gefunden, die ausgehoben wurden, um heilige Opfer an die alten keltischen Götter aufzunehmen. Auch heute gibt es auf den Britischen Inseln noch immer den Brauch, am 1. Mai Brunnen mit Blumensträußen zu ›bekleiden‹.

An Beltane gelten die gewöhnlichen Moralvorschriften nicht. Es herrscht sexuelle Freizügigkeit. Man darf Schranken und eingegangene Verpflichtungen ignorieren und sich im überschwenglichen Übergang zum Sommer verlieben. Jahrhundertelang galt der Mai als ungünstiger Monat für eine Eheschließung. Er war der Monat für verbotene Romanzen, nicht fürs Heiraten. Paare, die den Bund fürs Leben schließen wollten, warteten bis zum Juni, so daß dieser zum traditionellen Heiratsmonat wurde. (Kinder jedoch, die an

Beltane gezeugt worden waren, galten als gesegnet, als Nachkommen des Gottes der Fruchtbarkeit und der Frühlingsgöttin.)

Genau wie an Samhain waren Geister, Feen und Hexen unterwegs, und die Menschen waren auf vielerlei Unfug gefaßt. Bei einem Blick in die Zukunft sollte auch hier wieder der mögliche Ehepartner gefunden werden. Da es aber nicht auf die Jahreszeit des Todes und der Dunkelheit zuging, fragte man hier nicht nach zukünftigen Todesfällen. Statt dessen holten sich die Menschen Wetterprophezeiungen und Ratschläge, mit welchen Ritualen sie eine warme Reifezeit und eine gute Ernte sichern konnten.

Die Wendepunkte des Jahres haben immer etwas Widersprüchliches. Die Tage des Übergangs von der einen in die andere Jahreszeit passen so recht weder in die eine noch in die andere. An diesen Tagen können wir uns seltsam verwirrt erleben, weil wir uns fühlen, als wäre die Zeit aufgehoben. Wir können nicht genau sagen, in welcher Jahreszeit wir uns befinden, da wir gleichzeitig an einem Anfang und einem Ende stehen. An den Wendepunkten ist alles möglich.

Im Jahr 1897 wurde in der Nähe von Bourges in Frankreich ein Kalender gefunden, der etwas Licht auf die keltische Methode der Zeiteinteilung warf. Obwohl dieser sogenannte Kalender von Coligny unterschiedlich ausgelegt werden kann, scheint es so, als ob die Kelten jeden Monat in zwei Hälften teilten, in jeweils vierzehn Tage, die mit den Mondphasen übereinstimmten. Eine Hälfte des Monats war hell, die andere dunkel. Den Druiden war die sechste Nacht des zunehmenden Mondes besonders heilig, denn dies war der Mond-zwischen-den-Hälften – der Halbmond. In dieser Nacht des »Druidenmondes« beginnt die hellere Monatshälfte. Möglicherweise wurde diese Nacht als der eigentliche Monatsbeginn angesehen.

Genau wie es die Stammesvölker in anderen Teilen der Welt taten (und die Juden und Moslems noch heute), so rechneten auch die Kelten einen Tag von Sonnenuntergang zu Sonnenuntergang. Der Brauch, Festtage abends zu feiern, wie an Halloween, in der Walpurgisnacht oder zu Mittsommer, hat sich bis heute erhalten – auch in der Feier des Weihnachtsabends oder der Silvesternacht.

Auf diese Weise ehrten die Kelten die dunkle Nacht des Chaos, der die Schöpfung entsprang; die ursprüngliche ›Zeit vor der Zeit‹, als nur Geister und göttliche Mächte den Kosmos bevölkerten. Die Nacht ist die Zeit der Geister, der Weissagung, des Unfugs, der Schelmengottheiten, die Unsinn anstellten, des Geschichtenerzählens und Träumens. Die Sterblichen ziehen sich in die Sicherheit ihrer Behausung und ihrer Betten zurück und lassen die unsichtbaren Bewohner tun, was sie wollen. Den Jahresanfang an Samhain anzusetzen und nicht zu Beltane – also am Übergang zu den dunklen Monaten statt am Sommerbeginn –, auch das geschieht, um die ursprüngliche Dunkelheit zu ehren, die das menschliche Leben hervorbringt. Es gibt sicher psychologische Gründe für eine Betrachtungsweise, nach der die Zeit mit der Dunkelheit anfängt. Schließlich beginnt das menschliche Leben mit neun Monaten Dunkelheit im Mutterschoß, einer Zeit, die in unseren frühesten Erinnerungen eine unterschwellige, wenngleich wenig geschätzte Rolle spielt.

DAS ANDROGYNE WESEN

Samhain ist nicht nur eine Nacht der verdrehten Zeit, sondern auch eine Nacht des getauschten Geschlechts. Wer feiert und in Kostümen Streiche spielt, darf sich auch wie das andere Geschlecht kleiden. Wenn sich die Gegensätze verwischen und die Geschlechterrollen auflösen, erinnern wir uns bewußt an die urzeitliche Einheit, die in vielen Schöpfungsmythen einer zwitterhaften oder zweigeschlechtlichen Gottheit entspricht. In manchen Erzählungen teilt sich das Göttliche oder der erste Mensch und schafft so die beiden Geschlechter. Am Abend zum 1. November werden wir an die ursprüngliche Einheit erinnert, wenn wir sie, vielleicht unbewußt, bei unseren Kostümfesten wiedererstehen lassen.

Schamanen treffen auf ihren Initiationsreisen häufig androgyne oder bisexuelle Wesen und Geisterführer. Sie spielen eine Schlüsselrolle, wenn die vertrauten Annahmen des Schamanen über die

Zusammenhänge im Universum aufbrechen und er sich für die vielfältige Wirklichkeit hinter dem Alltäglichen öffnet. Nicht von ungefähr sind viele Schamanen selbst schwul oder lesbisch. Zweigeschlechtlichkeit jeglicher Art schafft einen doppelsinnigen Rang, der die Anerkennung des Schamanen als Übersetzer und Mittler auf den verschiedenen gesellschaftlichen und spirituellen Ebenen erleichtert.

In Sibirien nannte man einen homosexuellen Schamanen ein »weiches männliches Wesen«. Zeigte ein junger amerikanischer Indianer Interesse an weiblichen Tätigkeiten, verhielt sich weiblich und trug Frauenkleider, wurde er oft zu einem geistigen Führer und Heiler des Stammes. Wegweisende Träume und Visions-Suchen bestärkten seine Entscheidung. Man nahm an, daß die Geister ihm besondere Magie, Macht oder Weisheit schenkten, die der Gemeinschaft nützen konnte. Im Augenblick sind homosexuelle Indianer dabei, dieser *berdache*-Tradition (der Ausdruck leitet sich von dem Wort ab, mit dem die französischen Forscher jemand bezeichneten, der Männliches und Weibliches mischt) das Ansehen und die Wertschätzung zurückzugeben, die sie genoß, bis die christlichen Missionare sie in Mißkredit brachten.

Ein ähnlicher Brauch unter Lesben in Ureinwohnerkulturen ermutigte junge Frauen, die den Ruf der Geister spürten, Männerkleidung zu tragen, Jägerinnen oder Kriegerinnen zu werden und sich männlich zu verhalten. Auch sie wurden zu spirituellen Angehörigen ihres Volkes, die man außerordentlich schätzte. Lesbische Schamaninnen gab es und gibt es von der Arktis bis zum Amazonas. Das zeigt, wie weitverbreitet diese Sitte ist. Sie erkennt in Menschen, welche die sozialen Welten von Mann und Frau überbrücken können, ein Talent, das sie auch zu Übersetzern und Mittlern für die Anderswelt macht. Die starke Kriegerin und Jägerin gab es auch bei den frühen Kelten. Einige dieser keltischen Frauen bildeten männliche Heroen in der Kriegskunst und im Jagdhandwerk aus.

Bei keltischen Männern scheinen homosexuelle Beziehungen üblich gewesen zu sein. Auch in dieser Hinsicht war das keltische Denken anscheinend offen für Zweideutiges und bereit, festgelegte Grenzen zu überschreiten. Im 1. Jahrhundert v. Chr. schrieb der römische Historiker Diodor: »Obwohl sie [die keltischen Männer] gutaussehende Frauen haben, schenken sie ihnen wenig Beachtung und sind statt dessen ganz verrückt nach Sex mit Männern. Sie sind es gewöhnt, auf Tierhäuten am Boden zu schlafen und sich nach beiden Seiten hin mit männlichen Bettgenossen herumzuwälzen.«[5] Offenbar unfähig, homosexuelle Betätigung unter Freunden zu schätzen, verleiht Diodor dann zunächst seiner Abscheu über derlei Praktiken Ausdruck. Anschließend berichtet er verwirrt und empört, daß »das Unglaublichste ist, daß sie dies nicht einmal für eine Schande halten«. Tatsächlich, so merkt der Römer an, machen keltische Männer »einem anderen Anträge« und »betrachten es als unehrenhaft, wenn er sie nicht annimmt«! Offenbar stolperte Diodor hier auf äußerst unschamanische Weise in eine Welt, die er nicht begriff.

DER SCHAMANE ALS SCHELM UND NARR

Halloween ist die Nacht des Schelms, jenes possenreißenden Helden, der in allen Kulturen der Welt auftaucht. Der Schelm ist eine zwielichtige Figur, halb komisch, halb ernst, verletzend und verspielt, schöpferisch und zerstörerisch, Freund und Feind zugleich. Oft beschreibt ihn die Sage als Träger der Kultur, den das Stammesvolk verehrt, weil er das geschaffen hat, was in ihrer Gesellschaft als wertvoll gilt (das Gesetz, die Kunst oder die Sprache). Doch die Menschen fürchten auch seine ungebändigte Seite. Da er das Gesetz bringt, kann er auch außerhalb des Gesetzes handeln. Der Schelm ist der Gesetzlose schlechthin. Hermes, der griechische Gott der Händler und Diebe, entführt, nachdem er sich gerade aus der Wiege davongestohlen hat, die Kuhherde des Apoll. Wenn die Riesen versuchen, die Schätze der Götter zu rauben, ist der germanische Schelmengott Loki immer mit von der Partie. Er geht sogar soweit, Thors Hammer zu stehlen. Und es gibt kaum eine nordamerikanische Geschichte über Coyote, in der er nicht irgend jemand irgend etwas stiehlt oder zu stehlen versucht.

Der Schelmen- oder Narrengott lehrt uns, daß wir uns oft selbst betrügen. Unter einer gesitteten, vernünftigen Oberfläche liegt ein ungezähmtes, wilderes, gesetzloses Selbst, das genauso echt ist wie die anerkannten Masken, die wir der Gesellschaft zeigen. Wenn der Schelm uns in Verlegenheit bringt, lehrt er uns dadurch eine tiefere Wahrheit über uns selbst. Er zeigt uns nicht nur das vielgestaltige Wesen des Universums, er zeigt uns auch unser eigenes vielseitiges Wesen. Die Schamanin lernt diese Wahrheit durch die Streiche und Ränke der Geister, die sie einweihen. Tatsächlich sind Kniffe und Tricks sogar Teil des schamanischen Handwerks, denn die Schamanin versteht, daß der Verstand oft überlistet werden muß, damit der Körper heilt. Manche Schamanen verließen sich so sehr auf Tricks und Finten, daß westliche Beobachter ihr Anliegen mißverstanden und sie zu bloßen Scharlatanen abstempelten. Sie verstanden nicht, daß List und Illusion als Mittel dienten, um in der *alltäglichen Wirklichkeit* jene Verwandlungen ›aufzuführen‹, die sich auf der übersinnlichen oder spirituellen Ebene vollzogen.

Menschen, die das Feenreich betreten oder einfach nur die Feen sehen, müssen auf irgendeine Art ›nicht ganz bei Trost‹ sein, sind entweder Narren oder Dummköpfe. (Es gibt auch eine christliche Tradition, wonach geistig Zurückgebliebene auf besondere Weise von der Hand Gottes berührt worden sind). Westliche Anthropologen hielten den Stammesschamanen oft fälschlicherweise für jemand, der schwachsinnig oder wahnsinnig ist. Eine häufig gestellte Fehldiagnose lautete Schizophrenie. Zum Glück ist man von dieser Beschreibung des Schamanen in dem Maß abgekommen, in dem westliche Beobachter die Unterschiede zwischen Schizophrenie und Schamanismus deutlicher erkennen. So beherrscht der Schamane seine Bewußtseinszustände und ist in der Lage, sie beliebig herbeizuführen oder daraus zurückzukehren. Der Schizophrene ist dazu nicht fähig. Auch können Schamanen verschiedene Ebenen der Wirklichkeit bewußt erkennen, selbst wenn sie im beiläufigen Gespräch vielleicht zwischen diesen Wirklichkeiten nicht so klar unterscheiden, wie manche Zuhörer das gerne hätten.

Zweifellos betrachtete man in Westeuropa einen Mensch, der schamanische Verfahren anwandte, oft als ›Dorftrottel‹. Wir sollten jedoch nicht annehmen, daß jeder Dorftrottel auch gleich ein Schamane war. Ebensowenig wurde jeder Mensch ein Schamane, der von den Feen entführt wurde oder sie zu sehen bekam. Trotzdem hat jede Begegnung mit der Anderswelt oder andersweltlichen Geistern etwas Schamanisches, denn diese Begegnungen stellen den Kern schamanischen Handelns dar.

In ganz Europa gibt es Festtage, an denen der Narr oder Gaukler eine wichtige Rolle spielt, und stets tragen sie starke schamanische Züge. Tatsächlich leitet sich die Rolle des Narren als heiliger Clown möglicherweise von den Possen her, die die allerersten Schamanen in der Frühzeit der europäischen Geschichte trieben. Beim Mardi Gras und Karneval, in der Silvester-, Mai- und Mittsommernacht und zu Halloween genießt der Narr das geplante Chaos, das diese Zeit der Regellosigkeit feiert. Zu fast all diesen Anlässen wird der Kampf zwischen Gut und Böse aufgeführt, als Kampfspiel oder als volkstümliches Rollenspiel, bei dem zeitweilig die dunkle über die helle Seite siegt. Interessanterweise werden der böse König, der Schwarze Ritter, der feuerspeiende Drache oder die gegnerische Truppe nach der Schlacht aber oft rituell wiederbelebt, weil die ältere Spiritualität das Dunkle als unentbehrlichen Mitspieler im Schöpfungsdrama achtete. Sogar die Energien der dunklen Jahreszeiten mußten wiedererweckt werden, um ein andermal weiterkämpfen zu können. So wird mit diesen Festen zwar ein einstweiliger Sieg über die Kräfte der Dunkelheit gefeiert; gleichzeitig ist aber klar, daß das Dunkle nach einem vorübergehenden Rückzug ins Totenreich wiedergeboren wird.

Auch durch diese Todesmotive in den jährlichen Festtagen sind die Schelmengötter mit den Schamanen verbunden. Beide geleiten die Seelen der kürzlich Verstorbenen ins Totenreich. Tatsächlich scheint listenreicher Betrug ein entscheidender Anteil des Todes zu sein. Der Tod bringt den Menschen um sein Leben, betrügt ihn sozusagen darum und beraubt ihn. Ein schamanischer Sterbehelfer muß gelegentlich durchaus listig vorgehen, um einer Seele aus der Welt der Lebenden in das Totenreich zu helfen. Schamanen überlisten sogar den Tod selbst. Sie rauben ihm seine Macht über die Anderswelt, indem sie in das Totenreich reisen, ohne zu sterben und wieder von dort zurückkehren (wenn auch nicht immer unversehrt). Ein gebräuchlicher Schamanendienst ist die Seelenrückholung, in der er die Seele des Verstorbenen manchmal nur durch einen Trick dazu bringen kann, aus der Geisterwelt in den Körper des Kranken oder Sterbenden zurückzukehren. Der Narr und der Schamane sind mehrdeutige Gestalten, weil sie in der Lage sind, in der unteren Region des menschlichen Seins zu handeln, die rätselhaften Grenzlinien zwischen Leben und Tod zu überschreiten und zwischen *alltäglicher* und *nichtalltäglicher Wirklichkeit* hin und her zu wechseln.

Bei welchem Fest auch immer, der Narr spielte stets eine nicht festzulegende Rolle. Er stand irgendwo zwischen Gut und Böse und irgendwo zwischen den Schauspielern der aufgeführten Schlacht und dem Publikum. Oft veralberte er die Handlungen der Schauspieler ebenso wie die gefühlsmäßige Wirkung auf die Zuschauer. Er war ein Dolmetscher oder Mittler, eine schamanische Figur, die sich zwischen der Bühnenwelt und der Welt des Publikums hin- und herbewegte. Er verwandelte sich beiden Seiten an und gehörte doch zu keiner von beiden.

Vom äußeren Eindruck stellte der Narr eine Figur dar, die keiner bestimmten Welt zuzuordnen war. Oft war sein Kostüm mit tierischem Zierat geschmückt, etwa mit Pelzen, Federn, einem Schwanz oder Hörnern. In manchen Kulturen trug er Fuchshäute und glich sich dadurch Reineke Fuchs an, der in Westeuropa das wichtigste Schelmentier war, ähnlich dem Coyoten in Nordamerika. Wenn wir diesen Teil des Narrenkostüms näher betrachten, tritt die zwiespältige Natur seines Charakters noch deutlicher hervor, denn der Fuchs und der Kojote gelten als äußerst schlaue und betrügerische Tiere. Auch hier mischen sich wieder die Gegensätze – es entsteht der Archetyp des weisen Narren, ein Charakter, der im menschlichen Bewußtsein tief verwurzelt ist.

Der traditionelle Narr war an vier Merkmalen zu erkennen: an einem spitzen Hut, einem verrückt gemusterten Kostüm, an Glocken und einem Narrenstab. Jedes dieser Dinge hat Ursprünge im Schamanismus. Der Narrenstab kann als falsches Zepter oder auch als Phallusnachbildung angesehen werden. Der Narr ist schließlich der König des unziemlichen Betragens, und eine besonders beliebte Form der Unziemlichkeit ist stets (damals wie heute) die sexuelle. Das Zepter kündigte die Zeit der ausschweifenden Festlichkeiten an, bei denen der Narr anordnete, daß die üblichen moralischen Werte vorübergehend aufgehoben sein sollten. Durch die ganze Geschichte hindurch waren die Narren zumeist Männer, aber sie gaben ihrer Rolle oft eine androgyne Ausstrahlung und machten sich über männliche wie weibliche Merkmale lustig. Männer und Frauen erhielten so zweifellos die Gelegenheit Geschlechterrollen und -klischees zu überdenken, die unsere Sicht von dem prägen, was in der *alltäglichen Wirklichkeit* als annehmbares Verhalten gilt. Genau wie der Schamane, durchbricht der Narr diese Klischees, um andere Möglichkeiten zu eröffnen, die eine einfache Gegensätzlichkeit des Männlichen und Weiblichen auflösen.

Die aufgeblähte Schweineblase an der Spitze des Stabs könnte wie ein Ballon benutzt worden sein, so daß der Narr auf seine Mit-Rabauken oder das Publikum einschlagen konnte, ohne ihnen weh zu tun. Manchmal war sie mit getrockneten Bohnen gefüllt, damit sie rasselte, auch hier wieder ein schamanischer Bezug. In manchen Gegenden benutzen Schamanen Rasseln, um Geister herbeizurufen oder Kraft über die Kranken zu ›schütteln‹. Wie das Trommeln führt auch lang andauerndes Rasseln einen *nichtalltäglichen* Bewußtseinszustand herbei.

Abgesehen von seinen tierischen Verzierungen war das traditionelle Narrenkostüm oft scheckig oder bunt zusammengewürfelt: ein Gewand aus vielen Farben und Motiven, die manchmal in wirren Mustern angeordnet waren. Ganz offensichtlich hat der Narr einen verunsichernden Sinn für Mode, der in keiner bestimmten Welt, Zeit, Klasse oder Stellung fest verwurzelt ist, und das ist genau das, was der Narr-als-Schamane vermitteln will. Auf diesen buntgemusterten Umhang treffen wir auch in anderen, deutlich schamanischen Zusammenhängen. Der Joseph des Alten Testaments beispielsweise besaß einen bunten Mantel, brachte längere

Zeit in einem Brunnen zu (eine Art Einkerkerung in der Unterwelt) und war berühmt für seine Fähigkeiten zur Traumdeutung, also für eine klassische schamanische Tätigkeit. Der Rattenfänger von Hameln (Spielleute und Narren haben viele gemeinsame Traditionen) besaß schamanische Macht über die Ratten jener Stadt. Und er verstand es, mit seiner Musik die Kinder des Ortes in einen tranceartigen Zustand zu versetzen, der sie durch eine Öffnung in der Erde lockte. Der Pfeifer als schamanische Gestalt, die die Eingänge zur Unterwelt kennt, ist auch eine keltische Tradition.

Manchmal hatten Gesicht und Kostüm des Narren auf der linken Seite eine andere Farbe als auf der rechten Seite. Einige der ältesten Abbildungen von Narren zeigen sie in einer zweifarbigen Tunika oder in Strümpfen, die nicht zusammenpassen. Dieses zweigeteilte Aussehen vermittelte die Vorstellung von einem, der Gegensätze vereint, der mit zwei Naturen gesegnet oder geschlagen ist oder sich in zwei verschiedene Bewußtseinszustände versetzen kann. Bei Umzügen oder in Theaterstücken konnte der Narr zwei Leute darstellen, indem er sich einfach nur hin- und herdrehte. Er war eine Person, die in mehr als nur einer Welt stand.

Der Narr trug einen spitzen Hut, ähnlich einer Eselskappe, die noch heute auf eine dumme oder närrische Person hindeutet, der es an Umgangsformen und geistiger Festigkeit fehlt. Erneut fühlen wir uns an das verrückte Betragen des Schamanen erinnert und an das unberechenbare, manchmal gesellschaftlich unangebrachte Verhalten der Menschen, die von den Feen geholt wurden. Hinter dem vermeintlichen Wahnsinn ist jedoch stets deutlich die Absicht zu spüren, und der Betreffende ist keineswegs so verwirrt, wie er scheinen mag. Aus einem anderen Blickwinkel betrachtet, ist die Spitzkappe eine übertrieben geformte Haube. Die magische Haube hat eine interessante Geschichte. Ursprünglich war sie ein wesentlicher Bestandteil des typischen Schamanenkostüms. Später erschien sie als einfacher Zauberhut, des Schamanen-Zauberers Merlin aus der Artus-Sage, und schließlich als der Hexenhut, der in Märchen und Volkserzählungen häufig vorkommt. In Amerika bezeichnet »hood«, das englische Wort für Haube, noch immer eine

Person, die sich außerhalb des Gesetzes bewegt, einen Kriminellen, der seine Identität verhüllt, einen, der den niederen Schichten der Gesellschaft angehört.

Manche Narren tragen Hüte mit drei Spitzen, die sich möglicherweise aus einer älteren Tracht entwickelt haben, zu der Hörner oder lange Tierohren gehörten. Die langen Ohren könnten die eines Kaninchens gewesen sein, das auch eine europäische Schelmenfigur ist. Das Ohr oder die Zacke in der Mitte mag ein Hahnenkamm gewesen sein. Das beschwört Bilder vom lüsternen Hahn herauf, der in Europa lange mit sexueller Unmoral in Verbindung gebracht wurde und auch mit dem gehörnten Ehemann, der als genarrter oder närrischer Kerl dargestellt wird. Vielleicht gehörten die langen Ohren aber auch einem Esel, einem Tier, das im Volksmund für störrische Dummheit und sexuelle Potenz steht. Fred Fuller, ein zeitgenössischer amerikanischer Morris-Tänzer und Schriftsteller, weist darauf hin, daß zwei englische Slangausdrücke, die heute halb tabu sind – nämlich »cock« (Hahn/Schwanz) und »ass« (Esel/Arsch) – lange Zeit mit dem Narren in Verbindung gebracht wurden, und zwar wegen dessen übertrieben ausgeprägter Sexualität.[6]

Oft hingen Glocken an den Enden des dreizackigen Huts des Narren oder waren auf andere Weise an seinem Kostüm befestigt. Nach keltischer Tradition trug der Dichter, wenn er einen Hof oder eine Halle betrat, einen mit Glocken behängten Zweig, um seine Ankunft kundzutun. In der Ausbildung dieser Barden und Dichter und in der Rolle, die sie innehatten, finden sich viele schamanische Bestandteile. Auch in anderen Kulturen trugen Schamanen Glocken oder glänzende, klingende Gegenstände. Sibirische Schamanen schmückten ihre Kostüme mit Glocken, Spiegeln und Metallstücken.

Der weise Narr, wie wir ihn aus Shakespeares Stücken kennen, besaß Vorläufer in den Dichtern und Sehern, die den keltischen Häuptlingen dienten. Enid Welsford zeigt in ihrer Untersuchung *The Fool: His Social and Literary History*, daß in alten keltischen Erzählungen die Dichter und Seher oft Narren genannt wurden.[7] Die Häuptlinge schätzten, genau wie später die Könige, die Einsicht des Poeten und achteten sein satirisches Talent (Satire ist eine »zwielichtige« literarische Form, die irgendwo zwischen Wahrheit und Falschheit, Ernst und Unsinn angesiedelt ist). Wie die Schamanen, so achtete man auch die Dichter nicht nur wegen ihrer Fähigkeiten als Geschichtenerzähler oder Unterhalter. Sie besaßen besondere Einsicht und Weisheit, sie hatten magische Kräfte. Welsford merkt an, daß »der Narr ein Schöpfer ist, der nicht Schönheit, sondern geistige Freiheit erschafft«. Dasselbe trifft auf den Dichter zu.

Durch Masken, Schminke und Kleidung und besonders durch sein Betragen stellt der Narr eine gespaltene Persönlichkeit dar. Seine Aufgabe ist es, uns an unsere eigenen gespaltenen Züge und an unser verborgenes Selbst zu erinnern, an die Schatten und die unterdrückten Züge unseres Wesens. Er setzt uns einer Seite unseres Bewußtseins aus, die teilweise in der Anderswelt zu Hause ist und uns vielleicht nur im Traum erscheint – dem Teil von uns, den wir (um es ähnlich wie Michael Harners Ureinwohner-Lehrer zu sagen) unsere *innere* äußere Finsternis nennen könnten. Die Persönlichkeit, die so entsteht, ließe sich als Person mit drei Gesichtern abbilden: das bewußte Gesicht zur Rechten, das unbewußte zur Linken, und das Selbst, das diese beiden in gesunder, lebensbejahender Weise vereint, in der Mitte.

DER SPIELMANN ALS SCHAMANE

Schon in vorgeschichtlicher Zeit zogen offenbar Gruppen von Spielleuten, Gauklern, Zauberkünstlern und Wahrsagern kreuz und quer durch Europa. Die ›Zigeuner‹ sind die jüngsten Vertreter einer langen, vielfältig-bunten Tradition. Ihre ursprüngliche Herkunft liegt im Dunkeln, genau wie die ihrer Vorgänger. Seßhafte Gemeinschaften haben diese ›landlosen Leute‹ immer als zauberisches Volk betrachtet, das besondere, geheimnisvolle Kräfte besitzt, mit denen es in die Zukunft sehen, Träume deuten und Krankheiten heilen kann. Wie Schamanen können auch Zigeuner und fahrende Schausteller von einer Wirklichkeit in eine andere wechseln. Ihre Fähigkeiten werden zugleich gefürchtet und geschätzt. Auf den Britischen Inseln hießen die fahrenden Spielleute *gleemen*. Die lateinische Bezeichnung *ioculatores* wurde später im Französischen zu *jongleur* und im Englischen zu *juggler* oder *joker*. All diese Wörter haben etwas mit Possenreißen, Spaßmachen, Jonglieren und Irreführung zu tun. Die Spielleute selbst waren von einer geheimnisvollen, romantischen Aura umgeben, die auf ihren Reisen in ferne Länder entstand und durch Abenteuer genährt wurde, die durchschnittlichen Männern und Frauen versagt blieben.

Etwas Einblick in die aufregende, regellose und rebellische Rolle, die der Spielmann innehatte, gibt uns eine Kirchenvorschrift aus dem Jahr 789, die Bischöfen, Äbten und Äbtissinnen untersagte, *jongleurs* anzustellen oder sonstwie zu unterstützen. In späteren Jahrhunderten wurden weitere Verbote erlassen. Zweifellos spielten dabei eine ganze Reihe kirchlicher Bedenken mit – man fürchtete wohl, Kirchenobere könnten sich einem lockeren Lebenswandel hingeben. Die Lieder und Geschichten der Spielleute waren weltlich und voller Zoten, und sie selbst hatten den Ruf, ausschweifend zu sein. Genauso verdächtig war jedoch die geistige Freiheit, für die sie standen. So standen im 12. Jahrhundert die französischen Troubadoure im Mittelpunkt der Katharer-Bewegung: Die ketzerische Lehre der Katharer schloß offenbar unter anderem eine Art Seelenreise oder Himmelfahrt ein, ein somatisches visionäres Verfahren mit eindeutig schamanischem Beiklang. Das traurige Ende der Katharer kam in einem blutigen Kreuzzug, der über eine Million Menschen das Leben kostete und die Inquisition ins Leben rief, die jahrhundertelang eine Hauptstütze des autoritären Katholizismus bildete.

Die schamanische Vision spiritueller Wirklichkeit ist stets äußerst persönlich und voll geheimnisvoller Einsichten, die für kirchliche Strenggläubigkeit eine Bedrohung darstellen. Der durchschnittliche kirchliche Würdenträger hat entweder keine mystischen Neigungen oder lernt während seiner Laufbahn früh, persönliche Visionen zu unterdrücken. So bleibt er auf ›Parteilinie‹ und brandmarkt (verdrehterweise) andere Mystiker als

Ketzer. Es ist interessant, daß Franz von Assisi ursprünglich als Ketzer galt: wegen seiner außergewöhnlichen Beziehung zur Natur und zu den Tieren, weil er für wahre Armut eintrat (im Gegensatz zum Armutsideal, das die Kirche zwar predigte, das aber von kaum einem Mitglied der oberen Hierarchie praktisch gelebt wurde), und weil er sich als Gaukler Gottes sah. Viele der Lieder und Geschichten, die fahrende Spielleute im frühen Mittelalter zum besten gaben, gingen verloren. Falls es stimmt, daß die Spielleute die Traditionen ihrer schamanischen Vorgänger fortsetzten, läßt sich vermuten, daß ihre Darbietungen so bizarr und visionär waren, daß Kirchenführer sie schnell als ketzerisch und gefährlich ausgemacht hätten. Wie später bei den Hexenverfolgungen, hätte die Kirche diese Geschichten verteufelt und verboten.

In *The Celtic Twilight* zeichnet W. B. Yeats das Porträt eines Mannes, den er den »letzten fahrenden Sänger« Irlands nennt.[8] Michael Moran, 1794 in Dublin geboren, erblindete vierzehn Tage nach seiner Geburt, was ein weiteres Mal die immerwährende Sorge der Iren nährte, daß Neugeborene unheilvollen Einflüssen der Feen in besonderem Maße ausgesetzt seien. Die Blindheit des Jungen mag ihn, wie jede andere schamanische Initiationskrankheit, dazu ermutigt haben, einen unkonventionellen Lebensweg einzuschlagen. Morans geistiges Universum war vielleicht schöpferischer und flexibler weil er mit einem Dasein in dieser Welt zurechtkommen mußte, das sich von dem sehender Menschen stark unterschied. W. B. Yeats schreibt, daß Moran als »der Erste unter den Balladendichtern« seiner Grafschaft anerkannt war und daß er eine seltene »Mischung aus Vogelscheuche und Genie« verkörperte. Mit anderen Worten, Moran galt als weiser Narr.

Michael Moran war »Dichter, Possenreißer und Nachrichtenquelle für die Menschen«. Der Spielmann hatte nicht nur Lieder und Scherze in seinem Repertoire, sondern war der Nachrichtenreporter seiner Tage. Morgens holte er sich aus der Zeitung die neuesten Nachrichten und nahm sie dann in sein Programm auf. Moran bezeichnete diese Neuigkeiten als Grundlage für seine »Betrachtungen«, der Grundstoff, so Yeats, aus dem dann sein »Tagesvorrat an Späßen und Reimen« wurde. Wie der Schamane, so war auch Moran für die Menschen seiner Umgebung ein Mittler. Bei seinen Betrachtungen griff er zweifellos auf seine eigenen inneren Erlebnisse und Bilder zurück, um tiefere moralische Erkenntnisse zu finden, mit denen er seine Zuhörer belehrte und zu neuen Einsichten brachte.

ALLER GUTEN DINGE SIND DREI

Der Reiz, den das Dreifache ausübt, ist in der keltischen Kunst und Literatur weithin spürbar, auf dem europäischen Festland ebenso wie auf den Britischen Inseln. Keltische Bildhauer formen häufig Dreiergruppen, Figuren mit drei Köpfen oder Köpfe mit drei Gesichtern. Aus schamanischer Sicht kann die dreifaltige Figur die neue, andere Sichtweise versinnbildlichen, die durch die schamanische Einweihung erlangt wird. Der zweiköpfige Janus wird üblicherweise als jemand gedeutet, der nach vorne und nach hinten oder in die Vergangenheit und Zukunft blicken kann. Die dreiköpfige Gestalt jedoch, oder die ebenfalls häufig gefundenen Köpfe mit drei Gesichtern deuten nicht nur auf eine Sicht in zwei verschiedene Welten oder Zeitabschnitte hin, sondern auch *auf die umfassende Sicht, die sich daraus ergibt*: die schamanische Sicht eines Menschen-zwischen-den-Welten. Die Zwielicht-Vision des Schamanen beschränkt sich weder auf diese noch auf die andere Welt, sondern enthält von beidem etwas.

Keltische Götter treten in ganz ähnlicher Weise auf. Mit tiefer und steter Liebe zum Dreifachen stellten die Kelten sich ihre Götter und Göttinnen als Dreigespann vor. Die drei Brigiden, die Drei Mütter, die dreifaltige Große Göttin – Morrigan, Macha und Bodb (zusammen die Morrigan genannt) – sind bedeutende keltische Göttinnen. Auf der männlichen Seite tauchen oft Götter und Helden auf, die zu dritt reisen. Häufig auftauchende literarische Motive sind drei Brüder, drei Ritter, die zusammen Abenteuer erleben, und drei Versuche, ein Ziel zu erreichen, wobei jeder Versuch eine andere Stärke oder Tugend des Helden erforderlich macht. Außerdem gibt es viele Sagen über Götter, die im selben Augenblick mit zwei Kindern gleichen Namens geboren werden.

Die dreifaltigen Götter und Göttinnen stehen zwar manchmal für drei verschiedene Teilbereiche einer Gottheit (z. B. die Göttin, welche Mädchen, Mutter und Alte zugleich ist). Sie können aber auch als eine einzige Gottheit gedeutet werden, deren Macht sich über die gewöhnlichen Grenzen der Götterwelt hinaus erstreckt. Wiederum weist das Zwei-plus-eins stark auf die vereinende Gestalt der Schamanin hin, der zwei gegensätzliche Sichten verkörpert und sie miteinander aussöhnen kann.

Sowohl das archaische als auch das moderne Denken mißt der Zahl Drei eine besondere Bedeutung zu. Es gibt viele verschiedene Lehrmeinungen über ihre Kraft aus mathematischer, philosophischer, praktischer oder künstlerischer Sicht. Eine schamanische Deutung mag zusätzliche Einsichten in die Kraft dieser Zahl vermitteln. Wie wir gesehen haben, ist es für die Schamanin überaus wichtig, eine Grenzgängerin zu sein. Sie steht auf der Schwelle zwischen zwei Welten. Während diese beiden Welten für die meisten Menschen getrennt bleiben, überlappen sie sich im Bewußtsein der Schamanin und verschmelzen miteinander. Ihre Weltsicht oder ihr Bewußtsein unterscheiden sich sowohl vom Bewußtsein der Nichtschamanen wie auch von dem der Geister und andersweltlichen Wesenheiten, zu denen sie ständige Beziehungen unterhält. Zudem teilt die Schamanin als zweimal Geborene die Erfahrungen der Lebenden *und* der Toten und unterscheidet sich damit von beiden. Eine Schamanin hat eine dritte Form des Seins, eine Lebensweise, die das Lebende und das Tote einschließt, das Sterbliche und Unsterbliche, das Menschliche und Göttliche.

Genau wie das Zwielicht weder Licht noch Dunkelheit ist, steht das mittlere Haupt, Gesicht oder die Person in der Mitte für die magische Verschmelzung zweier entgegengesetzter Kräfte. Schamanen sind Kinder des Zwielichts, geboren aus der Vereinigung der männlichen Welt des Lichts und der bewußten Wahrnehmung mit der weiblichen Welt der Dunkelheit und unbewußten Wahrnehmung. Schamaninnen sind in beiden Welten zu Hause: in jenem magischen Ort, jener magischen Zeit, die zwischen diesen Welten schimmert, jenem raumlosen Punkt des Bewußtseins, das »dazwischen und inmitten« und »weder dies noch das« ist und am Rand des Zwielichts flackert.

KAPITEL 4

ZAUBERKLÄNGE

Die Klänge der Natur, Geistergesänge, das persönliche, kraftspendende Chanten des Schamanen, und die Melodien der Feen sind wesentliche Bestandteile des Schamanismus. Von Sibirien bis zum Südwesten Amerikas, von Japan bis Polynesien werden die Reisen der Schamanen in die Anderswelt und ihre Begegnungen mit den Naturmächten von Kraftliedern begleitet, von Geistergesängen, die auf geheimnisvolle Weise aus der Anderswelt aufsteigen, oder von Menschenliedern, die unvermittelt dem Herzen des Schamanen entspringen.

Der Eskimoschamane Aua berichtet, daß ihn bei seinen Bemühungen, Schamane zu werden, oft Melancholie und Depression befielen. Eines Tages jedoch, »schlug mit einem Mal meine Stimmung um, und ich fühlte eine große und unerklärliche Freude – eine Freude, so stark, daß ich sie nicht beherrschen konnte. Ich mußte in einen Gesang ausbrechen, in einen gewaltigen Gesang, der nur dieses eine Wort umfaßte: Freude, Freude!«[1] Ein anderer Eskimoschamane in Grönland erzählt: »Eines Tages, oben zwischen den Felsen, hörte ich, wie jemand zu singen anfing. Ich sah nach, konnte aber niemanden entdecken.« Am folgenden Tag hörte er das Singen erneut. Diesmal erschienen ihm zwei Männer, die seine ersten Hilfsgeister wurden.[2] William Barber, ein Ire, der um die letzte Jahrhundertwende lebte, hatte ein ähnliches, unvermitteltes schamanisches Erlebnis. »In einer dunklen Nacht, so gegen eins, ging ich mit einem anderen jungen Mann die Straße entlang, die oben um den Ben Bulben führt. Da hörten wir auf einmal ganz wundervolle Musik. Alle möglichen Musikarten schienen gleichzeitig gespielt zu werden. Sehen konnten wir nicht das Geringste, obwohl wir Stimmen vernahmen, die denen von Kindern ähnelten. Was wir hörten, war die Musik der *Edlen Leute* [der Feen].«[3]

Die Papago-Indianer im südlichen Arizona, nahe der mexikanischen Grenze, üben ihre Magie durch Gesang aus. Zu jeder Tätigkeit und Stimmung gibt es ein passendes Lied. Wird es gut und in der richtigen Weise gesungen, wirkt der Zauber, der Wunsch des Sängers erfüllt sich, und das Volk lebt glücklich und zufrieden. Selbst wenn die Papago sich in einem tranceähnlichen Zustand befinden oder im normalen Schlaf liegen, hören sie Lieder. Und sie wissen auch, ob es das Lied des Habichts ist, das Lied der Möwen, die über dem Ozean kreisen, oder das einer Wolke, ob es die Stimme des Windes ist oder vielleicht die der roten Spinne, die den Regen bringt. Die Papago lernen ihre Lieder von der Natur und deren Geistern.[4] Auch die Huichol-Indianer im nordwestlichen Mexiko können im Feuer oder im Regen Lieder vernehmen. Diese übersetzen sie dann in menschliche Sprache und machen daraus die Kraftgesänge des Stammes.[5]

Ein sibirischer Jakutenschamane beschreibt es so: »Geheimnisvolle Geräusche sind zu hören, manchmal von oben, manchmal von unten, manchmal vor und manchmal hinter dem Schamanen. Du denkst, du hörst den klagenden Ruf des Kiebitz, der sich mit dem Krächzen des Falken mischt und vom Pfeifen der Waldschnepfe unterbrochen wird, und dies alles ist die Stimme des Schamanen.«[6]

Oft werden Schamanen sagen, daß sie ihre Lieder von den Geistern erhalten haben. Isaac Tens, ein Schamane der Gitksan an der pazifischen Küste, erinnerte sich, wie er einmal in Trance fiel, am ganzen Körper zu zittern begann und unkontrollierbar zu singen anfing. Dabei überkamen ihn Visionen von riesigen Vögeln und anderen Tieren. Er erklärte: »Die Lieder drängen von selbst nach draußen und sind vollkommen; es braucht keinen Versuch, sie zu erdichten.«[7] Bei den Ainu im japanischen Hokkaido singen die Schamaninnen epische Lieder, und obwohl jede mit ihrer eigenen Stimme singt, gebraucht sie die Ich-Form und verweist damit auf die Götter, die als die eigentlichen Sänger betrachtet werden.

Für den heidnischen wie auch christlichen Kelten kündigt sich eine Begegnung mit dem Feenvolk oft durch ätherische Musik an. Meist wird sie als »die schönste Musik« beschrieben, die je gehört wurde, oder als eine, die »anders als jede menschliche Musik«

klingt. Tatsächlich ist süße Feenmusik ein wesentlicher Bestandteil der Anderswelt. Sie kann Sterbliche in einen Zauberschlaf oder einen *schamanischen Bewußtseinszustand* versetzen. Wie in William Barbers Fall hört man sie oft auf einsamen Straßen, spät nachts oder in den Wäldern. Sie kommt aus den Feenhügeln oder ertönt aus der Tiefe der Erde. William Cain, der vor hundert Jahren auf der Insel Man lebte, war als »Willy-the-Faery« (Willy der Feenmann) bekannt, weil er, so einer seiner Freunde, »nachts oft in der Schlucht die Feen singen und spielen hört. Ich habe ihn Melodien singen hören, die er, wie er sagte, auf diese Weise von den *Kleinen Leuten* gelernt hatte«.[8]

Sowohl der Sänger als auch sein Lied besitzen eine besondere Kraft, und in manchen Kulturen findet die Verbindung zwischen Gesang und Geist einen entsprechenden Ausdruck in der Sprache. Eliade führt aus, daß vielerorts die gleichen Begriffe verwendet werden, um Magie und Gesang, besonders Vogelgesang, zu bezeichnen. Das altdeutsche Wort *galdr* beispielsweise, das Zauberspruch bedeutete, leitet sich von *galan* her, was soviel wie singen heißt und mit Vogelgesang in Verbindung gebracht wurde.[9] Die Klamath-Indianer in Nordamerika haben für Lied und Geist die gleiche Bezeichnung. Das englische Wort *enchantment* findet sich oft in Feenmärchen und leitet sich von *chant* (singen) ab. Die meisten englischen Wörterbücher zeigen die linguistischen Verbindungen zwischen diesem Wort und anderen Ausdrücken auf, die mit magisch-spiritueller Kraft zu tun haben, wie etwa *allure* (anziehen, locken), *charm* (verzaubern), *fascinate* (betören) und *bewitch* (verhexen).

WAHRHEIT UND DAS MASS DER DINGE

Der Dichter oder Geschichtenerzähler in heidnischen Kulturen wurde für die Weisheiten und Wahrheiten geachtet und verehrt, die er den Menschen durch seine Lieder oder Geschichten gab. Man glaubte, daß Dichter und Sänger ihr Wissen und ihre Kenntnisse unmittelbar von den Göttern oder Geistern erlangten. Die meisten Kulturmythen enthalten einen Bericht darüber, wie die Dichtung als Gabe von den Göttern kam oder manchmal auch von der Gottheit der Poesie und Inspiration verliehen wurde. Die nordische Sage beispielsweise beschreibt, wie der Gott Odin neun Tage und Nächte an einer Esche hing (gewiß in Trance) und während dieser Zeit das Runenalphabet der Weissagung entdeckte und somit die Geheimnisse der Weisheit erfuhr. Außerdem trank der nordische Gott den heiligen Met der Dichtung, ein Getränk von starker Wirkung, das aus dem Blut des weisen, allwissenden Gelehrten Kvasir gebraut und mit Honig gemischt war. Ähnlich verhielt es sich, wie wir gesehen haben, bei Taliesin: Drei Tropfen aus Cerridwens Kessel der Inspiration verliehen ihm weitreichendes Wissen und poetische Einsichten. Schamanen erlangen die dichterische Wahrheit bei ihren Reisen in die Anderswelt und durch die intime Beziehung zu Hilfsgeistern.

Die Kelten gingen grundsätzlich davon aus, daß der Dichter die Wahrheit spricht und die Wahrheit von den Göttern kommt. Die göttliche Wahrheit und die daraus erwachsende allumfassende Ordnung bewirken das, was Anne Ross den keltischen Sinn für »die Angemessenheit der Dinge« nennt. Dies ist eine Schlüsselvorstellung im Denken der Kelten, und auch im Schamanismus besitzt sie zentrale Bedeutung. Die »Angemessenheit der Dinge«[10] läßt sich in der Natur finden, in sozialen Beziehungen, in der Kunst und im persönlichen Leben. Sie ähnelt dem, was die Navajo *hozro* nennen, ein Ausdruck, der für gewöhnlich einfach mit *Schönheit* übersetzt wird, der aber eine viel weiterreichendere Bedeutung hat: Er bezeichnet die Schönheit der kosmischen Ordnung, das Muster der Vollkommenheit, das zum Zeitpunkt der Schöpfung in das Universum eingewoben wurde. *Hozro* ist eine Verbindung aus Schönheit und Harmonie und die Wahrheit, die wir in deren Verschmelzung finden.

Wir, die wir in einem zynischen Zeitalter leben, haben gelernt, dem gesprochenen und geschriebenen Wort zu mißtrauen. Das ist die Folge des Werberummels, der uneingelösten politischen Versprechungen und des berechnenden, betrügerischen Gebrauchs der Sprache in den Medien, wie man sie nicht zuletzt auch in vielen Texten der Unterhaltungsmusik hört. In unschuldigeren Zeiten war die Wahrheit göttlich. ›Ein Mann ist so gut wie sein Wort‹ war ein Sprichwort, das ernstgenommen wurde. Um ein sinnvolles Leben führen zu können, war es von größter Bedeutung, daß man ›sein Gesicht wahrte‹ – vor seiner Familie, dem Dorf oder dem Stammesverband. Gesichtsverlust bedeutete Vertrauensverlust, und auf jemand, der einmal sein Wort gebrochen hatte, konnte man sich nie wieder verlassen.

Zu den beeindruckendsten Geschichten, die sich mit der Verantwortung des Dichters als Künder der Wahrheit beschäftigen, zählt die von Thomas dem Reimer. Die mittelalterliche Ballade spielt in Schottland und wurde durch die Jahrhunderte in verschiedenen Fassungen wiedergegeben. Eines Tages saß ein junger Dichter und Harfenspieler namens Thomas unter dem Baume Eildon, als eine schöne Frau herbeiritt. Sie war die Königin von Elfenland, die Thomas durch ihren Liebreiz verzauberte und ins Feenreich lockte. Dort blieb er sieben Jahre lang, genoß ihre sexuellen Gefälligkeiten, sehnte sich aber immer danach, ins irdische Leben zurückkehren zu können. Schließlich ließ sie ihn frei, und er kehrte in die *alltägliche Wirklichkeit* zurück. Das Abschiedsgeschenk der Königin jedoch sollte ihn bei den Sterblichen für immer zu einem Fremdling machen: Er war fortan unfähig, etwas anderes als die Wahrheit zu sagen. Für den Rest seines Lebens trug Thomas der Reimer die Bürde der Wahrheit und konnte weder ein falsches Wort äußern, noch über einen Betrug hinwegsehen.

Je nachdem, wie man es betrachtet, war Thomas der Reimer mit seiner Verpflichtung zur Wahrheit entweder gesegnet oder geschlagen. Schamanen erwerben diese Bürde typischerweise auf ihren Reisen in die Anderswelt. Der Sioux-Schamane Black Elk erlangte bei seiner mächtigen Vision auf Harney Mountain persönliche Einsicht in die ›Angemessenheit der Dinge‹. Er berichtete: »Ich sah mehr, als ich erzählen kann, und ich verstand mehr, als ich sah. Denn ich sah auf heilige Weise die Gestalt aller Dinge im Geist und die Gestalt aller Gestalten, wie sie als ein einziges Wesen zusammenleben müssen«.[11] Auch der Eskimoschamane Aua war fähig, die Wirklichkeit des Seins ohne Schleier und verhüllende

Dunkelheit zu sehen. »In gänzlich anderer Weise konnte ich sehen und hören, ... [ich konnte] durch das Dunkel des Lebens schauen«.[12] Wie immer sie es umschreiben, Schamanen erkennen ihre Verantwortung als Botschafter der Wahrheit, wenn sie einen Blick hinter und in die göttliche Ordnung des Seins geworfen haben.

Wenn ein Schamane aus der Anderswelt wiederkehrt, bringt er immer etwas an Einsicht oder Kraft mit – einen geschärften Sinn für die Wirklichkeit, die Fähigkeit, Falschheit zu entdecken, oder das brennende Bedürfnis, andere Menschen auf die Wahrheit aufmerksam zu machen. Wie Thomas der Reimer kommt der Schamane aus der Anderswelt mit der Fähigkeit zurück, durch die Täuschungen zu sehen, die uns voneinander trennen und verhindern, daß wir auf ehrliche Weise »wie ein einziges Wesen« zusammenleben.

Die Kraft der Wahrheit bildete die Grundlage eines bemerkenswerten Rituals, mit dem die alten Iren ihre Könige auswählten. Ein Bulle wurde geschlachtet und sein Fleisch als Festessen für einen Mann zubereitet, der zum Wahrsager bestimmt wurde. Nachdem er das Fleisch des Bullen gegessen und die Fleischbrühe getrunken hatte, ging er zu Bett, und ein Zauber wurde über ihn gesprochen, damit er in der Nacht träume, wer der nächste rechtmäßige Hochkönig von Irland werden sollte. Man ging davon aus, daß der Träumer am nächsten Tag die Wahrheit über seine Vision erzählen würde, denn andernfalls war ihm der Tod sicher. Wir wissen nicht, warum die Kombination aus Fleischmahlzeit, Zauberspruch und Traum wirkte oder weshalb die alten Kelten glaubten, daß sie wirken würde. Wir können jedoch annehmen, daß das Vertrauen in diesen Vorgang aus einer tieferen Bewußtseinsschicht stammte, die durch schamanische Praktiken geformt wurde. Die alten Kelten wußten die Informationen zu schätzen, die in Träumen und visionären Erfahrungen gesammelt wurden, und die Männer und Frauen, die solche Praktiken betrieben, wurden als Menschen geachtet, die die Wahrheit sprechen würden. Die Wahrheit nicht zu sagen war höchst gefährlich.

TABUS – GRENZEN DER MACHT

Aus der Kraft der Wahrheit folgt die Notwendigkeit, das persönliche *geis* (*gäisch* gesprochen) oder Tabu zu beachten. Die Sagenhelden und mythologischen Gestalten kamen oft schon mit einem bestimmten Tabu in die Welt oder erhielten in jungen Jahren eines oder mehrere. Ein Tabu konnte darin bestehen, daß dem Held eine bestimmte Handlung untersagt war. Ein Tabu zu mißachten war nichts, was man auf die leichte Schulter nahm; es konnte zum Tod führen. Der Kriegerheld Cu Chulainn etwa durfte kein Hundefleisch essen, da der Hund für ihn sozusagen ein Krafttier und zudem sein Namensvetter war – Cu Chulainn bedeutet »Chulainns Hund«. König Conaires *geis* untersagte ihm, Vögel zu töten. Der Fenierkrieger Diarmaid durfte keine Wildschweine jagen. Manche christlichen Heiligen hatten bestimmte Tiere zu ehren. St. Alban etwa schrieb sich Verwandtschaft mit den Wölfen zu, weil er als Säugling mit Wolfsmilch genährt worden war. Auch St. Ciwa wurde mit Wolfsmilch gestillt, hatte an einem Finger eine Wolfsklaue und bekam den Beinamen »Wolfsmädchen«.

Das *geis*, einen tierischen Gefährten zu ehren oder ein Tier, das im persönlichen Leben eine wichtige Rolle gespielt hat, treffen wir auch bei Schamanen anderer Kulturen. Die meisten Schamanen empfinden tiefen Respekt für ihre Krafttiere, und manche weigern sich, das Fleisch dieser Tiere zu essen. Lame Deer, ein Sioux-Schamane, erzählt, wie er auf seiner visionären Suche eine Stimme hörte, die für die Vögel sprach. Sie sagte: »Wir sind das Vogelvolk, die Geflügelten, die Adler und Eulen. Wir sind eine Nation, und du sollst unser Bruder sein. Nie wirst du einen von uns töten oder verletzen.«[13]

Manche Tabus schaffen ein Dilemma, einen Zwiespalt, der einen Menschen zwingt, zwischen zwei Möglichkeiten zu wählen, die beide gegen ein *geis* verstoßen. So war es Cu Chulainn nicht nur verboten, Hundefleisch zu essen; er durfte außerdem an keinem Herd vorbeigehen ohne von dem Mahl zu essen, das darauf zubereitet wurde. Daher geriet er natürlich in eine Zwickmühle, als er auf drei alte Frauen traf, die einen toten Hund am Spieß brieten. Als sie ihn einluden mitzuessen, konnte er nicht ablehnen. Sobald er aber das Fleisch seines Namensvetters aß, befiel eine Schwäche die Hand, mit der er es hielt, die sich über den ganzen Arm bis in die Schulter ausbreitete. Bald darauf bestritt er seine letzte Schlacht.

Wie der keltische Held unterliegen auch Schamanen auf der ganzen Erde bestimmten Beschränkungen. Sie umgeben das Leben des Schamanen mit einem Harnisch aus Kraft und verstärken seine Verbindung zur Anderswelt und den Hilfsgeistern. Tabus erfüllen eine wesentliche Aufgabe, weil sie der Wahrheit Struktur verleihen: Es sind Brennpunkte, die den Schamanen an die umfassendere Wahrheit seiner persönlichen Vision erinnern. Bannsprüche, Zauberformeln und tägliche Rituale erscheinen dem Uneingeweihten oft närrisch und unsinnig. Doch für diejenigen, die ein magisches, visionäres Leben führen, besitzen sie echte Bedeutung und Kraft. Ohne sie würde das Leben des Schamanen wieder in die Normalität zurücksinken, die für andere Menschen typisch ist.

Sehen wir uns die folgenden Überzeugungen und Verfahrensweisen an. Eskimoschamanen geben jedes Geschenk, das sie erhalten, sofort weiter, weil sie glauben, daß sie oder ihre Kinder sterben, falls sie die Gaben selbst behalten. Dieses Vorgehen verweist klar auf die Einsicht des Schamanen, daß alle lebenden Dinge zusammenhängen und daß im gesamten Gewebe des Lebens Kraft und Energie ausgetauscht werden. Matsuwa, ein Huichol-Schamane, lehrt uns, warum es nötig ist, sich in die Einsamkeit der Wildnis zurückzuziehen. Wenn man »sehen und hören lernen« will, so erklärt er, dann muß man »allein in die Wildnis gehen. Denn nicht ich kann euch die Wege der Götter lehren. Diese Dinge lernt man nur in der Einsamkeit«.[14] Das Bedürfnis nach Einsamkeit, nach persönlichem visionären Streben, wohnt dem Schamanismus inne. Dick Mahwee, ein Paviotso-Schamane, der in Nevada aufwuchs, erklärt, daß ein Medizinmann bei den Eingeborenen seine Kraft »vom Geist der Nacht« erhält. »Dieser Geist ist überall. Er hat keinen Namen ... Adler und Eule geben einem Schamanen keine Macht. Sie sind nur Boten, die Weisung bringen vom Geist der Nacht.«[15] Die Nacht als namenlosen, allgegenwärtigen Geist zu begreifen, Geschenke sofort weiterzugeben, sich in die Einsamkeit der Wildnis zurückziehen, um sich ganz allein der Natur zu stellen: diese und ähnliche Handlungen findet man kulturübergreifend bei allen Schamanen. Und genauso verbreitet ist die aufrichtige Überzeugung, daß die Schamanen ihre Kraft oder gar ihr Leben verlieren, falls sie sich nicht an diese Bräuche halten.

FEENMUSIK

Tief verwurzelt ist bei den Kelten der Glaube, daß geniale Musiker ihre Begabung von den Feen haben. Flannery, ein alter Dudelsackspieler, der im letzten Jahrhundert in der Grafschaft Galway lebte, wurde von einem Kollegen für seine musikalischen Fähigkeiten gerühmt. Wie dieser Freund erzählt, hatte Flannery von den *Sidhe* gelernt. »Die ›guten Leute‹ nahmen ihn ins Feenland mit, damit er dort sein Handwerk lernte. Lange Zeit nahm er bei ihnen Musikunterricht, und als er zurückkehrte, konnte er sich mit jedem Dudelsackspieler Irlands messen.«[16] Flannery »starb jung, denn die *guten Leute* wollten, daß er für sie spielte«.

Die Tradition, im Feenland zu lernen, reicht weit zurück. In frühchristlicher Zeit machten St. Patrick und seine Gefährten einmal auf einem Hügel Rast, als sie einen Mann herankommen sahen, der eine Harfe auf der Schulter trug. Als sie ihn fragten, wer er sei und woher er komme, antwortete der Fremde, er käme aus einem danannischen Reich, heiße Cascorach und sei ein Musiker der alten Götter. Dann begann er zu spielen, und seine Musik übte einen so wundervollen Zauber aus, daß die Christen in einen traumreichen Schlaf fielen. Später gab St. Patrick, wie ein zögerlicher Musikkritiker, ein gemischtes Urteil über Cascorachs Musik ab. »Sie ähnelt den himmlischen Harmonien«, sagte er, nur daß sie leider durch einen »Beiklang von Feenzauber verdorben wird«.[17] Zu Anfang des 20. Jahrhunderts erklärte Evans-Wentz, ein unermüdlicher Forscher auf dem Gebiet der keltischen Volksbräuche, daß die Geschichte zwar etwas Sagen- und Legendenhaftes an sich habe, daß jedoch Cascorach wirklich »ein Sterblicher« gewesen sein könnte, »wie die vielen irischen Dudelsackpfeifer und Musiker, die einst zum Feenvolk gingen *oder das sogar noch heute tun*, um sich im musikalischen Handwerk unterweisen zu lassen, und dann als die hervorragendsten Musiker zurückkehren, die Irland je gesehen hat«. (Hervorhebung des Autors). Evans-Wentz' Ausdrucksweise »oder das sogar noch heute tun« zeigt, wie dauerhaft diese Tradition überlebt hat und wie sie auch die modernen Ansichten über den Einfluß der Anderswelt auf Alltagsdinge prägt.

Zu den wirklichen großen irischen Musikern gehört Turlough O'Carolan, dessen Musik auf den britischen Inseln und in den USA nach wie vor beliebt ist. Wie andere seiner Zunft hielt man auch ihn für einen Feenschüler. Seine Lebensumstände decken sich bemerkenswert mit den Einzelheiten, die man mit dem wesentlichen schamanischen Archetyp in Verbindung bringt. In einer traditionelleren Schamanenkultur hätte man Carolan wahrscheinlich als vollgültigen Schamanen anerkannt.

Er wurde 1670 geboren und zeigte wenig musikalisches Interesse, bis er mit 18 Jahren nach einem schweren Pockenanfall erblindete. Sein Vater war Schmied, und nach seiner Krankheit nahm Carolan bei einem Harfenspieler namens Mac Dermott Roe Musikstunden, bis er 21 war. Die Familie Mac Dermott Roe besaß eine Eisengießerei. Damit haben wir also zwei stark schamanische Merkmale: die Initiationskrankheit und die Ausbildung bei Schmieden. Mit 21 Jahren wurde Carolan fahrender Harfenspieler.

Schon bevor er sein Augenlicht verlor, war Carolan häufig auf einen »Erdwall oder Hügel« gestiegen, der in der Gemeinde als Feenplatz bekannt war. Später, nachdem er erblindet war, bat er Familienmitglieder oder Freunde, ihn an schönen Tagen dorthin zu führen. Oben auf dem Hügel lag er dann »stundenlang ausgestreckt in der Sonne, und oft sah man, wie er plötzlich wie im Rausch hochfuhr«.[18] Einmal setzte er sich bei einer solchen Gelegenheit auf und bat seinen Begleiter, ihn unverzüglich nach Hause zu bringen. Dort komponierte er dann eines seiner beliebtesten Stücke, ein Lied für Bridget Cruise. Später, so heißt es, erzählte

Carolan seinen Freunden von der Vision, die er an diesem Tag gehabt hatte, und bestätigte, daß er wirklich zu den ›guten Leuten‹ gegangen war. Bewunderer des Harfenspielers behaupteten, daß Carolan von der Feenkönigin selbst inspiriert worden sei. Auf jeden Fall konnte Carolan nie wieder dazu gebracht werden, über seine Vision zu sprechen.

Auch andere schamanische Eigenschaften wurden Carolan nachgesagt. So stand er in dem Ruf, übersinnlich begabt zu sein. Einmal sagte er den Tod eines jungen Mädchens voraus. Ein anderes Mal erkannte er die schon erwähnte Bridget Cruise, in die er einst verliebt gewesen war, an der Berührung ihrer Hand, als er ihr auf ein Boot half. Er pilgerte auch zum St. Patrick's Purgatory, einer christlichen Wallfahrtsstätte, die Wurzeln in der heidnischen Vergangenheit besitzt. Dieser bekannte Pilgerort auf einer Insel war für die andersweltlichen Visionen bekannt, die er bei Besuchern hervorrief. Wir werden uns mit diesem geweihten Ort im nächsten Kapitel noch näher befassen.

Bekannte Carolans bestätigen, daß er einen Charakter besaß, den man leicht mit einem Schamanen in Verbindung bringen kann. Einer von ihnen beschreibt Carolan als »durch und durch ein Kind der Natur, er wurde beherrscht von den Vergünstigungen und gelegentlichen Launen dieser Mutter«.[19] Er war bekannt dafür, daß er »einen ungezügelten Geist hatte, was von einem Mangel an oder vielmehr dem Fehlen von Erziehung herrührte«. Seine Fähigkeiten waren also offenbar instinktiv und ursprünglich, verglichen mit den eher gesitteten Maßstäben seiner Zeit. Oft wurde Carolan in einer Weise geschildert, die man gern mit der keltischen Anderswelt des Feenlandes verbindet – etwa als verspielt, fantasievoll, anmutig, kapriziös, fröhlich, genial, unberechenbar und launisch. Auch seine Musik wurde oft in dieser Weise beschrieben. Wäre er nicht blind gewesen, hätten Carolans Talente vielleicht auch Schauspielerei und Unterhaltungskunst umfaßt, wie sie die klassische Schelmenfigur kennzeichnen.

Wäre Carolans Musik St. Patrick zu Ohren gekommen, hätte er wahrscheinlich einen starken »Feenbeiklang« herausgehört. Carolan sah sich sogar veranlaßt, ein Wort zu prägen, *Planxty*, um die originellen, nichtalltäglichen Harfenmelodien zu beschreiben, die er gern komponierte. Musikwissenschaftler stellen fest, daß ein *Planxty* sich aufgrund seiner unregelmäßig wiederholten Taktteile weder zum Singen noch zum Tanzen eignet. Im Gegensatz zum traditionellen *Jig* ist er nicht durch wiederholbare Takte verbunden. Die Unregelmäßigkeit seiner Tonfolgen und der außerordentlich große Tonumfang machen es schwer, Texte für ihn zu schreiben. Sogar das Wort *Planxty* selbst gibt Rätsel auf. Die Wissenschaftler sind sich nicht schlüssig, ob es ein irisches oder englisches Wort ist. Vielleicht ist es keines von beiden; vielleicht ist es ein Feenwort.

Der Aufbau eines *Planxty* entspricht einer kreisenden Bewegung. Ein Zuhörer erklärt, daß seine angenehme Wirkung dadurch zustandekommt, daß »das Ende einer Phrase so gestaltet ist, daß es wie eine Einleitung wirkt; der Anfang oder die Mitte eines Melodieteils wiederum sind so gestaltet, daß sie einen Augenblick lang wie die Noten wirken, die eine Passage abschließen«.[20]

Der Aufbau des Planxty erinnert an den Uroborus, den Schlangenring, der weder Anfang noch Mitte oder Ende kennt. Dieses Sinnbild des mehrdeutigen und unendlichen Wesens der Wirklichkeit kennt der Schamane aus seinen unmittelbaren Erfahrungen in der Anderswelt. Auch wenn Menschen schwer zu einem *Planxty* singen oder nach ihm tanzen können, deutet doch einiges darauf hin, daß er für Feen durchaus geeignet sein könnte. Seine kreiselnden Tonfolgen entsprechen den Vorstellungen von kaleidoskopisch tanzenden Feen, die in ebenso kreiselnden Ringtänzen verschlungene Tanzschritte ausführen. Vielleicht besteht der Feentanz ebenso wie die Feenmusik und der *Planxty* selber in einer zeit- und raumlosen Dimension, in der es für gewöhnliche Sterbliche tatsächlich unmöglich ist, den »Takt zu halten« oder »Positionen einzunehmen«, wie sie es auf unserem alltäglichen, raum- und zeitverhafteten Tanzboden tun können.

Der musikalische Zweig hat für die ursprüngliche keltische Spiritualität eine ebenso wesentliche Bedeutung wie das abgetrennte Haupt. Dieser Zweig, der mit Glocken behängt und mit Zaubervögeln, Blüten, Äpfeln, Nüssen oder Eicheln beladen ist, gab eine feenhafte Musik von sich, die seine Zuhörer in angenehmen Schlaf oder bunte Tagträume versetzen konnte, bei denen sie ihre Sorgen vergaßen. Manchmal löste die Musik einen Heilschlaf aus, aus dem die Kranken und Verwundeten erwachten und feststellten, daß sie gesund waren. Der musikalische Zweig war ein Kennzeichen des keltischen Dichters. Die größten von ihnen hatten einen goldenen Zweig, etwas weniger bedeutende einen silbernen und alle anderen einen bronzenen. Die Dichter trugen ihre glockengeschmückten Zweige vor sich her, wenn sie feierliche Aufführungsorte betraten. Die Musik kündigte ihre Gegenwart an und verwandelte die Stimmung im Raum.

Zudem war der Silberzweig auch ein Paß in die Anderswelt, ein Talisman, den die Königin der Anderswelt für gewöhnlich dem Reisenden gab, damit er ihn schützte und sicher geleitete. In mancher Hinsicht ähnelt der Silberzweig dem Goldenen Zweig, der in der klassischen griechischen Sage Persephone, der Königin der Unterwelt, heilig war. Sie gab ihn allen Eingeweihten, die ihr unterirdisches Reich betraten, um tief in die Geheimnisse der menschlichen Seele einzudringen. In Virgils Äneis weist die Sibylle Äneas an, den heiligen Zweig in der Nähe eines Höhleneingangs abzureißen, der in die Unterwelt führt. Später weigert sich der Fährmann Charon so lange, Äneas über den Styx zu bringen, bis ihm der heilige Zweig gezeigt wird.

In einer keltischen Sage wird Bran, der Sohn des Febal, durch eine betörende anderweltliche Musik in Trance versetzt. Als er wieder erwacht, findet er neben sich einen Silberzweig voller Blüten. Er nimmt ihn mit in seine Burg, wo eine seltsame Frau ihn erwartet, die schöne, unirdische Gewänder trägt. Kein Mitglied des Hofes weiß, wo sie herkommt oder wie sie in die Burg gelangt ist. Die Feenfrau singt Bran ein Lied vor und verschwindet dann auf ebenso geheimnisvolle Weise, wie sie gekommen ist. Zuvor jedoch springt der Silberzweig aus Brans Hand in die ihre, und sie nimmt den Zweig mit. Damit ist der Zauber wirksam. Am folgenden Tag begibt sich Bran auf seine berühmte Reise zur sinkenden Sonne, wo er die geheimnisvollen Inseln der keltischen Anderswelt findet.

Der Heilige Zweig ist ein Teilsymbol einer umfassenderen schamanischen Vorstellung des Weltenbaums. Die meisten Religionen haben irgendeine Vorstellung vom Mittelpunkt der Welt, und in archaischen oder naturbezogenen Kulturen wird diese Weltenmitte oft als Baum dargestellt (manchmal auch als Säule, Pfahl oder Berg). Der Weltenbaum ist ein universales Symbol, das drei Erfahrungsräume verbindet: Seine Zweige reichen hoch in die Obere Welt oder den Himmel hinauf; der Stamm ist von der Mittleren Welt oder Erdoberfläche aus zugänglich, und das Wurzelwerk wächst tief in die Unterwelt hinunter. Als Menschen, die sich in einem dreidimensionalen, stofflichen Lebensraum aufrecht über die Erde bewegen, sind wir es gewohnt, unsere Umwelt in diese drei Reiche einzuteilen. Schließlich kennen wir das Himmelsgewölbe über uns, die Landschaft, in der wir leben, und die tieferen Regionen unter der Erde, die durch Höhlen, Felsspalten, Brunnen und Schluchten zugänglich sind. Der Baum verbindet diese drei Welten. Zudem wirken Bäume respekteinflößend, da sie die größten Pflanzen sind und zu den ältesten Lebewesen gehören. Schon die Völker der Antike hatten einen Sinn für die Langlebigkeit und Heiligkeit bestimmter Bäume und sahen in ihnen kosmische Bindeglieder zwischen der Vergangenheit und der Zukunft.

In manchen Kulturen kletterten die Schamanen auf einen heiligen Baum und hockten in seinen Zweigen, während ihre Seele sich in die Oberwelt erhob. In Sibirien herrschte die Vorstellung, daß sich auf dem Weltenbaum Nester befänden, in denen Eier lagen, die die Seelen künftiger Schamanen enthielten. Die Seelen der größten Schamanen waren in den Nestern, die am höchsten lagen. Rituelles Bäumeklettern gehört auch oft zum Einweihungsritual der nordamerikanischen Schamanen. Manche Stammesvölker verehrten einen bestimmten Baum als Mittelpunkt der Welt.

Häufiger verbreitet war allerdings die Vorstellung, daß jeder Baum diesen heiligen Platz einnehmen konnte. Menschen mit einem holographischen Weltbild – wie in archaischen Kulturen offenbar üblich – können den *Mittelpunkt der Welt* in jedem Baum oder Ort ausmachen, den sie dazu bestimmen. In einem holographischen Universum entspricht jeder Teil dem Ganzen; jede Einzelheit beinhaltet das Ganze. Der Mikrokosmos entspricht dem Makrokosmos. So steht der Weltenbaum – und in Verlängerung der Heilige Zweig – als Bindeglied inmitten der mystischen Einheit der Schöpfung.

Der magische Zweig, der Feenmusik erklingen läßt und eine Mischung unterschiedlichster Früchte trägt, begegnet uns in der keltischen Folklore immer wieder. Da finden wir Nüsse, Früchte und Blüten, die oft außerhalb ihrer Wachstumszeit hervorkommen. An manchen Zweigen finden sich gleichzeitig Nüsse, Äpfel und Eicheln. So erhielt der irische König Cormac einen silbernen Zweig mit drei goldenen Äpfeln. Wenn er ihn schüttelte, brachte er ätherische Melodien hervor, die Kranke und Verwundete heilten und sorgenvolle Menschen in erholsamen Schlaf fallen ließen. Ein mystischer Zweig, der gleichzeitig Nüsse, Äpfel und Eicheln trägt, verbindet sich gleich mit drei Strängen keltischer Magie. Wer Haselnüsse ißt, bekommt nach der Überlieferung Weisheit geschenkt. Äpfel sind ein Pfand aus der Anderswelt, die häufig auch *Land der Äpfel* genannt wird; aus Eicheln wachsen die Bäume der heiligen Haine, die in der spirituellen Vorstellung der Kelten eine so wichtige Rolle spielen. Ob der magische Zweig nun mit Glocken oder den Gaben der Natur geschmückt ist – er ist für die keltische Spiritualität so wichtig wie die Vögel, die auf ihm sitzen und singen.

ZAUBERVÖGEL

Die Verbindung zwischen Vögeln, Seelenflug und Schamanismus läßt sich bis zu den altsteinzeitlichen Höhlenbildern von Lascaux zurückverfolgen. Dort sehen wir eine menschliche Gestalt, höchstwahrscheinlich einen Schamanen, die auf dem Rücken liegt, eine Vogelmaske trägt und klauenartige Finger hat. Neben dem Mann liegt ein Stab, auf dessen oberem Ende ein Vogel sitzt. Wahrscheinlich hat der Künstler hier aber gar keine Maske und kein Kostüm dargestellt, sondern den verwandelten Zustand, in dem sich der Schamane befand. Der Künstler aus der Steinzeit gab also in der Zeichnung einen Bewußtseinszustand wieder. Ein Beweis für diese Deutung ist die Tatsache, daß der Schamane am Boden liegt und eine Erektion hat, wie es für Traum- oder Trancezustände bei Männern typisch ist. Wenn der Künstler wirklich einen Bewußtseinszustand abbildete, dann haben wir es hier offenbar mit jemand zu tun, der auf einer hohen Entwicklungs- und Erkenntnisstufe stand.

Vögel und Darstellungen von Trancezuständen kann man auch unter südafrikanischen Felszeichnungen finden, wo fliegende Hirsche mit anmutigen, zurückgeschlagenen Flügeln zu sehen sind. Joseph Campbell weist darauf hin, daß diese Gestalten entweder für die Seelen der Toten stehen, von denen man glaubte, daß sie durch die Lüfte flogen, oder aber für Tänzer in Trance.[21] Neben ihnen sind auf dieser Felswand weitere, sehr ähnlich aussehende tanzende Figuren abgebildet, die zwar menschlicher aussehen, aber auf die gleiche Art die Arme zurückschlagen und den Körper nach vorne werfen wie die geflügelten Hirsche. Auch hier erkennen wir die Verbindung zwischen geflügelten Tiergeistern und dem Trancezustand schamanischer Tänzer.

In Neuseeland tragen die Maori-Schamanen gefiederte Gewänder. In Sibirien haben die Samojeden und Altaier Kappen auf, die mit Vogelfedern geschmückt sind. In Irland trugen die Dichter bei Aufführungen einen *tugan*, einen gefiederten Mantel. Die Beschreibungen eines solchen Feder-Mantels unterscheiden sich stark voneinander. So soll er beispielsweise aus den Federn von Singvögeln gefertigt gewesen sein. Eine ausgesprochen angemessene Materialwahl, war der Dichter doch auch ein Sänger und besaß ebenso wie die Vögel die magische Macht, die Zuhörer mit seiner Musik und seinen Liedern in einen traumartigen Zustand zu versetzen. In anderen Berichten wird der Federmantel des Dichters als weiß beschrieben. Hier finden sich Anklänge an das weiße oder farblose (Albino-) Feentier, das den ahnungslosen Jäger oder Wanderer in die Anderswelt lockt. Weiße Federn könnten auch von einem Schwan kommen. Die keltische Überlieferung betrachtet den majestätischen weißen Vogel nicht nur wegen seiner Schönheit und Anmut als magisches Wesen. Wie alle Wasservögel überschreitet er die Grenzen zwischen den unterschiedlichen Reichen von Wasser, Luft und Erde.

Wie Mircea Eliade schreibt, sollte das Schamanenkostüm genau wie der besondere Mantel des Dichters, »dem Schamanen einen neuen, magischen Körper in Tiergestalt ... verschaffen«. Indem man es anlegt, kehrt man in den mystischen Zustand zurück, »der in den langen Initiationserlebnissen und -zeremonien geoffenbart und befestigt worden ist«.[22] Besondere Gewänder, magisches Zubehör und Kraftgegenstände dienen als Gedächtnishilfen, um die schamanische Vision auszulösen oder das anzuregen, was die australischen Schamanen als »starkes Auge« bezeichnen. Vogelinsignien scheinen dabei am gebräuchlichsten zu sein, da die Metaphern und Symbole, die sich um die Vögel ranken, fast überall mit dem Wesen der spirituellen Handlungen der Schamanen übereinstimmen.

Möglicherweise hat das Tier- oder Vogelgewand des keltischen Poeten oder Druiden eine ähnliche Funktion. Dichter und Druiden wurden in langen Jahren der Trancearbeit und Verwandlungserlebnisse eingeweiht. Auch sie haben vielleicht ihre Gewänder als Gedächtnisstützen eingesetzt, um Trancezustände hervorzurufen, die ihnen halfen, sich an ihre Lieder und Geschichten zu erinnern.

Bestimmte Vögel werden schon sehr lange mit Schamanen in Verbindung gebracht. Der Adler ist in schamanischen Kulturen häufig eines der wichtigsten Krafttiere, da er der mächtigste Vogel ist und den Ruf genießt, am höchsten fliegen und am weitesten sehen zu können. Wie der Schamane kann der Adler an Orte gelangen, die für andere nicht erreichbar sind, und Dinge sehen, die anderen entgehen. Viele Eingeborenenvölker betrachten den Adler als Sonnenwesen, das Kräfte hat, die traditionellerweise

Sonnengöttern zugeschrieben werden. So wurde der Adler etwa bei den sibirischen Buriäten als der erste Schamane verehrt, den die Götter als Hilfe für die Menschen gesandt hatten. Die Giljaken, ein Küstenvolk am Ochotskischen Meer, kennen nur ein Wort für Adler und Schamane, während das eurasische Volk der Ostjaken glaubt, der erste Schamane sei ein zweiköpfiger Adler gewesen.

In der religiösen Kunst der Kelten tauchen häufiger Vögel auf, als andere Wesen aus der Natur. Der Adler steht dabei aber weniger im Vordergrund, als wir vielleicht erwarten. Die keltischen Sonnengötter wurden eher mit Wasservögeln als mit dem großen Raubvogel in Verbindung gebracht. Anne Ross zeigt, daß Wasservögel jeder Art zum Sonnenkult gehörten, besonders in seinem heilenden Aspekt.[23] Es gibt Abbildungen, auf denen die Sonne von Wasservögeln gezogen wird, etwa von einem Kormoran, einer Ente oder einer Gans. Götterskulpturen sitzen manchmal in Wagen, die von Wasservögeln gezogen werden. In ähnlicher Weise sind auch nordamerikanische Stammeskünstler von Wasservögeln fasziniert. Sie preisen häufig Wasservögel und andere amphibische Wesen, etwa den Frosch, weil diese Tiere sich verwandeln können, indem sie während ihrer natürlichen Entwicklung ganz unterschiedliche körperliche Gestalt annehmen. Vögel und andere Tiere, die fähig sind, in mehr als einem Element zu leben – wie Otter, Biber, Frösche –, sind wichtige Sinnbilder und passende Verbündete für die Schamanin. Denn auch die Schamanin macht ja eine Reihe von Verwandlungen durch und ist fähig, durch die Reiche der Luft, des Wassers und der Erde und zwischen diesen hin- und herzureisen.

Es ist ein weit verbreiteter spiritueller Glaube, daß alle Menschen in der Urzeit fliegen konnten. Nach dem Sündenfall ging der paradiesische Urzustand verloren, in dem die ersten Menschen noch viele Gemeinsamkeiten mit übernatürlichen Wesen hatten. Später, so glaubte man, konnten dann nur noch die spirituell Begabten fliegen oder sich vom Boden erheben, also beispielsweise Zauberer, Yogis, Hexen, Heilige und Schamanen. Zwei Vorstellungen tauchen im Zusammenhang mit dem Fliegen auf der ganzen

Erde auf: erstens, daß die menschliche Seele Vogelgestalt hat, und zweitens, daß Vögel als Begleiter von Verstorbenen dienen und die Seelen der Toten ins nächste Leben geleiten. Ausdruck dieser Verbindung zwischen den Sinnbildern Vogel und Seele ist die weitverbreitete Vorstellung, daß die menschliche Seele zum Zeitpunkt des Todes den fleischlichen Körper verläßt und wie ein Vogel von dannen fliegt. Der Flug ist daher ein mächtiges Gleichnis für die Unabhängigkeit der Seele, für Grenzüberschreitung und die letzte Bestimmung, die den Menschen nach dem Tod erwartet. Personen, die zu Lebzeiten entweder zum körperlichen oder zum Seelenflug fähig sind, haben, so glaubt man, das Menschsein – die *conditio humana* – überwunden und den Urzustand wieder erreicht. Sie genießen somit übernatürliche Vergünstigungen, die den meisten Menschen bis zum Tod verwehrt bleiben. Genau deshalb wird die Schamanin verehrt und manchmal gefürchtet: Sie hat die Kraft, unseren alltäglichen Zustand zu verlassen und die Grenzen zur Geisterwelt zu überschreiten. Sie kann fliegen und das Totenreich besuchen, und sie erfreut sich der Freundschaft körperloser Hilfsgeister.

Auch in christlicher Zeit blieb die schamanische Verbindung zwischen Vögeln, dem Fliegen und der Anderswelt in der keltischen Vorstellung lebendig. Vögel wurden weiterhin als Boten, Überbringer von Nachrichten und Diener angesehen, wobei sie jetzt allerdings ausschließlich dem ›Himmlischen Königreich‹ verpflichtet waren. Es gibt Legenden, die erzählen, daß ›christliche Vögel‹ manchmal die Messe sangen und daß Engel als Vogelscharen den Himmelsthron umschwebten. Ein früher Konvertit nahm den christlichen Glauben nach einer eindringlichen Vision an, die er später so beschrieb: »Ich wurde hinweggetragen und konnte den Himmel sehen. Ich sah den Herrn selbst auf Seinem Thron, und eine Vogelschar von Engeln spielte Musik für Ihn. Dann sah ich einen bunten Vogel, und dessen Gesang war noch süßer als all die Musik. Überdies hatte [St.] Michael ... in Gegenwart des Schöpfers Vogelgestalt.«[24]

In einem christlichen Gedicht, das an den »König des Lebensbaums« gerichtet ist, heißt es:

Die Blüten an den Zweigen sind Dein Volk,
Die singenden Vögel Deine Engel,
Die flüsternde Brise ist Dein Geist.[25]

Anschließend wird in dem Gedicht darum gebetet, daß die Blüten süße Frucht tragen, die Vögel höchsten Lobpreis anstimmen und »über alle[m] der süße Atem des Geistes« wehen möge. So werden der magische Zweig des Dichters und der Weltenbaum des Schamanen in christliche Symbolik verwandelt und stellen einen Zusammenhang zwischen dem menschlichen Leben und dem Geist Gottes her.

Die Druiden konnten durch Vögel wahrsagen. Ihr Flug, ihre Rufe und ihr unstetes Verhalten – an all dem ließen sich die Wünsche der Götter und Göttinnen ablesen. Dieser Brauch verschwand auch dann nicht sofort, als christliche Mönche die Druiden in der irischen Gesellschaft ersetzten. St. Columban etwa konnte im Kreischen der Möwen, die sein Boot am Ufer begrüßten, den Segensspruch Gottes hören. Wie er sagte, zeigten »die freudigen Schreie der herabstoßenden Möwen«, daß die erfolgreiche Reise des Mönchs in der Natur ihren Widerhall fand.[26]

In allen Kulturen sind geflügelte Wesen natürliche Sinnbilder für den Seelenflug, und Vögel bieten sich ganz offensichtlich als Anregung für die schamanische Vorstellungskraft an. Joan Halifax meint, daß die »geflügelten Engel und Dämonen, die durch die Sagen sämtlicher Kulturen fliegen,« ihre »keimhafte Anlage« in »der Psyche des Schamanen haben«.[27] Wenn der schamanische Archetyp einen natürlichen Teil der menschlichen Psyche bildet, dann ist es wohl nicht erstaunlich, daß bestimmte Krafttiere über Kulturen und Jahrhunderte hinweg immer wieder anzutreffen sind. Mircea Eliade bezeichnet »das Heimweh nach dem Fliegen« sogar als wesentliches Element der menschlichen Psyche.[28] Sicherlich läßt sich die »keimhafte Anlage« dieser himmlischen Vögel und Engelsberater, von denen die Geschichten der irischen Mönche erzählen, auf ältere Glaubensvorstellungen und Bilder der Druiden und heidnischen Dichter zurückführen.

Eine Beständigkeit des spirituellen Ausdrucks von der heidnischen Zeit bis in die christliche Zeit läßt sich deutlich sichtbar machen.

SCHUTZLIEDER

Ein Gebet an St. Brigitte lautet folgendermaßen:

Jeden Tag bitte ich die Heilige Brigitte, daß …
Kein Feuer, keine Flamme mich verbrenne,
Kein See, kein Meer mich ertränke,
Kein Schwert, kein Speer mich verwunde,
Kein König, kein Häuptling mich beschimpfe.
Alle Vögel sollen für mich singen,
Alles Vieh soll für mich muhen,
Alle Insekten sollen für mich summen,
Und Gottes Engel mögen mich beschützen.[29]

Diese schamanische Anrufung der Elemente haben wir schon früher gehört. Wir erinnern uns an den Treueschwur des heidnischen Kelten, das mönchische Gedicht über die Kreuzigung Christi und den sentimentalen irischen Segenswunsch auf modernen Grußkarten. Damals wie heute fühlten Kelten anscheinend ständig das Bedürfnis, sich durch Zaubersprüche und Sprechgesänge zu schützen, in denen die Kraft Gottes oder der Natur angerufen wurden. Zu diesem Zweck entwickelten die Iren einen einzigartig zielgerichteten Schutzzauber, der *Lorica* oder *Brustwehr* genannt wurde. In der Lorica ruft der Bittsteller überpersönliche Elemente um Schutz an, zu denen oft Bilder zählen, in denen sich die vier Elemente spiegeln: Erde, Luft, Feuer und Wasser. Mit dieser sprachlichen Rüstung angetan, kann der Kelte sich jeglicher Gefahr entgegenstellen.

Oft besteht die Hauptabsicht der Lorica darin, sich in wörtlichem Sinn mit Kraft zu umhüllen. Im »Hirschruf« St. Patricks, einem der berühmtesten christlichen Gebete des keltischen Erbes, hören wir, wie Patrick Christus anruft, damit dessen Macht ihn umgibt:

Christus mit mir, Christus vor mir, Christus hinter mir,
Christus in mir, Christus unter mir, Christus über mir,
Christus, wenn ich mich lege, Christus, wenn ich mich setze,
Christus, wenn ich mich erhebe ...[30]

Ton und Struktur dieser Beschwörung sind tief in der heidnischen Glaubenswelt verwurzelt. Wir finden sie etwa bei den Navajo, in vielen ihrer *Sings*. Dawn Boys Lied »Nachtruf« enthält folgende Passage:

Schönheit vor mir, ich wand're mit ihr.
Schönheit hinter mir, ich wand're mit ihr.
Schönheit unter mir, ich wand're mit ihr.
Schönheit über mir, ich wand're mit ihr.[31]

Ein derartiger lyrischer Aufbau rührt etwas tief in uns an. Ob wir zu Christus beten, daß er uns umgeben und beschützen möge, ob wir um »Schönheit« bitten, immer erschaffen wir das große Rad des Lebens neu und stellen uns selbst in seine Mitte. Die Anrufung der vier Richtungen steht im Mittelpunkt vieler Erdriten, ob man dabei nun zu zeremoniellen Zwecken einen Kreis zieht, aufrecht stehende Steine anordnet oder ein indianisches Medizinrad herstellt.

Viele heilige Stätten beruhen auf einer kreisförmigen Anlage und markieren gleichzeitig die vier Himmelsrichtungen. Da sie oft zu den ältesten Kultplätzen gehören, können wir annehmen, daß diese geometrische Grundform in der menschlichen Seele ein vertrautes Echo hervorruft. Ob sie nun sichtbar oder sprachlich dargestellt wird, scheint diese Anordnung an unser ureigenes Wesen zu erinnern; an das stoffliche Geschöpf, das sich aufrecht gehend über den dreidimensionalen Planeten bewegt. Schamanisch gesprochen, schafft die Beschwörung der Richtungen ein zeit- und raumloses Reich, das die körperliche Wirklichkeit übersteigt, obwohl es sich ihrer Elemente und Richtungen bedient. Wenn wir einen Kreis ziehen, der greifbar und doch nicht greifbar ist, der hier und doch nicht hier ist, ordnen wir unser Bewußtsein in einen Rahmen ein, der zeitlich und ewig zugleich ist und dem schamanischen Trancebewußtsein ähnelt.

Ein irisches Manuskript aus dem Mittelalter wendet die »schützende Kraft-Hülle« der Lorica auf die einzelnen Wochentage an, indem sie für jeden Tag einen bestimmten Schutzengel anruft. Die Anrufung für Donnerstag lautet so:

Zu Sariel sprech' ich am Donnerstag, gegen die schnellen Wogen der See,
Gegen alles Böse, das den Menschen bedroht, gegen jede Krankheit, die ihn befällt.[32]

Der Engel Sariel wird denen, die tief im Katholizismus verwurzelt sind, vielleicht nicht geläufig sein. Dieses irische Schutzgebet zeigt, daß die apokryphen christlichen Quellen in der keltischen Literatur noch einigen Einfluß besaßen. In ähnlichen Gebeten werden aber auch katholische Heilige ähnlich angerufen, wobei jedem Wochentag ein eigener Heiliger zugewiesen wird.

Die Lorica St. Patricks ist eine christliche Neufassung älterer Magie, die typisch für die Druiden war. St. Patrick dichtete sie auf dem Weg nach Tara, der voll feindlicher Hinterhalte war. Bevor der Heilige und seine acht jungen Mitgeistlichen aufbrachen, sprach er einen Zauberspruch über sie, der sie unsichtbar machte. Als sie dann an den feindlichen Soldaten vorbeikamen, sahen diese nur acht Hirsche. Patricks Beschwörung hatte als Unsichtbarkeits-Zauber oder Gestaltwandlung seine Wirkung getan; so sang der Heilige triumphierend sein Loblied, das passenderweise als »Hirschruf« bekannt wurde.

Zu der Hymne gehört auch »Patricks Brustwehr«, ein Gedicht, das über die Jahrhunderte auf vielerlei verschiedene Weise übersetzt wurde, wobei entweder die poetische Wortwahl oder das Gebet hervorgehoben wurde. In der nachfolgenden Fassung mit ihren schlichten, schnörkellosen Bildern hätte die Lorica überzeugend auch von einem heidnischen Priester oder Schamanen gesprochen werden können:

Ich steh' heute auf
Durch die Stärke des Himmels:
Das Licht der Sonne,
Den Schein des Mondes,
Den Glanz des Feuers,
Die Schnelligkeit des Blitzes,
Die Geschwindigkeit des Windes,
Die Tiefe der See,
Die Festigkeit der Erde,
Die Stärke des Felsens.[33]

Eine beträchtlich erweiterte Fassung der Lorica ist als »Rune des Heiligen Patrick« erhalten. Die Naturgewalten sind dort die gleichen wie in vorchristlichen Zaubersprüchen. Die letzte Anrufung ist allerdings an Gott gerichtet, damit er denjenigen, der den Zauber spricht, vor dem Bösen bewahrt:

Nach Tara heute, zur Schicksalsstunde
Stell' ich den Himmel mit all seiner Macht,
Und die Sonne mit ihrem Schein
Und den Schnee so weiß
Und das Feuer mit all seiner Stärke
Und den Blitz mit seinem rasenden Zorn
Und die Winde, die schnell über die Wege wehen,
Und die See so tief
Und die Felsen so steil
Und die Erde entblößt:
Sie alle stell' ich
Durch Gottes allmächtige Hilfe und Gnade,
Zwischen mich und die Mächte der Dunkelheit.[34]

DIE KRAFT DES WORTES

In dem oben angeführten Gebet an St. Brigitte wird eine seltsame Bitte ausgesprochen: Kein König oder Häuptling möge einen beschimpfen. Boshafte Beschimpfung hat in der keltischen Gesellschaft eine bedeutende Tradition. Zu den magischen Kräften des Dichters zählte seine Fähigkeit, ein Spottgedicht zu verfassen, das deren Gegenstand vernichten, die Landschaft umformen, die Elemente beherrschen und Tiere beeinflussen konnte. Besonders Könige fürchteten diese Spottgedichte, denn sie konnten dazu führen, daß sie ihr Herrschaftsrecht verloren. Einer alten irischen Überlieferung nach waren die Dichter einst Richter und deshalb Fachleute, was die Rechte und Pflichten von Königen anbelangte.

Die allererste schriftlich festgehaltene Satire richtete sich gegen Bres den Schönen, den Danannerkönig, der zwar gut aussah, sich aber als gefühlloser Herrscher erwies und die danannischen Regeln der Gastfreundlichkeit mißachtete. Einmal kam der Dichter Copry an Bres' Hof und wurde in eine kleine, dunkle, unbeheizte und möbellose Kammer geführt. Nachdem er geraume Zeit gewartet hatte, bekam er schließlich drei trockene, erbärmliche Kuchen und, wohlgemerkt, kein Bier vorgesetzt. Aus Rache trug er ein Spottlied gegen Bres vor.

Ohne schnell gereichte Nahrung,
Ohne Kuhmilch, an der ein Kalb sich laben kann,
Ohne Behausung, die in düst'rer Nacht einem Mann gebührt,
Ohne Mittel, sich Barden zur Gesellschaft zu halten –
So soll Bres' Lage in Zukunft sein.[35]

Und so geschah es. Der dichterische Bannspruch hatte die magische Kraft, den von ihm beschriebenen Zustand herbeizuführen. Nachdem er einmal ›be-reimt‹ worden war, mußte Bres seine Herrschaft aufgeben.

Ein anderer Vorfall in der irischen Sage betrifft König Caier, dessen Frau den Dichter Nede liebte. Sie bat Nede, ein Bannlied zu dichten, damit Caiers Gesicht von Ausschlag befallen würde, denn nach keltischer Tradition konnte ein entstellter oder verkrüppelter König nicht regieren. Ein Ausschlag würde schon genügen. Nede dichtete:

Übel, Tod und ein kurzes Leben für Caier;
Mögen Kampfspeere Caier töten;
Der Ausgestoßene des Landes und der Erde ist Caier;
Unter den Wällen und Felsen sei Caier.[36]

Tags darauf erschienen die erhofften Pusteln auf Caiers Gesicht, und er floh ins Exil.

Das Gegenstück zum Bannlied ist ein Lobgesang, und auch dieser ist eine Form der Magie. Könige und mächtige Familien begrüßten günstige Lieder, denn sie sprachen von Schutz, Glück und erfolgreichen Unternehmungen und riefen all diese tatsächlich hervor. In diesen Stammesbräuchen lagen die Ursprünge, des jetzigen Amtes des *poeta laureatus*, dessen Fähigkeiten immer noch ein klein wenig Magie zu besitzen scheinen. Offizielle Gedichte werden geschrieben, um eine Nation zu ehren und so ihr Wohlergehen zu sichern. Schriebe ein *poeta laureatus* ein Gedicht, das sein Land kritisiert, würden manche Bürger das zweifellos zumindest als schlechtes Omen ansehen, wenn nicht gar als einen regelrechten Fluch, der die Nation in Gefahr bringt.

Den Glauben an das Dichterwort finden wir in vielen Gesellschaften und in stark schamanisch geprägten Kulturen. Der Schamanendichter wurde geliebt und gefürchtet, je nachdem, auf wessen Seite er stand. Der Eskimoschamane Igjugarjuk etwa erzählte Rasmussen, daß man mit Schamanen immer vorsichtig umgehen solle, weil sie zauberkundig seien und »durch Worte und Gedanken« töten könnten.[37]

DER VERWUNDETE FUSS

Es gibt eine bemerkenswerte Ähnlichkeit zwischen einer alten keltischen Anleitung für Zaubersprüche und einem Schlüsselbestandteil des Schamanismus, die gleichzeitig auf eine noch ältere Verbindung zwischen den ursprünglichen keltischen und sibirischen Schamanen hinweist.

In einer merkwürdigen Episode ermuntert Lugh, der vielseitige irische Sonnengott, vor einer Schlacht das Heer der Dananner, indem er auf einem Fuß herumhüpft, dabei ein Auge geschlossen hält und chantet. Diese verdrehte Haltung scheint hochrangigen Offizieren und mächtigen Sonnengöttern nicht eben anzustehen. Was geht hier vor?

In *Celtic Heritage* führen Alwyn und Brinley Rees aus, daß dieses bizarre Verhalten die Kelten an die gefürchteten Fomorier erinnerte.[38] Lugh krümmte demnach seinen Körper zusammen, um diesen Urgeistern des Bösen und der Zerstörung zu gleichen. In einer anderen Erzählung wurden die Feinde von Cu Chulainn, die Kinder Calatins, die seit siebzehn Jahren im Hexen bewandert waren, auf merkwürdige Weise verstümmelt. Den Söhnen wurde der rechte Fuß und die linke Hand abgeschnitten, und die Töchter wurden auf dem linken Auge geblendet. »Um es kurz zu machen, sie hatten fomorisches Aussehen bekommen«[39], so die Autoren Rees. Nach diesen Beispielen scheint es, daß Zaubersprüche, die Unheil anrichten, wie etwa Schlachtenzauber und Flüche, mit den ›bösen Geistern‹ des Kosmos in Verbindung stehen, den Fomoriern.

Auf einem Fuß, mit einer Hand hinter dem Rücken und einem geschlossenen Auge jemand zu verzaubern, das ist in vielen magischen Traditionen eine typische (wenngleich unbequeme) Haltung. Die ihr zugeschriebene Verbindung zum Bösen ist, wie bei so vielem, was mit Magie zu tun hat, ein Ergebnis moderner wissenschaftlicher und christlicher Vorurteile gegen persönliche Macht, die nicht verstandesmäßig erklärt oder göttlichem Eingreifen zugeschrieben werden kann. Die Fähigkeit zu zaubern und mit Magie zu arbeiten wurde nicht immer als böse angesehen, aber immer als etwas, was über die natürlichen Fähigkeiten gewöhnlicher Männer und Frauen hinausging. Die Herkunft dieser seltsamen Körperhaltung liegt unmittelbar in der schamanischen Vorstellung von Magie, Zauberkraft und der Unterstützung durch Hilfsgeister aus der Anderswelt.

Carlo Ginzburg behauptet in seiner bemerkenswerten Studie *Hexensabbath. Entzifferung einer nächtlichen Geschichte*, daß Einfüßigkeit und Auffälligkeiten, die mit dem Gehen zu tun haben, im europäischen Sagen- und Volksgut darauf hindeuten, daß die betreffende Person die Anderswelt besucht hat oder in irgendeiner Weise die Gunst andersweltlicher Verbündeter genießt.[40]

Merkmale wie Einfüßigkeit, einzelne Schuhe und der Fall, daß eine Wunde am Fuß, Bein oder der Hüfte am Gehen hindert, bilden ein Muster von mythisch schlüssigen Bildern. Die körperliche Asymetrie, die der Held nach seiner Begegnung mit der Anderswelt erlebt, weist auf ähnliche Zusammentreffen bei schamanischen Einweihungsritualen hin.

Ginzburg listet bekannte Sagen und Märchen auf, die dieses Phänomen zeigen. Ödipus' Fuß wird durchstochen, als er als Säugling getötet werden soll. Jason erfüllt eine Prophezeiung, indem er nur eine Sandale trägt, als er vor seinem Onkel Pelias erscheint. Perseus erhält von Hermes eine Sandale, bevor er gegen die Gorgo kämpft. Telephos wird am linken Bein verletzt, von Achilles, der selbst eine verwundbare Ferse hat. Theseus findet vergoldete Sandalen, die helfen werden, daß man ihn bei seiner Heimkehr erkennt. Der Drache Typhon schneidet Zeus' Hände und Füße ab und versteckt sie in einer Höhle. Ginzburg meint, daß das Ungeschick beim Gehen in jedem dieser Fälle ein Teil des Initiationsritus des Helden ist – entweder der Einführung in eine Rolle oder Machtstellung, die er ausfüllen wird, oder eine Einweisung in die Selbstfindung (oft deckt sich beides auch).

Heutigen Menschen steht das Märchen von Aschenputtel näher, in dem die Heldin einen Schuh verliert, nachdem sie eine wundersame Nacht auf dem Ball (in der Anderswelt) verbracht hat. Dabei wird in modernen Fassungen dieses Märchens oft eine wichtige Nebenhandlung ausgelassen (um es für kleine Kinder geeigneter zu machen). Die zwei bösen Stiefschwestern schneiden sich nämlich ein Stück vom Fuß ab, um in den verlorenen Schuh zu passen. Sie hoffen, daß die verstümmelten Füße ihnen Zugang zu den anderswеltlichen Geheimnissen des königlichen Hofes verschaffen werden. Das Märchen weist aber noch weitere fesselnde schamanische Züge auf: Aschenputtels Hilfsgeist ist eine Feenpatin, die in manchen Fassungen auch der Geist von Aschenputtels verstorbener Mutter ist; die Heldin hat Tiere zu Freunden, und sie ist gezwungen, ein Leben zu führen, das dem eines Schmiedes ähnelt. Wohnt sie doch ganz unten im Haus und hütet dort das unterirdische Kaminfeuer.

Zur körperlichen Asymetrie meint Ginzburg, daß »das Geh-Ungleichgewicht, das Gottheiten wie Hermes oder Dionysos oder aber Heroen wie Iason oder Perseus charakterisiert ... eine ständige oder zeitweilige Verbindung zur Welt der Toten« symbolisiert.[41] Mit anderen Worten, wenn jemand humpelt, eine verwundbare Ferse hat, den Fuß nachzieht, mit nur einem Schuh herumläuft, stolpert oder auf einem Fuß hüpft – kurz, wenn jemand schief geht, dann weist dies darauf hin, daß er durch andersweltliche Erfahrungen gezeichnet ist.

Die Begegnung mit der Anderswelt scheint uns etwas von dem zu nehmen, was wir üblicherweise als selbstverständlich betrachten: ein ebenmäßiger, symmetrischer Körperbau. In gewisser Weise sind wir auf dieser Ebene weniger menschlich. Die Schamanin, die einen verkrüppelten Fuß hat, auf einem Auge geblendet ist oder der ein Arm fehlt, ist so frei von der Zweiheit des menschlichen Körpers, wie ihr Denken nach den Initiationsreisen in die Anderswelt frei ist von zweigeteilten Denkmustern. Körperlich und geistig haben die Schamanen gelernt, Gegensätze zu überwinden.

Es überrascht nicht, daß körperlich mißgebildete Menschen im Lauf der Geschichte oft gemieden wurden – vielleicht, weil die körperlich Unversehrten unbewußt erkennen, daß ein verstümmelter oder verletzter Körper entweder menschlicher oder weniger menschlich ist. Die Verkrüppelten sind anders, und in gewisser Hinsicht geht das über körperliche Mißbildung hinaus. *Sie sind nicht so in dieser Welt wie wir, die wir einen vollständigen Körper besitzen.* Sie sehen und erfahren Dinge auf andere Weise, und wir, die wir nicht mißgebildet sind, teilen ihre Sichtweise nicht. Sie ist uns fremd. In manchen Gemeinschaften, besonders Stammes- und schamanischen Kulturen, kann eine Mißbildung als Zeichen gewertet werden, daß diese Person von übernatürlichen Wesen für einen bestimmten Zweck auserwählt wurde – oft dazu, eine spirituelle Aufgabe wie die des Schamanen zu übernehmen.

Der verwundete Fuß kommt in der keltischen Literatur in vielerlei Spielarten vor. Wir haben bereits gehört, daß Bran der Gesegnete bei einem Feldzug nach Irland am Fuß verletzt wurde und dadurch erkannte, daß seine Königsherrschaft zu Ende war. Daraufhin verlangte er, daß sein Haupt vom Körper getrennt werde, und kehrte in die Anderswelt zurück (oder zumindest sein Kopf tut dies als Führer). Ossian, der irische Barde, kehrt aus dem Feenland mit dem *geis* zurück, seinen Fuß nicht auf irischen Boden zu setzen. Solange er auf einem Pferd sitzt, ist er sicher, aber als er absteigt, altert er in Windeseile (all die Jahre, die er bei den Feen verbracht hatte, holen ihn nun ein), und er stirbt. Wir haben auch den Zusammenhang zwischen Schamanen und Schmieden gesehen, die traditionellerweise lahm sind (Hephaistos, Vulkan, Wayland) und zu deren Fähigkeiten und Aufgaben es gehört, sich um unterirdisches Feuer zu kümmern und Erze in Edelmetall zu verwandeln. Im reichen Schatz der Artus-Sage treffen wir einen Mann mit einem Bein, das aus Silber, Gold und Edelsteinen besteht. Der Mann ist Torhüter am Eingang zu einem Schloß, das vom Feuer umgeben ist. Das Schloß gehört eindeutig zur Anderswelt, denn es steht im Ruf, die Toten zu beherbergen. W. B. Yeats wußte von einer Frau, die um die Jahrhundertwende in Westirland lebte und für sieben Jahre von den Feen entführt worden war. Als sie zurückkam, so erinnert sich Yeats, »hatte sie keine Zehen mehr. Sie hatte sie sich abgetanzt«.[42] Man könnte noch weitere Beispiele anführen, aber der Punkt ist, daß Besuche in der Anderswelt – sogar angenehme – die Gesundheit beeinträchtigen können!

Auf der ganzen Welt gibt es Kinderspiele, bei denen man auf einem Fuß hüpft. Viele dieser Spiele wurden, wie Kinderbuchautor Jack Maguire zeigt, ursprünglich von Kindern und Erwachsenen gespielt. »In der längsten Zeit der menschlichen Geschichte gaben sich Jung und Alt demselben Zeitvertreib hin, so wie sie auch dieselbe Arbeit verrichteten.«[43] Maguire fährt fort: »In vielen der ... Spiele, die Kinder heute spielen ..., sind alte Beschwörungen und Bewegungen versteckt, die einst dazu dienen sollten, in die Geheimnisse des Universums eine gewisse Ordnung zu bringen.« Manche Spiele und Tänze waren Rituale oder auch die ›Gebrauchsanweisung‹, wie ein Schutzzauber gegen das Böse auszuführen sei. Im englischen »Ring-Around-the-Rosy« etwa bezeichnet »Ring« den roten, kreisförmigen Ausschlag, an dem um 1660 bei der Großen Pest von London 70 000 Menschen starben. Mit »pocket full of posies« (einer Tasche voller Blumen) sind die Zauberkräuter gemeint, von denen man glaubte, daß sie vor der Krankheit schützen könnten. »Ashes, ashes, we all fall down« (Asche, Asche, wir fallen alle um) läßt sich auf zweierlei Weise deuten: Die Pestopfer wurden verbrannt; »ashes, ashes« könnte aber auch eine Abwandlung von »hatschi, hatschi« sein, also dem Niesen, das auf Krankheit hinweist. Die Mitspieler drehen sich im Kreis herum (was einen veränderten Bewußtseinszustand erzeugt), sie werden schwach, ihnen wird schwindlig, und schließlich fallen sie wie tot um.

In Sibirien finden wir mit die deutlichsten Ausdrucksformen jenes alten schamanischen Leitgedankens, der Einfüßigkeit mit einer Reise durch die Anderswelt in Verbindung bringt. Ein Samojedenmärchen berichtet davon, wie der Held viermal von einem Feind getötet wird, doch jedes Mal hilft ihm ein alter Mann mit nur einem Bein, einer Hand und einem Auge ins Leben zurück. Der alte Mann, eindeutig in schamanischen Fertigkeiten bewandert, führt den Helden tief in die Erde hinunter, wo eine alte Frau die Toten zu neuem Leben erweckt, indem sie auf ihren Knochen schläft. So ein Märchen könnte sehr gut der schamanischen Vorstellungskraft entsprungen sein oder gar aus tatsächlichen schamanischen Reiseberichten stammen: Tod und Wiedergeburt, die Reduzierung des Körpers auf die bloßen Knochen und die unterirdische Heilkammer haben allesamt klassisch schamanische

Bedeutung. Wir könnten in diesem Zusammenhang auch an eine sibirische Überlieferung denken, nach der die »Mutter aller Tiere« neugeborene Schamanen dem Burgestez-Udagan anvertraut, einem Geist mit nur einem Bein, einem Arm und einem Auge.

Carlo Ginzburg erzählt eine Geschichte aus dem Kaukasus, die vor einem halben Jahrhundert aufgezeichnet wurde, aber viel ältere Wurzeln hat. Darin geht es um einen Helden namens Amirani, der dem griechischen Held Prometheus bemerkenswert ähnelt.[44] Einmal hat Amirani kein Feuer und erfährt, daß die neun Brüder, die in der Unterwelt wohnen, die einzigen sind, die welches besitzen. Einer der Brüder ist lahm. Amirani reist in die Unterwelt, besiegt die gesunden Brüder, stiehlt das Feuer und macht sich davon. Den lahmen Bruder greift er nicht an, woraus sich mehrere Möglichkeiten für die ursprüngliche Bedeutung dieser Geschichte ergeben. Entweder ist der lahme Bruder ein freundlicher Geist, der Amirani hilft (so wie ein Hilfsgeist den Neuschamanen durch die Initiationskrise geleitet). Oder der Lahme ist der Urschmied, der schamanische Feuerwächter, der mit Respekt behandelt werden muß (denn man darf zwar den Stoff Feuer stehlen, nicht aber den Wächter oder Geist des Feuers verletzten). Möglich ist auch, daß Amirani es nicht für nötig hält, einen Krüppel anzugreifen, weil dieser keine Bedrohung darstellt, oder daß er mit dem behinderten Bruder Mitleid hat. Aus schamanischer Sicht ergibt jede dieser Auslegungen Sinn. Der lahme Feuerhüter/Schmied ist keine Gefahr, er steht mit dem Schamanen im Bunde.

Wie Prometheus, der dem lahmen Schmied Hephaistos das Feuer stiehlt und dafür an einen Felsen gekettet wird, wo ein Adler seine Leber frißt, so nährt auch Amirani einen Adler mit seinem Fleisch. Die Ausgangslage ist jedoch völlig anders. Nachdem Amirani das Feuer geraubt hat, besteht er verschiedene Abenteuer und wird dabei unter anderem von einem Drachen verschlungen, der ihn tief mit unter die Erde nimmt. Amirani kann entkommen und trifft auf einen Adler, der sich bereit erklärt, ihn an die Erdoberfläche zurückzubringen, wenn er dafür Futter erhält. Auf dem Flug geht Amirani das Futter aus, und so schneidet er sich ein

Stück vom eigenen Fleisch ab und gibt es seinem Retter zu fressen. Dem Adler schmeckt das Fleisch besser als das andere Futter, und als sie sicher angekommen sind, schenkt er Amirani ein Stück seines Flügels. Er soll damit über die Wunde reiben, die auf der Stelle heilt.

Die kaukasische Geschichte sagt nicht, von welcher Stelle des Körpers Amirani Fleisch abschnitt. Aber Ginzburg, immer erpicht darauf, Sagen miteinander zu verbinden, führt diesen Leitgedanken, einen Adler mit einem Teil des eigenen Körpers zu füttern, auf eine ähnliche Sage zurück und schließt daraus, daß das Stück Fleisch aus Amiranis Ferse stammte. Wenn Ginzburg recht hat, dann kehrt Amirani also mit der zu erwartenden Beeinträchtigung aus der Unterwelt zurück.

Im Hinblick auf unsere Suche nach dem keltischen Schamanen ist wiederum die skythische Verbindung zwischen keltischen spirituellen Leitbildern und den schamanischen Praktiken Zentralasiens interessant. Archäologische Funde beweisen, daß die Skythen zwischen dem 7. und 4. Jh. v. Chr. tief in den Kaukasus eindrangen. Sie könnten das Bindeglied zwischen den asiatischen Vorstellungen, die die Einfüßigkeit zu Schamanenreisen in die Anderswelt in Beziehung setzten, und ähnlichen keltischen Vorstellungen gewesen sein. Wenn dem so ist, dann hat dieses Motiv eine lange, spannende und komplizierte Geschichte: von den urzeitlichen, feuerschmiedenden Schamanen Sibiriens zu den feuerstehlenden Sagenhelden der Griechen und Kaukasier zu den keltischen Beschreibungen von einem Zauberspruch, der Macht bekam, wenn man Haltung und Aussehen der Fomorier annahm, den ältesten Bewohnern der Anderswelt.

DIE BALANCE DES KRANICHS

Zu einem Spiel bei den Dionysos-Feiern von Delos und Kreta gehörte es, daß man auf einem Fuß balancierte und umherhüpfte. Der griechische Name dieses Spiels bezieht sich auf einen Kranich, einen Wasservogel, der dafür bekannt ist, daß er lange Zeit auf einem Fuß steht, anscheinend in einem tranceartigen Zustand, und ins Wasser starrt. Mit diesem Spiel und einem damit verwandten Tanz wurden die Windungen des Labyrinths dargestellt, in dem Theseus den Minotaurus jagt. Dabei handelt es sich offensichtlich um ein andersweltliches Reich, das für das Totenreich steht. Die gleiche Art der Übertragung finden wir auf der anderen Seite des Globus, in China. Dort bedecken Schamaninnen ihre Gesichter mit Taschentüchern und tanzen auf einem Fuß, bis sie in Trance geraten und umfallen.

Der zeitgenössische Huichol-Schamane Ramon Medina Silva zeigte einer Anthropologin, warum der Schamane Gleichgewichtsgefühl braucht. Am Rand eines Wasserfalls zog er seine Sandalen aus und machte sich daran, die schlüpfrigen Felsen hinaufzuhüpfen. Während er von einem Felsen zum anderen sprang, breitete er die Arme aus, warf den Kopf zurück, beugte den Körper nach vorne und balancierte auf einem Bein. Später gab die Anthropologin zu, daß sie Silvas Worte zunächst im übertragenen Sinn verstanden hatte: daß der Schamane Gegensätze ausgleicht, ein Mittler sein müsse, und so fort. Am nächsten Tag erklärte Silva ihr unmißverständlich, daß der Schamane auch über körperliches Gleichgewicht verfügen muß. Er muß »ganz besonders im Gleichgewicht sein«, oder »er wird seinen Bestimmungsort nicht erreichen und nach der einen oder anderen Seite hinabfallen.« Dann sprach er von dem Schlund, den der Schamane überqueren muß, und wie schmal der Grat ist. »Ohne Gleichgewicht wird man von den Tieren gefressen, die in der Tiefe warten.«[45]

Nicht nur, daß der Kranich einen ausgezeichneten Gleichgewichtssinn besitzt und tranceähnlich wirkt, spielt er in der keltischen Spiritualität bis heute eine mehrdeutige Rolle. In heidnischer Zeit war die Kranichtasche (eine Tasche, die aus Kranichhaut gefertigt war) ein hochgeachteter Gegenstand. Taliesin singt: »Ich war eine gut gefüllte Kranichtasche, ein bemerkenswerter Anblick.« Der Keltenforscher John Matthews beschreibt dieses geheimnisvolle Ding als »Behältnis für die poetische Tradition selbst, das wie der Schamanenbeutel die magischen Schöpfungswerkzeuge enthält«.[46] Die Ursprünge der Kranichtasche liegen bei

Mananan, dem keltischen Meeresgott und Herrn der Unterwelt. In die Kranichtasche legte er all sein geheimes Wissen über Macht und Magie. Es trifft sich, daß drei Kraniche Mananans Burg bewachen.

Auch in anderer Weise wird der Kranich mit dem Übernatürlichen in Verbindung gebracht. Der irische Held Finn etwa wird von seiner Großmutter, der Göttin, gerettet, die sich in einen Kranich verwandelt und ihn mitten in der Luft auffängt, als er von einer Klippe stürzt. In den schottischen Highlands ist es tabu, Kranichfleisch zu essen, weil es als unrein gilt. Auf den ersten Blick mag das so klingen, als sei der Kranich hier ein Vogel des Bösen. Doch wir dürfen nicht vergessen, daß ein Verbot, einen bestimmten Vogel oder ein anderes Tier zu essen, oft bedeutet, daß dieses Tier einst als heilig galt oder noch immer für heilig gehalten wird. Dennoch, die Verbindung des Kranichs zu Unreinheit und zum Bösen ist heute stark. In Irland werden boshafte Frauen »crane« (Kranich) genannt – oft als freundliche Umschreibung für Hexe, ein Ausdruck, der nach landläufigen Vorurteilen noch immer eine Frau bezeichnet, die magische Kräfte einsetzt, um Unheil anzurichten. In christlicher Zeit stellte man die Verbindung zwischen Kranichen und bösartigen Frauen wahrscheinlich deshalb her, weil Kraniche zuvor mit der Göttin und anderen übernatürlichen Wesen in Verbindung gebracht worden waren.

Ein Gedicht in modernem schottischen Gälisch ruft St. Columban an, den Bittsteller vor den Gemeinheiten des Kranichs (und der Feen und vor aller Schlechtigkeit der Welt) zu schützen:

Die schöne Rüstung von Columban
schützt Dich vor den Feenpfeilen,
vor den krächzenden Kranichen,
vor den nagenden Kranichen,
vor den Versuchungen dieser Welt,
vor der Schlechtigkeit der anderen Welt.[47]

Verschwunden war der Kranich als heiliger Vogel, als Göttin, als Hüter der Geheimnisse der Dichtung. Christliche Hetze stellte bewußt eine Verbindung her zwischen den Anbetern der Göttin und Menschen, die Böses taten. Außerdem benutzten sie den Ausdruck *Hexe*, um zu benennen, was sich von der Alten Religion noch erhalten hatte. Daher der Wandel vom Kranich-als-Göttin zum Kranich-als-Hexe.

SCHAMANISCHE GESCHICHTENERZÄHLER

Eine dichterische Sprache, die tief in frühzeitlichen Überlieferungen wurzelt und deren Botschaften bildhaft überträgt, kann seelischen und emotionalen Schmerz heilen. Indem die bildhafte Übertragung zwischen den Widersprüchen des Lebens vermittelt, zeigt sie uns Lösungen, die unserer tiefsitzenden Hoffnung entsprechen, daß es möglich ist, die *conditio humana* zu überwinden. Schamanen bedienen sich ›mythopoetischer‹ Sprache, um die Abenteuer zu vermitteln, die sie in der Anderswelt erlebt haben. Wir haben gesehen, daß die Schamanin eine Schelmin ist, die oft die Seele eines Patienten dazu überlistet, sich selbst zu heilen. Dazu setzt sie Kostüme ein, Lieder, Tänze, dramatische Aufführungen, Taschenspielertricks – und nicht zuletzt ihr Talent, bizarre, zauberhafte und geheimnisvolle Geschichten zu ersinnen.

Als Geschichtenerzählerin führt die Schamanin ihre Zuhörer ins urzeitliche Chaos zurück, oder vielleicht an die Schwelle dieses Chaos, an den Rand des Zwielichts, wo die ursprüngliche Einheit noch bestand. Dort erhaschen die Schamanin und ihr Patient bzw. ihr Zuhörer einen Blick auf den übernatürlichen Zustand, in dem Gegensätze miteinander ausgesöhnt werden können und die Qual des Lebens sich durch Magie lindern läßt. Wenn ein Geschichtenerzähler sein Publikum auch nur für kurze Augenblicke in eine leichte Trance versetzen kann, erzielt er oft die gleiche schamanische Wirkung. Wenn wir uns vor Augen führen, daß irische Geschichtenerzähler oft unglaublich lange Geschichten zum besten gaben, die sich manchmal sechs Stunden oder noch länger hinzogen, dann dürfen wir ruhig annehmen, daß ihr Publikum dadurch in eine Art Trance versetzt wurde.

Die modernen irischen und walisischen Erzähler haben diese heilsame Tradition bewahrt. In einem irischen Text heißt es, daß die Menschen, die einer Geschichte zuhören, ein Jahr lang vor Schaden sicher sein werden. »Keiner, der [die Geschichte] gehört hat, soll etwas Trauriges vernehmen; ein Jahr lang werden sie davor geschützt sein.«[48] Im einzelnen verspricht der Text, daß ein frisch verheiratetes Ehepaar, das die Geschichte hört, ein Kind bekommen und weder Hunger noch Not leiden wird. Erzählt man sie in einem neu errichteten Haus, wird darin niemand sterben, seinen Bewohnern wird es weder an Essen noch Kleidung mangeln, und das Haus bleibt von Feuer verschont. Ein König, der sie vor der Schlacht hört, wird siegreich heimkehren. Es spielt sich also eindeutig etwas Magisches ab, das über bloße Unterhaltung hinausgeht. In der keltischen Erzähltradition wird nachdrücklich betont, daß manche Geschichten nur zu bestimmten Jahreszeiten oder besonderen Gelegenheiten erzählt werden sollen und auf achtungsvolle Weise, weil Geschichtenerzählen eine heilige Handlung ist – eine geweihte Handlung, da mit Hilfe der Geschichte göttliche Mysterien ins alltägliche Bewußtsein gerufen werden, der Geist angeregt und die Vorstellungskraft durch die Möglichkeiten belebt wird, die *nichtalltägliche* Welten bieten.

Im Mittelalter waren keltische Geschichtenerzähler Sonderlinge, die viele Jahre lang gelernt hatten, um Hunderte von Geschichten, die ihr Programm umfaßte, auswendig zu beherrschen. Ihr umfassendes Wissen und ihre Begabung waren mit dem der Druiden und Barden verwandt, und oft wurden sie in gleicher Weise als Gelehrte geachtet. Auch in jüngerer Zeit blieb ihnen dieser Ruf erhalten, wie wir am Beispiel des irischen Barden Michael Moran gesehen haben, der im frühen 19. Jahrhundert lebte. Solchen Menschen wurde, wie zuvor den Dichtern und Druiden, nicht nur das Talent zugeschrieben, ein gutes Garn zu spinnen, man glaubte auch, daß sie andersweltliche Fähigkeiten besaßen. Man bat sie um Prophezeiungen und spirituellen Rat.

Alwyn und Brinley Rees weisen darauf hin, daß das lateinische Wort *historia*, von dem sich *story* ableitet, auch die Wurzel des

Wortes *Historie* ist, ein Ausdruck, der ursprünglich »wissend«, »gebildet« und »weise« bedeutete.[49] Im alten Walisisch bedeutete das Wort für Geschichte »Führung«, »Richtung« und »Unterweisung«. Der Stamm des walisischen Wortes bedeutete »Zeichen«, »Symbol«, »Omen« und »Wunder«. Die Autoren Rees ziehen aus diesem herkunftsgeschichtlichen Puzzle die Schlußfolgerung, daß der alte walisische Geschichtenerzähler in der Tat ein Seher und Lehrer war, »der die Seelen seiner Hörer durch die Welt des ›Mysteriums‹ geleitete«. Demnach erfüllte der keltische Erzähler eine der wichtigen Aufgaben des klassischen Schamanen – er diente zugleich als Führer und Lehrer von Seelen.

Zum Repertoire des Erzählers gehörten auch Rätsel – formelhafte Fragen, die den Zuhörer mitten in die Doppeldeutigkeit hineinversetzten. Die Wirkung der keltischen Rätsel ähnelt der, die im Zen das Koan ausübt: Zunächst gerät man in Verwirrung, wodurch die geistigen Grenzen erweitert werden, und dies wiederum erhöht die Beweglichkeit der Vorstellungskraft. So werden die verstandesmäßigen Kategorien aufgebrochen, die unsere Wahrnehmung auf die normale *alltägliche Wirklichkeit* beschränken. Natürlich kann man letztlich die Lösung für ein Koan nicht herbeizwingen. Sie muß unvermittelt ins Bewußtsein kommen. Das geschieht in einem Augenblick der Erleuchtung, oft gerade dann, wenn wir durch irgendeine gleichförmige Verrichtung abgelenkt sind. Koans und keltische Rätsel verweigern sich Lösungen, auf die man bewußt kommt; sie setzen voraus, daß der Glaube an die verstandesmäßigen Voraussetzungen des Daseins aufgehoben wird. Um sie zu lösen, müssen wir auf Doppelsinn und Zweideutigkeit vertrauen und lernen, uns im Zustand des Zwielichts wohl zu fühlen, in dem alles möglich ist. Wir müssen die schamanische Weltsicht annehmen und die verborgenen Geheimnisse hinter der natürlichen Welt sehen, in der wir leben. Wir müssen den Bann der *alltäglichen Wirklichkeit* durchbrechen.

Die klassische Form des Rätsels war die Frage nach etwas, das sowohl ›dies‹ als auch ›nicht dies‹ war, nach etwas, das ›ist‹ und gleichzeitig ›nicht ist‹. Die Antwort erforderte dann etwas, das sowohl ›Sein‹ als auch ›Nicht-Sein‹ verdeutlichte. Ein Rätsel, bei dem es um die Geburt des irischen Helden Cu Chulainn ging, stellte diese Frage:

»Ein Hund, der kein Hund war, geboren von einer Frau, die keine Frau war, in einem Haus, das es nicht gab. Er wurde gezeugt von einem Mann, der kein Mann war, sein Vater wurde von seiner Mutter als Kind aufgezogen, ein Kind, das starb und doch nicht starb. Seine Mutter schluckte einen Wurm, der kein Wurm war – und sein Vater war auch sein Onkel.«[50]

Es ist hier nicht unsere Aufgabe, die Einzelheiten dieses Rätsels im einzelnen zu lösen. Wir wollen nur die Tatsache würdigen, daß Doppeldeutigkeit im Mittelpunkt der Mythologie steht. Genauso ist Doppelsinn das Wesen der schamanischen Vision, denn die schamanische Weltsicht ist von Natur aus zweideutig und mythologisch, weil sie Bestandteile aus mehr als einer Wirklichkeit beinhaltet und verschmelzen läßt und mehr als einen Bezugsrahmen von Raum und Zeit kennt.

Ein beliebtes Leitbild bei den Kelten und überhaupt in vielen europäischen Märchen beschreibt, wie ein Held eine scheinbar unmögliche Aufgabe erfüllen muß, bevor er die Frau seiner Träume heiraten darf. Meist wird diese Aufgabe vom Vater der Frau gestellt und ist eine Abwandlung des ebenfalls vermeintlich unlösbaren Rätsels. Im Märchen soll die Aufgabe bezwecken, daß zwei gegensätzliche Welten oder Weltsichten, dargestellt durch den jungen Mann und seine erwählte Braut, getrennt bleiben – genauso, wie wir gewöhnt sind, im normalen Leben die *alltägliche* und *nichtalltägliche Wirklichkeit* auseinanderzuhalten. Doch wenn der Schleier zwischen den Welten gelüftet wird, entstehen mystische Einsicht und Erleuchtung, die Welten werden überbrückt, die Lücke schließt sich, und wir gehen hinüber.

In der Liebesgeschichte von Diarmaid und Grainne sagte Diarmaid zu Grainne, daß er sie nicht annehmen werde, wenn sie nicht unter bestimmten, praktisch unmöglich zu erfüllenden Bedingungen zu ihm komme. In den verschiedenen Fassungen der Geschichte erscheint das Rätsel in verschiedenen Formen, aber im allgemeinen gehören folgende Bestimmungen dazu: »Ich werde dich weder tagsüber noch bei Nacht annehmen, weder bekleidet noch nackt, weder zu Fuß noch zu Roß, weder drinnen noch draußen.« Grainne bittet eine Feenfrau um Hilfe, die ihr ein Gewand aus Bergblumen gibt. Sie erscheint zur Abenddämmerung und reitet dabei auf einer Ziege. Als sie in der Tür ist, kündigt sie ihre Ankunft so an: »Ich bin weder drinnen noch draußen, bin weder zu Fuß noch zu Roß, weder bekleidet noch nackt, es ist weder Tag noch Nacht.« Sie hatte das Rätsel gelöst und damit gewonnen.

In der walisischen Geschichte von Llyn y Fan sieht der Held an einem See eine Feenfrau. Als sie das Brot zurückweist, das er ihr als Geschenk reichen will, gibt er ihr statt dessen Teig. Auch diesen will sie nicht annehmen. Schließlich bietet er ihr einen halb durchgebackenen Laib an – Brot, das »gebacken und doch nicht gebacken« ist. Da akzeptiert sie ihn, und seine Welt der *alltäglichen Wirklichkeit* und ihre Zauberreiche vereinen sich.

Der keltische Dichter war ein Meister der spirituellen Andeutungen und bewußtseinserweiternden Anspielungen. In einem berühmten Wettstreit zwischen zwei irischen Dichtern und Sehern, Nede und Ferchertne, können wir dieses sprachliche Ringen verfolgen und sehen, daß jeder der Männer ein Meister des bildlichen Zauberspruchs war. Jeder stellt dem anderen eine Reihe von Fragen, auf die rätselhafte Antworten gegeben werden.[51] So fragt etwa jeder sein Gegenüber, woher es komme. Nede antwortet:

Aus einem Zusammenfluß von Weisheit,
Aus der Vollkommenheit der Güte,
Aus der Helle des Sonnenaufgangs,
Aus den neun Haselnüssen der Dichtkunst.

Auf die gleiche Frage behauptet Ferchertne, daß er von folgendem Ort komme:

Die Ströme von Leinster entlang,
Aus dem Elfenhügel von Nechtans Frau,
Den Unterarm von Nuadas Frau hinunter,

Aus dem Land der Sonne,
Aus dem Wohnort des Mondes.

Als Nede nach seinem Namen gefragt wird, antwortet er:

Sehr-klein, Sehr-groß, Sehr-hell, Sehr-hart.
Zorn des Feuers,
Feuer der Rede,
Lärm des Wissens,
Quelle der Weisheit,
Schwert des Liedes.

Auf die Frage, »welchen Pfad bist du entlanggegangen«, antwortet Nede:

Auf der Ebene des Wissens,
Auf dem Bart eines Königs,
Auf einem alten Holz,
Auf dem Rücken eines Pflugochsen,
Auf dem Licht eines Sommermondes,
Auf reicher Mast und Nahrung,
Auf dem Korn und der Milch einer Göttin,
Auf spärlichem Korn,
Auf einer schmalen Furt,
Auf meinen eigenen starken Schenkeln.

In gewisser Weise ähnelt diese Prahlerei den Behauptungen von Amergin und Taliesin, sie seien in allem gewesen und hätten die Einheit des Universums und das verwandelte Wesen der Wirklichkeit erfahren. Doch hier haben wir diese Zeilen in Form eines Rätsels. Es sind nicht einfach die Behauptungen eines Gestaltwandlers. Weil sie Antworten auf ganz direkte Fragen darstellen (»Wo kommst du her?«, »Wie heißt du?«), muß der Zuhörer nachdenken, abwägen und seine Vorstellungskraft anstrengen. Doch letztlich muß er sich der plötzlichen Einsicht hingeben, die kommen wird, wann sie will – wenn sie überhaupt kommt. Manchmal wird sie eben nicht kommen, und dann bleibt uns nichts übrig, als mit einer unbeantworteten Frage oder einer fragwürdigen Antwort zu leben.

Ein Hinweis darauf, daß diese Gedichte sich einer üblichen Betrachtung entziehen, sind die wiederkehrenden Wiederholungen, aus denen sie aufgebaut sind. Zweifellos wirkt der Rhythmus auf das Publikum in einer Kultur der mündlichen Überlieferung magnetisierend, die Bilder üben eher unterschwellig Zauber auf die Vorstellungskraft aus als auf die verstandesmäßigen Fähigkeiten. Tatsächlich war beim Zuhören gar keine Zeit, in jeder Zeile nach dem ›Sinn‹ zu suchen. Das Publikum wurde von der Bilderflut gepackt, die Verse schufen einen angenehmen, intuitiven Bewußtseinszustand, der auf seine eigene Art befriedigend war und keiner verstandesmäßigen Erklärungen bedurfte. Der magnetisierende Effekt mag dem Trommelschlag oder dem Chanten des Schamanen vergleichbar sein.

Eine beliebte walisische Literaturform, der *Gnome* ist ein kurzer, fast Haiku-artiger Vers, der, in sehr ähnlicher Weise wie jene Aufzählungen, Bilder nebeneinanderstellt. Eindruck machen diese Gedichte nicht, weil sie eine verstandesmäßige Verbindung zwischen anscheinend unverbundenen Bildern herstellen, sondern weil das Geheimnis ihrer Vereinigung unterschwellig Einfluß auf die Vorstellung ausübt. Wenn sie den Hörer mit einem Gefühl der Unruhe und geistigen Unzufriedenheit zurücklassen, liegt das daran, daß sich ihre Bedeutung nicht beim ersten Hören oder Lesen erschließen soll. Wie beim unerforschlichen Koan und beim Haiku mit seiner entwaffnenden Einfachheit tritt die Bedeutung des Gnome vielleicht erst ganz allmählich zutage, wenn überhaupt. Die folgenden Gnomes stammen aus christlicher Zeit, was ihren stark moralisierenden Einschlag erklärt.[52]

Rot ist der Hahnenkamm und laut seine Stimme.
Gott preist den Menschen, wenn der Mensch Gott preist.
Zänkisch sind die Gänse auf dem Bauernhof und furchteinflößend ihre Flügel.
Der großzügige Mann fühlt sich reicher als der Geizhals.

Weiß sind die Flügel der Taube, und plump ist ihr Körper.
Der Gierhals füttert seine Gier mit jeder Mahlzeit.
Wunderschön sind die Kronen von Apfelbäumen; ihre Blüten werden zu den süßesten Früchten.
Wer gar zu zufrieden ist, wird faul und träge.
Wunderbar sind die Spitzen des Farnkrauts; die Blätter geben den Wildtieren Schutz.
Das Gebet für einen, der nicht geliebt wird, tut keine Wirkung.

Die Schamanin war traditionell die Geschichtenerzählerin, die Rätselerfinderin, das gestaltwandlerische Wesen, das zwischen anderweltlichen Wirklichkeiten und dem alltäglichen Leben vermittelte, wenn Geschichten und Rätsel zum besten gegeben wurden. Die Schamanin fühlt sich in einem Zustand der Doppeldeutigkeit und schelmischen Mehrdeutigkeit wohl, denn ihr stehen Hilfsgeister zur Seite, und nach vielen Reisen kennt sie das ›Territorium‹ und die ›Regeln‹ der Anderswelt. Wenn es in unserer heutigen Welt auch kaum noch Vollzeitschamaninnen gibt, kann man doch noch immer in die Anderswelt eingeführt werden (wenngleich in wesentlich geringerem Maß) – durch fesselnde Geschichten, die ein meisterlicher Erzähler hören läßt, Geschichten, die von Magie, Rätseln und Zaubersprüchen durchwoben sind. Die Kelten, mit ihrer Liebe zur Sprache, haben diese Geschichten, Rätsel und Lieder durch die Jahrhunderte bewahrt. Und diese ursprünglichen Formen der Unterhaltung und Erleuchtung können immer noch ihren Zauber entfalten, wenn man um ein Feuer sitzt und ihnen zuhört, denn sogar in heutigen Zuhörern ist der schamanische Archetyp noch lebendig. Noch immer durchfährt uns berauschende Erregung, wenn wir von anderen Welten hören und von den Sterblichen, Menschen wie wir, die dorthin reisen.

KAPITEL 5

DIE SEELE DER NATUR

Schamanen entwickeln eine persönliche, rätselhafte Beziehung zum Land und den Kräften der Natur, ganz gleich, ob sie in der Wüste leben, in tropischen Regenwäldern, am Meer oder an den eisigen Ufern der Arktis. Die Landschaft nimmt in der Magie und in den visionären Erlebnissen der Schamanin breiten Raum ein, weil die Erde, ihre Geländeformen und das tierische Leben, das sie nährt, wichtige Wahrheiten über die menschliche Seele spiegeln. Die Natur ist nicht nur Hintergrund, sondern ein lebendiges, intelligentes Wesen, das Respekt verdient. Sie besitzt Persönlichkeit, Geist und menschliche Eigenschaften. Sie enthält geheime Orte, die den Schamanen dazu einladen, sie zu betreten und zu erforschen. Allerdings betritt nicht jeder die Wälder mit den Augen und der Empfänglichkeit des Schamanen.

Der römische Historiker Luca beschrieb einen heiligen Wald in der Nähe des heutigen Marseille, den Cäsar auf seinem Gallien-Feldzug entweihte und zerstörte. »Und dort flossen viele dunkle Quellen, und grimmige Göttergesichter waren zu sehen, kunstlos mit der Axt aus unbeschnittenen Baumstämmen geschlagen und weißlich verfault.«[1] Wir können fast hören, wie die Abscheu des Römers und seine künstlerischen und religiösen Vorurteile durch diese dichterische Beschreibung eines keltischen Heiligtums sickern. Die Götter hatten »grimmige Gesichter«, die der Künstler grob mit einer Axt in Baumstämme geschnitzt hatte, die nicht richtig zugerichtet oder von den Ästen befreit worden waren. Zudem ließen die undankbaren Betenden es zu, daß Wind und Wetter die heiligen Gesichter verfaulen ließen. Welch ein Frevel! Wie so oft werden Menschen, die sich einer fremdartigen Kultur gegenübersehen, durch ihre eigenen Werte und Annahmen geblendet und können nicht würdigen, was der eingeborenen Bevölkerung lieb und teuer ist. Es ist leicht, das zu zerstören, was wir falsch oder gar nicht verstehen.

Die Quellen, die aus der Tiefe der dichten Haine entspringen, die schattige Dunkelheit, die Bilder, die amateurhaft in Baumstämme geschnitzt sind, der Einfluß von Wind und Regen auf die Skulpturen – all das zeigt uns einige der wichtigsten Aspekte der heidnischen Spiritualität der Kelten. Die Natur hatte in der keltischen Vorstellungswelt einen ganz besonderen Platz. In diesem Kapitel werden wir dieser Bedeutung nachspüren, die sie im traditionellen keltischen Denken von frühester Zeit bis heute besaß – sowohl als heiliger Ort wie auch als mystische Erfahrung.

DIE LIEBE ZUR SONNE SENDEN

Ein Chukchee-Schamane in Sibirien erklärte dem Anthropologen Waldemar Bogoras: »Alles was existiert, lebt auch.«[2] Bei den Indianern Amerikas herrscht die uralte Überzeugung, daß alles in der Natur lebendig ist und sich mitteilen und austauschen will. Die nordjapanischen Ainu-Schamanen glauben, daß alle Dinge, die nicht menschlich sind (also die ganze restliche Natur), Götter sind. D. L. Philippi, der die Ainu-Kultur erforscht hat, erklärt uns diese Vorstellung. Die Götter sind »nicht-menschliche Wesen mit übernatürlichen Eigenschaften, die in ganz menschenähnlicher Weise in ihren eigenen Götterwelten leben, wo sie für unser Auge unsichtbar sind. Dennoch teilen sie mit den Menschen einen gemeinsamen Lebensraum und statten ihnen häufig in anderer Gestalt Besuche ab. Tiere sind solche verkleideten Götter.«[3] Philippi hätte damit auch den keltischen Glauben an die Feen beschreiben können: Werden die Feen doch ebenfalls als nicht-menschliche, übernatürliche Wesen mit göttergleichen Eigenschaften angesehen, die in menschenähnlicher Weise in einem magischen Reich leben, wo Sterbliche und Feen zusammentreffen können.

Die Welt der Natur steckt voll Kraft, Information, Rat und Weisheit. Die Göttliche Macht, die hinter der Schöpfung steht, kann sich durch Naturerscheinungen wie Tiere, Wetter, Pflanzen, Landschaft und durch den Geist all dieser Dinge mit uns verständigen, und sie tut dies auch. Die Gesichter, die in die verfaulenden Stämme alter Bäume geschnitzt worden waren, zeigten, wie die Kelten versuchten, diese lebendige Gegenwart hinter und in der Schöpfung abzubilden und zu ehren. Dahinter steht das heilige Bemühen, den Geist, den sie spürten, aus der Natur hervorzulocken, und zwar in einer für Menschen verständlichen Form.

Das Bewußtsein der Natur ist keineswegs nur eine Vorstellung sogenannter primitiver Kulturen. In der mystischen Literatur aller Völker, gleich welcher Religion oder welchem Jahrhundert sie angehören, finden wir Spuren dieses Glaubens: Die Naturlandschaft besitzt spirituelles Leben, und ihr wohnt ein Geist inne, der jedes lebende oder geschaffene Ding beseelt. Verständlicherweise sprechen wir von diesen Geistern in menschlichen Begriffen, denn die Vorstellung arbeitet am besten mit dem, was ihr vertraut ist. Menschenähnliche Vorstellungen von dem Geist hinter und in der Natur machen es unserem Verstand leichter, die unbegreiflichen Geheimnisse zu verarbeiten. Wir sehen uns in der Natur und die Natur in uns selbst. Stephen Larsen drückt das in seinem Werk *The Mythic Imagination* so aus: »Überall und im ganzen Lauf der Geschichte haben sich Bilder der Psyche mit der physischen Umgebung vermischt.«[4] Larsen zitiert den Philosophen Robert Avens, der erklärt, daß »die Welt des Primitiven durch und durch lebendig sei, weil sie weder rein persönlich noch rein unpersönlich ist, weder rein spirituell noch gegenständlich, sondern *beseelt*«. So stellt die Welt in der archaischen Vorstellung eine übersinnliche Verschmelzung von Gegensätzen dar, wie sie für die schamanische Denkweise von wesentlicher Bedeutung ist.

Die aus dem 14. Jahrhundert stammende Schrift *The Four Ancient Books of Wales* enthält ein Gedicht, das diese Vorstellung vom beseelten Universum, von der Verflechtung zwischen Natur und menschlicher Psyche gut zum Ausdruck bringt. Das Gedicht richtet sich an den Schöpfer,

Der mir durch meinen Kopf
Eine Seele eingeflößt, die mich geleitet.
Der zum Wahrnehmen
Für mich meine sieben Kräfte hat gemacht:
Feuer und Erde
Und Wasser und Luft
Und den Nebel und die Blumen
Und den südlichen Wind.[5]

Das Gedicht ist in zweifacher Hinsicht bemerkenswert. Erstens verbindet es die im Kopf angesiedelte Seele und ihre Wahrnehmungsfähigkeit eindeutig mit den äußeren Naturerscheinungen. Zweitens fügt es den herkömmlichen vier Elementen drei dazu, die wir nicht erwarten: den Nebel, die Blumen und den Südwind. Betrachten wir diese drei Elemente genauer, stellen wir fest, daß sie die ersten vier enthalten. Nebel besteht aus Luft und Wasser, der warme Wind ist Luft und Feuer, die Blume ist ein Produkt dieser drei Elemente und der Erde. Wie schon in anderem Zusammenhang, so finden wir auch hier wieder die keltische Vorliebe für alles, was ›weder dies noch das‹, ›dazwischen und inmitten‹ ist, die Vorliebe für alles, was Gegensätze verschmelzen läßt. Der Nebel, die südliche Brise und die zarte Blume haben außerdem etwas Flüchtiges und deuten auf den vorübergehenden Zustand der Seele (das Bewußtsein), der sich jederzeit zu etwas anderem entwickeln kann.

Der irische Mystiker A. E. fing das Wesen dieses Übergangs in seiner Beschreibung der Kelten ein. »Durch all diese Jahrhunderte hindurch hat sich der Kelte im Herzen eine Nähe zu den mächtigen Wesen bewahrt, die im Unsichtbaren herrschen … Seine Sagen und Märchen haben seine Seele mit dem Innenleben von Luft, Wasser und Erde verknüpft. Und diese wiederum haben dafür gesorgt, daß sein Herz sanft bleibt und voll verborgener Einflüsse.«[6]

A. E.s Sichtweise findet im Schamanismus starken Widerhall. Matsuwa zum Beispiel, ein zeitgenössischer Huichol-Schamane, beklagt die Tatsache, daß viele Menschen »in ihrem eigenen kleinen Leben« derart aufgehen, daß sie es versäumen, »ihre Liebe zur

Sonne hinauf zu senden, hinaus zum Ozean und in die Erde hinein«.[7] Er rät uns, Zeremonien zu entwickeln, um unsere Liebe in die fünf Richtungen zu schicken. Denn dies »flößt Euch Lebenskraft ein ... seit Beginn der menschlichen Geschichte sind die Menschen in ihre kleine Welt eingehüllt und vergessen die Elemente, vergessen die Quelle des Lebens«. Wenn wir mit dem inneren Leben der Elemente in Verbindung stehen, bringt uns das Lebenskraft; unsere Herzen bleiben unter göttlichem Einfluß sanft.

Die Natur als seelenerfüllt zu betrachten und jedes Geschöpf im Universum als lebendig und mitteilsam, das ist eine Form des Animismus, die sich mit der älteren Spiritualität der Kelten gut deckt. Sie hat aber auch bis in die christliche und sogar die nachchristliche Zeit überlebt. Aufgrund umfangreicher Feldstudien, bei denen heutige Kelten in den zu Anfang genannten sechs keltischen Nationen befragt wurden, zieht Evans-Wentz den Schluß, daß der moderne keltische Glaube an die Naturgeister dem der *Alcheringa* bei den australischen Aborigines ähnelt. Diese sind »eine Geisterrasse, die eine unsichtbare oder feenhafte Welt bewohnen«.[8] Evans-Wentz merkt dazu an, daß beide Kulturen davon ausgehen, daß diese Geister »unbeseelte Gegenstände wie Steine und Bäume in Besitz nehmen« und daß sie »häufig Totemplätze aufsuchen, so wie man in Irland glaubt, daß Dämonen bestimmte Orte aufsuchen, von denen bekannt ist, daß sie in alter Zeit den religiösen Riten der vorchristlichen Kelten gewidmet waren«. Zudem zeigt Evans-Wentz auf, daß die »alten wie modernen Kelten« sich genau wie die Australier als »Verkörperung oder Reinkarnation ihrer Ahnen und [dieser] Feenwesen« betrachten.

In derselben Abhandlung lenkt Evans-Wentz die Aufmerksamkeit auch auf eine wichtige Folge aus unserer Verwandtschaft mit der Natur und ihren Göttern. Die »Kelten stellen sich Feen als wirkliche, unsichtbare Wesen vor. Sie müssen beschwichtigt werden, wenn sich die Menschen ihr Wohlwollen sichern möchten. Und sie halten sie für gütige und beschützende Wesen, sofern man sie nicht beleidigt, die sich einzelnen Menschen als Schutzgeister zugesellen können.« Von der heidnischen Zeit bis heute haben die

Kelten stets heilige Handlungen in ihr Leben eingeflochten, mit denen sie die Naturgeister anerkannten und ehrten. Der Keltenforscher Barry Cunliffe meint, daß Opfer für die Waldgötter und die Geister der Felder und Wälder »das Wesen der keltischen Religion« darstellen.[9] Er erklärt, daß in der keltischen Vorstellung »ein Mensch nur dann vollkommen ist, wenn er sich durch Opfer und Gaben im Einklang mit den Göttern befindet«. Dies ist auch der Wesenskern der schamanischen Spiritualität: Gemeinschaft und Verständigung mit den Geistern, indem man der Anderswelt sein Selbst darbietet und als Mittler zwischen der Geisterwelt und der physischen Alltagswelt dient.

DIE LICHTUNG IM WALD

In ganz Europa, von Britannien bis Kleinasien, gibt es Ortsnamen, die sich vom keltischen Wort *nemeton* herleiten. Für die Kelten war ein Nemeton ein heiliger Hain. Das lateinische Wort *nemus* bedeutet schlicht Waldlichtung. Ein ähnlicher griechischer Ausdruck, *temenos*, bezog sich auf Land, das einem Gott geweiht war. Das alte irische Wort *nemed* bedeutete Schrein, und *fidnemed* bezeichnete ausdrücklich einen Schrein im Wald. Der römische Historiker Tacitus beschrieb, wie außerordentlich die Kelten heilige Haine und Lichtungen liebten und zog daraus den Schluß: »Der Hain ist der Mittelpunkt ihrer ganzen Religion. Er wird als Wiege der Rasse betrachtet und als Wohnort des höchsten Gottes, dem alle Dinge unterstehen und gehorchen.«[10]

Die Kelten konnten den Wäldern des alten Europa nicht entrinnen, genausowenig, wie die Polynesier dem Meer entkommen können oder die Völker der Arktis dem Schnee und dem Eis. Der Wald prägte ihre Denkweise, ihre Wahrnehmungen der Geisterwelt, ihr Heimatgefühl. Manchen Keltenstämme fühlten sich so eng mit den Wäldern verbunden, daß sie Bäume als Klantotems verwendeten. Man kannte sie dann als ›Söhne der Eiche‹, ›ein Sohn der Eibe‹ oder die ›Männer von der Eberesche‹.

Die dichten Eichenwälder bildeten den Mittelpunkt der druidischen Rituale, ja sogar den Kern des druidischen Selbstverständnisses. Der römische Schriftsteller Plinius schildert, daß die »Druiden kein heiliges Ritual ohne Eichenblätter feierten, so daß es scheint, als würden sie dieses Brauches wegen ›Druiden‹ genannt.[11] Über die Herkunft des Wortes *Druide* ist viel gerätselt worden, aber die meisten Gelehrten neigen dazu, Plinius beizustimmen, der das Wort mit dem griechischen *drus* in Verbindung brachte, was »Eiche« heißt. So bedeutet das Wort *Druide* also im allgemeinsten Sinn »Mann der Eiche« oder »weise durch die Eiche« oder »Wissen von der Eiche besitzend«.

Bei seiner Untersuchung über die Druiden entdeckte Ward Rutherford, daß ein verwandtes Wort in der Mundart der Insel Man, nämlich *druaight* »Verzauberung« bedeutet.[12] In der irischen und der schottischen Sprache gibt es ähnliche Wörter. Vielleicht haben wir hier einen weiteren Bereich aus der reichen Ideenvielfalt, die mit den Druiden verbunden wird. Wenn Plinius recht hat und die Druiden bei ihren Ritualen Eichenblätter verwandten, dann mußte ihre Magie und Zauberkraft in irgendeiner Weise von diesen heiligen Blättern abhängen. Demnach war die Eiche eine Hauptquelle der druidischen Kraft.

Gemäß der Schilderung des Römers Pomponius Mela, wurde der zukünftige Druide zumindest teilweise »insgeheim in einer Höhle oder *in abditis saltibis* ausgebildet«. Letzter Ausdruck ließe sich, so Stuart Piggot, als »entlegener Wald oder fernes Tal« übersetzen.[13] Da die Waldlichtung oder der abgeschiedene Hain das bevorzugte Heiligtum der Kelten war, würde dies einen Sinn ergeben. Aus zwei Gründen spielte der dunkle Wald bei der Ausbildung der Druiden eine entscheidende Rolle. Erstens bot er Stille und Einsamkeit, jenes Fehlen von Zerstreuung, das nötig ist, um sich den riesigen Schatz an Dichtung, Rechtskunde und Geschichtswissen anzueignen, das für die Druidenausbildung typisch ist. Zweitens sicherte das finstere Dickicht jenen Mangel an Sinneseindrücken, der notwendig ist, um die menschliche Welt der *alltäglichen Wirklichkeit* auszuschalten, und sich so auf die innere Welt einlassen zu können. So hatten die zukünftigen Druiden die Gelegenheit, die Vorstellungskraft zu verfeinern, die in der visionären Erfahrung zum Einsatz kommt. Da die Ausbildung 20 Jahre dauerte, dürfen wir annehmen, daß die jungen Druiden einen Großteil ihres Lebens mit visionärer Arbeit in den Wäldern zubrachten.

Die gleiche Form der Ausbildung durchliefen Barden bis ins 18. Jahrhundert hinein. In den westlichen schottischen Highlands mußten die Schüler jeweils mindestens einen Tag auf dem Rücken in einem abgedunkelten Raum liegen, mit einem Stein auf dem Magen und bedeckten Augen. Unter solch entsagungsvollen Bedingungen komponierten die jungen Anwärter ihre Verse und entwickelten ihre ungeheuer bildgewaltige Sprache. Der Stein mag einfach dazu gedient haben, die Sache etwas unbequemer zu machen, damit der Schüler nicht einschlief. Ebensogut könnte er aber auch eine Art Anhaltspunkt gewesen sein, der die Reise in die *nichtalltägliche Wirklichkeit* auslösen und unterstützen sollte, in der die jungen Barden Bilder für ihre Gedichte fanden. Gut möglich ist es auch, daß der Stein ein Kraftgegenstand war, ein heiliger Stein, zum Beispiel ein Kristall, der über das Sonnengeflecht gelegt wurde.

Umfangreiche Mengen Fachwissen auswendig zu lernen, seherische Fähigkeiten zu verfeinern und rituelle Abläufe zu lernen – drei Aufgaben, die einiges gemeinsam haben. In einer Kultur der mündlichen Überlieferung, der jede Unterstützung durch geschriebenes Material fehlte, war es nötig, die Vorstellungskraft und sorgfältig verfeinerte Visualisierungsverfahren einzusetzen, um sich große Mengen Information merken zu können. Die Druidenpriester waren berühmt für ihr weitreichendes Wissen auf vielen unterschiedlichen Gebieten. Der Keltenforscher Jean Markale schlägt vor, das Wort *Druide* von *dru-wid-es* abzuleiten, was so viel bedeutet wie »die, welche weit sehen«, »Tiefblickende« oder »sehr gelehrt«. Diese Herleitung untermauert den Ruf, den die Druiden dank ihres immensen Reichtums an Wissen und Fähigkeiten genossen.[14] Gleichzeitig weist die Bezeichnung darauf hin, daß ihre ›Sicht‹ über rein körperliche Wahrnehmungen hinausging. Auch deutet sie stark darauf hin, daß deren »Sicht« tiefer ging als die rein physische. Sie durchdrang auch metaphysische Räume, die für gewöhnliche Männer und Frauen unsichtbar blieben.

Es scheint, als entfalte sich hier ein Gefüge von Begriffen und Vorstellungen, das schon seit langem mit den verschiedensten Formen des Schamanismus auf der ganzen Erde verknüpft wird. Da die Natur in hohem Maße als Gefäß für den Geist dient, kann die Schamanin auch hier ihre Kraft und ihr Wissen beziehen. Paradoxerweise begegnet uns also in der physischen Welt die metaphysische. Erst in der Moderne haben wir die Vorstellung verloren, wonach die Natur von göttlichen wie auch menschlichen Eigenschaften beseelt und verzaubert ist. Den älteren Stammesvölkern war dies klarer, und die Männer und Frauen, die eine enge Beziehung zur Natur entwickelten, wurden auch innig mit den Geistern der Natur vertraut – eben, weil sie lernten, die Geister und die Kraft der Natur auf Menschenart zu betrachten.

Es liegt große Weisheit in dem Bemühen, die physische Welt zu personalisieren. Will man zu jemand eine Beziehung entwickeln, dann muß man ihn respektieren und als gleichgestellt betrachten. Wenn wir eine Beziehung zum Göttlichen pflegen wollen, ist es also nötig, daß wir die Natur, die das Göttliche enthält, mit Achtung behandeln und als uns ebenbürtig betrachten. Das ist eine der großen Erkenntnisse des Schamanen: Wir können uns dem Göttlichen Geheimnis des Universums durch die Natur nähern, und unsere Beziehung zum Göttlichen entfaltet sich aus unserer Partnerschaft mit der Natur. Schamanen zeigen uns auch, daß wir keine unbestimmte Beziehung zur ›Natur als Ganzes‹ beginnen können. Wir müssen auf einer kleineren, persönlicheren Ebene anfangen – mit einem besonderen Kraftgeist oder Krafttier – und uns danach zu anderen Tieren, Pflanzen, Flüssen, Hügeln, Bäumen und heiligen Orten weiterbewegen. Schließlich führt uns dann unsere Vertrautheit mit den einzigartigen Teilbereichen der Natur zu ihren Göttern und Göttinnen und zuletzt zur Göttlichen Schöpferkraft, die hinter allem Geschaffenen steht.

Der Wald ist daher nicht nur das Reich des Natürlichen, sondern auch des Übernatürlichen. In keltischen Sagen vom verzauberten Wald hat sich dieser archaische Glaube erhalten. Der Keltenforscher und zeitgenössische Druide Kaledon Naddair macht uns darauf aufmerksam, daß zu den alten keltischen Wörtern für Eiche die Wörter *»dur«*, *»daroch«*, *»der«* und *»derwen«* zählen.[15] Diese scheinen mit dem Sanskrit- und gälischen Ausdruck *duir* verwandt zu sein, was *Tür* bedeutet. Nach Naddair ist es bedeutsam, daß die Begriffe ›Tür‹ und ›Eiche‹ in der keltischen Sprache miteinander verwandt sind. Diese Verbindung, so meint er, erklärt die »geheimen Eichentüren«, die in der keltischen Sage und den Gedichten von Taliesin so häufig vorkommen. Die ›Eichentür‹ ist ein Zugang zum Feenreich. Darüber hinaus stellt sie ein klares Sinnbild für Zugänge zur Geisterwelt dar, die man in einem Eichenwald finden würde.

Anfang der 90er Jahre interviewte ein Mitglied der ›Foundation for Shamanic Studies‹ eine Amerikanerin irischer Abstammung, die bei ihrer Großmutter schamanische Praktiken gelernt hatte. Als sie zur Bedeutung der Eiche gefragt wurde, antwortete sie: »Sie ist das Zentrum. Die Eiche ist die Tür zwischen den Welten. Sie ist der Lebensbaum, die Eiche. Das ist ein Teil unserer Kultur, und der Baum ist etwas, das man erklettern kann, um in eine andere Welt zu gelangen.«[16]

PFORTEN AUS STEIN

Überall in keltischen Landen stehen die imposanten Megalithen, die berühmtesten in Stonehenge und Avebury. Viele dieser riesigen Steingruppen sind kreisförmig angeordnet. So wirken sie wie eine Lichtung aus Stein, ähnlich den Lichtungen in einem Eichenwald, wo die größten Eichen die freie Mitte umringen. Allein in Großbritannien und Irland hat man über tausend Steinkreise entdeckt, die zahlreichen anderen auf dem europäischen Festland nicht mitgerechnet. An vielen dieser Orte findet man Dolmen, die sich aus zwei oder mehreren wuchtigen, aufrecht stehenden Steinen mit einer quer darauf liegenden Sturz zusammensetzen. So bilden sie rätselhafte, leere Pforten. Ein solches Portal scheint nirgends hinzuführen, aber für den, der in keltische Geheimnisse eingeweiht ist, ist es ein Zugang zur Anderswelt.

Jahrhundertelang glaubte man, daß die Druiden diese Gebilde

zu zeremoniellen Zwecken errichtet hätten. Heute wissen wir jedoch, daß die Megalithen wesentlich älter sind und schon vor der Ankunft der Kelten in Westeuropa und auf den Britischen Inseln entstanden. Sie sind vorkeltischen Ursprungs und wurden bereits vor dem Jahr 1000 v. Chr. errichtet, nach dieser Zeit wurden offenbar keine mehr gebaut. Folglich kann man sie nicht den Druidenpriestern zuschreiben. Da die Kelten besonders für metaphysisch-spirituelle Einflüsse empfänglich waren, müssen die Megalithen denselben betörenden, andersweltlichen Einfluß auf ihre Vorstellungskraft ausgeübt haben, wie sie es heute bei uns tun. Vielleicht entstand so das alte druidische Sprichwort, daß die »Wahrheit in Stein geschrieben« ist. Und vielleicht erkannten die Druiden in diesen uralten Steingebilden die gleiche Form spiritueller Macht und Kraft, die sie in alten Eichen fanden. Auch wenn herkunftsgeschichtlich nichts darauf hindeutet, mögen Druiden auch »Männer der Steine« gewesen sein. Auf jeden Fall besagt die Überlieferung, daß sie die Steine für Zeremonien und heilige Anlässe nutzten, genau wie morderne Druiden und Neuheiden es heute noch tun.

In Berichten aus der Sage heißt es, daß Merlin Stonehenge aus Megalithen errichtete, die er mit Zauberkraft aus Irland geholt hatte. Der modernen Forschung (und dem früheren Entstehungszeitpunkt) zufolge kamen die Steine aus Wales. In der Sage überschneiden sich mehrere aufschlußreiche Leitgedanken. Die Kelten glaubten, die Anderswelt ließe sich unter anderem durch eine Seereise in das ›Land der Verheißung‹, die fernen Inseln im Westen, erreichen. Irland, wie auch andere Inseln im Westen, standen von England und Wales aus gesehen für das ›Verzauberte Land‹. Aus dieser Sicht sind die Steine von Stonehenge Abgesandte der Anderswelt, wie sie ja auch einen heiligen Raum und eine heilige Pforte zu jener Welt bilden. Die kreisförmige Eingrenzung steckt ein Gebiet der *nichtalltäglichen Wirklichkeiten* ab, einen Kraftort innerhalb der umgebenden Landschaft, der von Mythos und Magie erfüllt ist.

Zudem hatte Merlin als Astronom den Bau eines Observatoriums mit 70 Türen und 70 Fenstern angeordnet, um nachts die Sterne beobachten zu können. Die Bedeutung der Zahl 70 ist nicht klar. Möglicherweise steht sie mit den sieben Planeten in Verbindung, die im Mittelalter bekannt waren. Wie auch immer, viele Gelehrte vertreten die Ansicht, daß antike Architekten (nicht Merlin) Stonehenge als Himmelsobservatorium erbauten, in Übereinstimmung mit den Auf- und Untergangspunkten wichtiger Sterne, Sternbilder oder Planeten. Als Kalender markierte der Steinkreis Schlüsselstellen auf dem Rad des Jahres. So geben Merlins astronomische Fähigkeiten, die ja immer etwas mit Weissagung und spirituellem Wissen zu tun haben, den Sagen einen schamanischen Ansatz, die Merlin und andere Druiden mit den vielen Steinkreisen in keltischen Gebieten in Verbindung bringen.

Es ist leicht vorstellbar, daß die schamanischen Verfahren, die bis ins Mittelalter überlebten, durch die Gegenwart dieser erhabenen Steingebilde beinflußt wurden. Wie Merlin und die vorkeltischen Erbauer von Stonehenge erkennt auch der Schamane in der natürlichen Welt Eingänge in die Anderswelt und stoffliche Offenbarungen der *nichtalltäglichen* Geisterwelten, in der die Menschen gleichzeitig leben. Wenn man Steinkreise betritt, durch Dolmen hindurchgeht, oder in den Wäldern nach den Lichtungen für heilige Rituale sucht, stellt man im Hier und Jetzt die schamanische Reise in unsichtbare Welten nach.

DIE GÖTTER DES WALDES

Zu den vielen keltischen Ausdrücken, die sich von der vielseitigen Wurzel *dru* ableiten, gehören die Wörter, die in Irland und auf der Insel Man »wilder Mann aus den Eichenwäldern« bedeuten.[17] Die Vorstellung, daß irgendwo tief im Wald ein wilder, behaarter Mann oder eine wilde Frau wohnt, ist in der europäischen Literatur und sogar in der europäischen Kunst bis zurück in die Antike ein beliebtes Leitbild. Dieses Motiv hat auch tiefe religiöse Wurzeln im alten Schamanismus. Eines der vielen Gesichter, die uns der Wilde Mann zeigt, ist der *Grüne Mann* aus dem Wald, dessen belaubtes Haupt mit Ranken, Gras und Blättern bedeckt ist, die aus Mund, Nase und Ohren wachsen oder als wirrer Bart oder

Haarmähne wild wuchern. Als Fruchtbarkeitsgott verkörpert der *Grüne Mann* ein altes spirituelles Verständnis von unserer Beziehung zur Natur. Er steht für das Einssein mit der Erde, den Glauben, daß in den Waldhainen und Feldern menschenartige Wesenheiten leben, die in der Tat göttlich sind. In Zusammenhang mit diesem Glauben steht, daß wir, wie die natürliche Welt, in der wir leben, denselben zyklischen Mustern von Geburt, Wachstum, Reife, Verfall und Tod folgen und schließlich wiedergeboren werden. Das ist eine Vorstellung, die der Schamane durch und durch verstand, wenn er mit Tierführern in der Geisterwelt nach Macht strebte und sich in Tiergestalt verwandelte, um deren Kraft zu teilen; wenn er in Kräutern und Pflanzen Heilmittel fand und die großen Herden herbeirief, die das Leben seiner Gemeinschaft sicherten.

Die heilige Bestimmung der Natur und ihre Einheit mit dem menschlichen Leben waren Vorstellungen, die die christliche Kirche nicht lange dulden konnte. In einer Schrift aus dem 12. Jahrhundert ist eine Frau abgebildet, die mit einer Axt einen Baum fällt, während aus der Baumkrone die Köpfe zweier Geister herausfahren, die ihr Treiben voll Entsetzen beobachteten. Daneben steht St. Amand, ein katholischer Bischof, und gibt ihr zustimmend seinen Segen. Die Frau ist eine Heidin und blind – zwei Eigenschaften, die offenbar als verwandt betrachtet werden. Die Frau ist bereit, den Wohnort der zwei Waldgeister, den heiligen Baum, zu vernichten. Damit bezeugt sie ihre Bekehrung zum Christentum und bekommt dafür, laut der Legende, ihr Augenlicht zurück. Missionaren wie St. Amand gelang es, jene Entwicklung einzuleiten, die man den größten psychischen Umbruch in der Geschichte des Abendlandes genannt hat: die Bekehrung des heidnischen Europa zum Christentum. Sie war ein wirkungsvolles Mittel, um (mit zusätzlicher Rückendeckung durch die wissenschaftliche Revolution des 17. Jahrhunderts) der Natur alles Beseelte oder Göttliche zu nehmen.

Die neue Religion brachte eine völlig andere Einstellung zur organischen Welt. Was einst heilig gewesen war, wurde jetzt dämonisiert. Die fruchtbaren, lebensspendenden Naturgeister wurden nun als böse dargestellt. Die heiligen Haine wurden zerstört, die heiligen Quellen verseucht und die *Grünen Männer* zu Teufeln gemacht. Wo heidnische Bräuche trotz christlicher Gegnerschaft unvermindert weiterbestanden, nahm die Kirche die heiligen Stätten in Beschlag und verwandelte sie in christliche Heiligtümer, die sie einem kirchlichen Heiligen weihte. Das Ziel blieb dasselbe: jene Plätze in der Natur zu zerstören oder umzuwandeln, an denen die Menschen in Europa über Jahrhunderte ihren Göttern und Göttinnen begegnet waren und sie verehrt hatten.

Die Schönheit der Natur konnte die Kirche weder zerstören noch leugnen. Aber sie entmythologisierte diese Schönheit und verwandelte sie in schale Stofflichkeit, die zwar Gottes Größe spiegelte oder versinnbildlichte, aber in keiner Weise mehr das Göttliche selbst oder auch nur ein Behältnis des Göttlichen sein sollte. Was für die Keltenvölker Glaubenserfahrung war, wurde zur bloßen Ästhetik. Für den Kelten war der Wald nicht nur schön, sondern göttlich. Der Christ sah einfach einen Haufen Bäume voller Dämonen, wilder Tiere und wilder Menschen. Allmählich gerieten die Schamanen in Vergessenheit, und schamanische Fähigkeiten bei den Menschen gingen verloren. Viele, die sich zu dem neuen Glauben bekehrten, vergaßen, daß die Natur einst ein Quell heilender Kraft und spiritueller Weisheit gewesen war. Männer und Frauen, die in schamanischen Praktiken bewandert waren und früher in die spirituelle Landschaft der Natur gereist waren, um mit dem Göttlichen in Kontakt zu kommen, wurden jetzt verdächtigt, mit bösen Geistern oder Dämonen umzugehen.

Den christlichen Predigern zum Trotz hielten viele Menschen, Kelten wie Nicht-Kelten, das uralte Wissen am Leben, das sie mit den Göttern des Waldlandes und den Naturgeistern verband. Sogar noch heute werden einst heidnische Traditionen bewahrt, manchmal im Verborgenen und kunstvoll als ›alte Volksbräuche‹ verbrämt. Die Menschen ›kleiden‹ im Mai Brunnen mit Blumen und Bändern und werfen Münzen oder Stecknadeln in Brunnen und Quellen. Als Opfer an die Wassergeister binden sie Stoffstücke an Baumzweige, die über einer Quelle hängen; schwören sich an bestimmten alten Eichen Liebe und Treue und pilgern zu besonderen Steinen, denen man die Kraft zuschreibt, Fruchtbarkeit, Liebe und ein langes Leben zu sichern.

Die alten Kelten fühlten sich nur im Einklang mit dem Universum, wenn sie ihren Göttern und Göttinnen Opfer darbrachten. Eine große Zahl heidnisch-keltischer Kunstgegenstände und Werkzeuge wurde auf dem Grund von Brunnen, in rituellen Schächten und Teichen gefunden. Manche dieser Gegenstände waren sehr teuer und aufwendig hergestellt, und es scheint, als hätte man manches sehr wertvolle Stück eigens angefertigt, um es als Weihgabe in einen Teich zu werfen. Der geopferte Gegenstand kann ein Sinnbild für etwas gewesen sein, das der Bittsteller brauchte. Aus der Menge geschnitzter Holzgegenstände, die Teile des menschlichen Körpers darstellen, läßt sich schließen, daß die Kelten eine sinnbildliche Darstellung desjenigen Körperteils opferten, das erkrankt war und der Heilung bedurfte.

Bilder des *Grünen Mannes* und die verrottenden, in Baumstämme geschnitzten Holzgesichter, die den Römer Luca mit Abscheu erfüllten, sind Versuche, die Geister der Pflanzenwelt zu vermenschlichen. Wie William Anderson in seiner Studie zum *Grünen Mann* bemerkt, ist es ein natürlicher Wunsch des Menschen, »die in Pflanzen versteckte Intelligenz herauszuholen und ihr menschliche Gestalten und Gesichter zu verleihen«.[18] Vielleicht ist dieser Wunsch ein Teil der menschlichen Psyche und ein Aspekt des schamanischen Archetyps, der in jedem von uns die Hoffnung nährt, daß uns die Intelligenz hinter dem Universum nicht völlig verborgen ist, und der wir als Geister, Feen oder *Grünem Mann* begegnen. Und wir hoffen insgeheim, daß es Menschen gibt, die Ekstasetechniken beherrschen und wissen, wie man zu den verborgenen Plätzen reist, um das lebendige Bewußtsein der Wälder aufzusuchen und mit seiner fruchtbaren Kraft zurückzukehren.

DER GEHÖRNTE

Unter den klassischen Abbildern keltischer Spiritualität finden wir die Gestalt des *Gehörnten* als *Meister* oder *Herr der Tiere*. Nach der Überlieferung übernimmt der Schamane, der Hörner oder Geweih auf dem Kopf trägt, innerhalb des Stammes die Aufgabe, der *Meister der Tiere* zu sein. Er ist nun dafür verantwortlich, zur Jagdzeit die Herden herbeizurufen, und seine Magie schließt den Wetterzauber ebenso ein, wie die Nahrungspflanzen und Heilkräuter.

Hörner und Geweih sind ein gebräuchlicher Kopfschmuck bei Schamanen, die in Gegenden leben, wo es große Rudel Wild, Elche oder Bisonherden gibt. Zwei steinzeitliche Figuren, die auf die Höhlenwand in Trois Frères in den französischen Pyrenäen gezeichnet sind, tragen Hörner und Geweih. Beide scheinen Menschen zu sein, haben aber ausgeprägte tierische Anteile. Wir können nur raten, ob sie vermenschlichte Götter oder Schamanen in Tiertracht sind. Wie bereits früher bemerkt, zeigen diese Darstellungen möglicherweise den veränderten Bewußtseinszustand des reisenden Schamanen, in dem er sich als gehörntes Tier wahrnimmt.

Der *Gehörnte Gott* ist eine keltische Figur, die eine doppelte Rolle als Gott und Schamane spielt. Diese gehörnte Gestalt sitzt im Schneidersitz auf dem Boden, in der einen Hand eine widderköpfige Schlange, in der anderen einen runden Halsreif. Ihre Augen sind entweder geschlossen, halb geöffnet oder starren den Betrachter unbeweglich an. So ist sie auf dem Kessel von Gundestrup zu sehen, einem keltischen Artefakt, das aus dem 1. Jahrhundert v. Chr. stammt. Der Name dieses gehörnten Gottes, Cernunnos, wurde bisher nur auf einem gallischen Altarstein gefunden, der eine Inschrift trägt, die man als »der Gehörnte« oder »der Gespitzte« übersetzt hat. Doch Bilder von ihm findet man in der ganzen keltischen Welt, und sie sind in Aussehen und Eigenschaften bemerkenswert ähnlich. Die keltischen Stämme mögen ihn unter verschiedenen Namen gekannt haben, oder vielleicht wurde der Name Cernunnos auch in verschiedenen Abwandlungen benutzt (Cern, Herne, Corn), aber es ist zweifellos die gleiche Göttergestalt, wo immer sie auftaucht.

Die Gestalt auf dem Kessel von Gundestrup könnte auch ein Schamane sein, der als *Gehörnter* gekleidet ist. Sein tranceartiger Blick (gleichgültig, ob die Augen nun offen oder geschlossen sind) weist deutlich darauf hin, daß der Gehörnte in die *nichtalltägliche Wirklichkeit* blickt. Es besteht eine auffallende Ähnlichkeit zwischen den gekreuzten Beinen dieser Gestalt und der klassischen buddhistischen Meditationshaltung. Auch andere keltische Figuren wurden in dieser Pose dargestellt oder sogar in der vollen Lotus-Position, bei der die beiden Füße auf den Schenkeln ruhen und jede Hand einen Fuß umfaßt. Die Darstellung von Gundestrup könnte aber auch eine leichte optische Täuschung sein, so daß es nur so aussieht, als würde die Gestalt sitzen, während sie in Wirklichkeit auf einer Zehe balanciert. Diese Art Schwebezustand weist ebenfalls auf yogische oder auch schamanische Ausbildung hin.

Gleichermaßen nachvollziehbar ist freilich die Erklärung, daß der Schamane einfach auf dem Boden sitzt, was die Kelten, ähnlich wie die Indianer, gern taten. Auch lange nachdem (angeblich) hochentwickelte Eroberer die beiden Volksgruppen mit Stühlen vertraut gemacht hatten, mieden beide deren Gebrauch. Anne Ross spricht von der »nationalen Sitzhaltung der Kelten«, so daß die Position mit schamanischer Trance oder Yogi-Meditation vielleicht gar nichts zu tun hat.[19]

Der Archäologe Timothy Taylor hat vor kurzem Cernunnos' Geschlecht in Frage gestellt.[20] Er weist darauf hin, daß auf dem Kessel die Männer mit Bärten und ohne Brüste, die Frauen dagegen ohne Bärte und mit Brüsten dargestellt sind. Daraus schließt er, daß der bartlose und brustlose Cernunnos »geschlechtlich zweideutig« sein könnte. Wenn das der Fall ist, dann liefert uns Taylor eine weitere Verbindung zwischen Kelten und Skythen. Er merkt nämlich an, daß die Enares, eine Art Wahrsager und Richter, die für die Skythen der Oberklasse Zeichen deuteten und Streitigkeiten entschieden, im 5. Jahrhundert von Herodot und Hippokrates als Männer in Frauenkleidern beschrieben wurden. Taylor setzt dann die Enares zu anderen spirituell Kundigen der Eisenzeit in Beziehung: beispielsweise zu »den Schamanen der Skythen und den indischen Yogis, ... den thrakischen Sehern, den gallischen Druiden und, ein paar Jahrhunderte später, den irischen Barden«. Wenn Cernunnos unter anderem ein keltischer Schamane ist, dann könnte dies sein zweideutiges Geschlecht erklären, denn Homosexualität war oft ein Kennzeichen der Schamanen und deutete auf die vielfältige Weise, in der sie ›zwischen den Welten‹ standen.

Ob Gott oder Schamane, Cernunnos ist der Herr der Tiere. Er taucht in allen keltischen Gegenden auf, meist abgebildet in Begleitung eines Hirsches, Wolfs, Ebers oder eines anderen Tieres. In einer Hand hält er die geheimnisvolle gehörnte Schlange, ein Tier, das für die Fähigkeit geachtet wird, schnell und leise zwischen den Welten hin und her zu reisen: Die Schlange schlüpft in die Erde, gleitet über einen See oder schlängelt sich einen Stamm hinauf, um sich dann um einen Ast zu winden. In manchen Darstellungen wachsen Cernunnos Pflanzen aus dem Kopf, wie dem *Grünen Mann*. Auf dem Kessel von Gundestrup sprießt eine stilisierte Blattranke aus einem Geweih. Auf manchen Bildern sieht sein Haar wie Gras aus. Eine Aura ruhiger Würde umgibt ihn, die den Eindruck von Selbstbeherrschung und persönlicher innerer Kraft vermittelt, neben aller Macht, die er über die Tier- und Pflanzenwelt haben mag.

In der frühchristlichen Ära gibt es einen kurzen Zeitraum, während dem die irischen Heiligen mit Tieren eng vertraut waren und Macht über sie ausübten. Um nur ein Beispiel zu nennen: St. Gallus, der mit St. Columban von Bangor nach Burgund kam, um dort ein Kloster zu gründen, hatte Macht über einen wilden Bären. Während St. Gallus betete, kam ein Bär in sein Lager und begann, die Krümel vom Abendessen aufzufressen. Gallus befahl im Namen Gottes, daß der Bär ein Stück Holz packen und es ins Feuer werfen sollte. Der Bär gehorchte, und St. Gallus »zog einen noch unangebrochenen Laib (Brot) aus seinem kärglichen Vorrat, reichte ihn seinem tierischen Diener und sagte: ›Im Namen unseres Herrn Jesus Christus, verlaß dieses Tal: Du darfst Hügel und Berge durchstreifen, soviel Du willst, solange Du an diesem Ort keinem Menschen oder Tier etwas zuleide tust.« Einer von Gallus' Gefährten beobachtete dies und sprach: »Der Herr ist mit Dir, denn sogar die wilden Tiere gehorchen Dir.«[21]

Für den modernen Menschen ist es schwierig, jenen kurzen Moment im keltischen Christentum richtig einzuschätzen, in dem Natur und Heiligkeit so eng verbunden waren. Der Religionshistoriker Christopher Bamford meint, daß dieses Erbe »nicht nur in ein Mysterium gehüllt ist, es (ist) in seinem Kern mysteriös«, weil in dieser Ära »das Spirituelle so eng und offensichtlich mit den Naturerscheinungen verbunden ist ..., daß hier all (unsere) gewöhnlichen Erklärungsmethoden nicht ausreichen«.[22]

Wir haben die Fähigkeit verloren, uns eine Kultur auch nur *vorzustellen*, die in dem Glauben lebt, das menschliche Bewußtsein könne an der Welt der Natur teilhaben und die Natur reagiere auf den Willen des menschlichen Bewußtseins. Dies entspricht aber genau dem Bewußtsein des Schamanen und, so könnte ich hinzufügen, *dem alltäglichen Bewußtsein des Schamanen*. Denn selbst wenn der Schamane nicht in Trance war, sah und verstand er eine andere Wirklichkeit, als wir es heute tun.

Darstellungen von Gestalten, die halb Mensch, halb Tier sind, zeigen dieses teilnehmende Bewußtsein. Die machtvollste und beeindruckendste Darstellung dieser Art ist der *Gehörnte Mann*. Es gibt auch Bilder *Gehörnter Frauen*, doch diese kommen seltener vor. Die Vorstellung des Gehörnten durchzieht die keltische Folklore so stark, daß die mittelalterlichen Kirchenväter sich sehr bemühten, diese archaische Figur als den christlichen Satan darzustellen. Während der Hexenverfolgungen im späten Mittelalter und der Renaissance beschäftigt der *Gehörnte Gott* noch immer die Vorstellungskraft der Europäer, nun aber als abschreckender Dämon. Trotz ungeheuren Drucks, der alle Vorstellungen von einer gehörnten Gottheit auslöschen sollte – eines Drucks, der zu unsagbaren Folterqualen und Hinrichtungen durch kirchliche und staatliche Mächte führte –, gab es viele Menschen, die die Alte Religion weiter ausübten. Sie hielten fest am Glauben an den *Gehörnten Gott* als dem Beherrscher der Wildnis, dem Herrn der Tiere, der eng mit dem *Grünen Mann*, dem Herrn der Wälder verwandt ist.

Die kirchliche Abscheu gegen Hörner an Menschen setzte aber schon viel früher ein. Im 4. Jahrhundert schalt St. Augustinus das, was er »den ungeheuer schmutzigen Brauch« nannte, »sich als Pferd oder Hirsch zu verkleiden.«[23] Kirchliche Ermahnungen gegen solche Verkleidungen gibt es bis in die Neuzeit. Noch im 20. Jahrhundert singen die Menschen an Beltane am 1. Mai: »Scheu Dich nicht, die Hörner zu tragen, sie waren ein Zeichen lang vor Deiner Geburt / Der Vater Deines Vaters hat sie getragen, und auch Dein Vater trug sie noch.« Den christlichen Kirchen gefallen sie nach wie vor nicht.

Einige der ältesten Sagen über Merlin beschreiben ihn als eine Art wilden Mann aus dem Wald, der manchmal ein Geweih trägt. In einem walisischen Gedicht spricht Merlin mit einem Schwein. Diesem Tier, das den Kelten heilig war und dessen Fleisch als höchste Delikatesse galt, legt er seine mystischen Ansichten über das Leben dar. Merlin achtet das Schwein und ehrt es für sein Wissen und seine Weisheit. Er sagt: »Du hast schon vor mir in diesen Wäldern gelebt, und das Alter hat Dein Haar zuerst weiß werden lassen.«[24] Während einer seiner Zeiten des ›Wahnsinns‹ im Wald bringt Merlin ein Rudel Hirsche zusammen, besteigt einen von ihnen und treibt sie, zusammen mit Rehen und Ziegen, zur Hochzeit seiner Schwester. Dort unterbricht er die geplante Hochzeit, indem er einem Hirsch das Geweih abreißt und es seinem verabscheuten Schwager-in-spe entgegenschleudert. Das Geweih zerschmettert den Kopf des Bräutigams und tötet ihn. Nach seiner Tat versucht Merlin, in den Wald zurückzufliehen, doch er wird gefangengenommen. Die Zuschauer mögen entsetzt gewesen sein, auf welche extreme Weise Merlin, das Problem eines unerwünschten Schwagers löst, aber sie waren doch ziemlich beeindruckt von der Macht, die er über die wilden Tiere hatte.

Die Verbindung eines Schamanen zu den Tieren war sowohl religiöser, als auch magischer Natur. Sie war die Quelle seiner persönlichen Macht und die Grundlage für religiöse Verehrung. Diese besondere magisch-religiöse Beziehung zu Tieren gilt – laut den Aussagen von Stammesangehörigen, die ihre überlieferte Spiritualität bis heute bewahren konnten – nicht nur für Schamanen, sondern für alle Stammesmitglieder. Eliade erklärt, daß »eine mystische Solidarität zwischen Mensch und Tier« bei den altsteinzeitlichen Jagdvölkern üblich war, und zwar bei Schamanen und Nichtschamanen gleichermaßen.[25] In den Indianerkulturen unserer Zeit geht man davon aus, daß die meisten Männer und Frauen fähig sind, »nach einer Vision zu rufen« und dadurch ihre eigene persönliche Beziehung zu bestimmten Tiermächten und Hilfsgeister herzustellen. Was den Schamanen von anderen Stammesmitgliedern unterscheidet, ist das Maß, in dem er diese Beziehung vervollkommnet. Für den Schamanen ist sie die Grundlage eines Lebens im Dienst der Gemeinschaft.

Die Druiden und Barden der heidnischen Kelten führten ein ähnlich mystisches Leben im Einklang mit der Natur als Grundlage für ihren Dienst an der Gemeinschaft. Auch nach der Ankunft des Christentums, setzten die frühen irischen Mönche diese Tradition zwar fort, erklärten sie aber im Hinblick auf die christliche Lehre. Die irischen Mönche sahen sich nicht im Besitz persönlicher Macht, ganz im Gegensatz zu schamanischen Kulturen, wo die Tiere und Naturerscheinungen auf menschliche Wünsche ansprechen, weil der Schamane diese persönliche Macht besitzt. Die Tradition der Tiere als geistige Führer überlebte ebenfalls in der europäischen Folklore und in den Feenmärchen. Hier führt oft ein geheimnisvolles Tier den Helden in einen verzauberten Wald oder die Anderswelt und wieder zurück.

Immer wieder verschwinden der *Gehörnte Gott* und der *Grüne Mann* aus der westlichen Geschichte, um an anderer Stelle wieder zu erscheinen. Wie die Pflanzenwelt selbst, so werden auch diese Bilder geboren, gedeihen, verwelken und sterben, um in leicht veränderter Gestalt wiedergeboren zu werden. Wenn der *Gehörnte Gott* und der *Grüne Mann* tatsächlich Teil der menschlichen Psyche sind, ein »Archetyp unseres Einsseins mit der Erde«, wie William Anderson sagt, dann sind sie zweifellos mit dem grundlegenden schamanischen Archetyp verbunden.[26] Je nachdem, ob wir an die Güte oder Verdorbenheit der Natur glauben, werden wir diese gottgleichen Figuren als göttlich oder dämonisch ansehen. In Shakespeares *Die lustigen Weiber von Windsor* sagt etwa Mistress Page:

Ein altes Märchen sagt, daß Herne der Jäger,
Früher Wildhüter hier im Wald von Windsor,
Den Winter lang zu stiller Mitternacht,
Um eine Eiche wandelnd, spitz gehörnt,
Er spaltet Bäume, verhext das Vieh,
Melkt aus Milchkühen Blut, rasselt mit den Ketten
Auf furchteinflößend, grauenvolle Art.
(Akt 4, Szene 4)

Aus schamanischer Sicht ist es schwer, das Entsetzen zu empfinden, das Mistress Page ihren Zuhörern vermitteln möchte. Der alte Herne ist keineswegs ›gräßlich und schrecklich‹. Hernes mitternächtlicher Angriff auf die Bäume und das Vieh läßt sich durchaus wohlwollend betrachten: Er spiegelt den natürlichen Kreislauf von Leben und Tod wider. Die Schamanen kennen auch diesen Widerspruch. Hinter den Geheimnissen der Natur steht ein Bewußtsein, das manchmal unbezähmbar und manchmal sanft ist. Doch wer die geheime Sprache der Tiere beherrscht, findet immer ein offenes Ohr, weil sich das Naturbewußtsein mitzuteilen wünscht. Herne könnte uns wie der Eskimogeist Sila sagen: »Fürchte Dich nicht vor dem Universum.«

UNTER DEN FEENHÜGELN

Am irischen Fluß Boyne befindet sich ein prähistorischer Tumulus oder Grabhügel, der rund 100 Meter Durchmesser hat, neun Meter hoch ist und eine Fläche von etwa einem halben Hektar bedeckt. Sein Eingang öffnet sich nach Südosten. Die Steine am Eingang des Grabhügels und die Felsquader im Innern weisen geheimnisvolle, dreispiralige Verzierungen auf. Wer durch den Eingang tritt, geht einen 18 Meter langen Korridor schräg hinauf, der zwischen 1,5 Meter und 2,5 Meter hoch und etwa 90 Zentimeter breit ist. An den etwa fünf kürzesten Tagen im Jahr, um die Wintersonnenwende, scheinen die ersten Strahlen der aufgehenden Sonne durch eine kleine Öffnung bis in die Felskammer hinein.

An jeder der drei Seiten des zentralen Raums befindet sich eine schmale Nische, in der je ein Stein mit einer flachen, ovalen Vertiefung steht. Wozu diese Steine dienten, weiß heute niemand mehr genau. Die flachen, schalenartigen Steine könnten Sarkophage oder ›Särge‹ gewesen sein. Der Tumulus von Newgrange könnte, wie ähnliche Hügel, die man in Westeuropa gefunden hat, für Beerdigungszwecke genutzt worden sein, für Einweihungsriten in heidnische Geheimnisse oder auch für einen völlig anderen Zweck.

Obwohl das großartige, der Bronzezeit entstammende Bauwerk von Newgrange im 3. Jahrtausend v. Chr. errichtet worden ist, also lange bevor die Kelten in Irland eintrafen, spielte es in der keltischen Spiritualität eine äußerst wichtige Rolle. Die irische Literatur bringt den Tumulus oft mit den Danannern in Verbindung und stellt ihn als einen ihrer wichtigsten Feenpaläste dar. In der Umgebung liegen unter anderem Gräber der Hochkönige Irlands. König Cormac, der den neuen Glauben angeblich schon angenommen hatte, bevor St. Patrick nach Irland kam, wollte wegen der heidnischen Geschichte dort nicht begraben werden. Ganz eindeutig hatte das Gebiet um Newgrange mit seinen 40 prähistorischen Stätten eine lange Geschichte spiritueller Unternehmungen und Bezüge, und sogar zeitgenössischen Pilgern und Touristen flößt der neolithische Tumulus meist Ehrfurcht ein.

Wozu die Nischen während der keltischen und vorkeltischen Rituale gebraucht wurden, können wir nur erahnen. Aus literarischen und historischen Zeugnissen über die Hügel am Boyne und hundert anderen Plätzen, die Heiden wie Christen heilig waren, können wir allerdings Schlüsse ziehen, wie diese unterirdischen Räume vielleicht genutzt wurden. Offenbar boten sie den Menschen die Möglichkeit, dem Feenvolk zu begegnen und an den Reichtümern der unsterblichen Welt teilzuhaben, die unterhalb der Gefilde des alltäglichen Bewußtseins liegt.

Eine Schrift aus dem 15. Jahrhundert, die eine Kopie älterer Schriftstücke ist, erzählt die Geschichte von den drei Söhnen eines irischen Königs. Die Söhne hofften, Land und Reichtümer zu erwerben, indem sie bei den danannischen Sidhe am Boyne fasteten.

Die drei edlen Jünglinge gingen also in den Feenpalast, während die Götter sich versammelten, um über ihre Bitte zu beraten. Schließlich beschlossen sie, den Jünglingen die drei Töchter des danannischen Gottes Midhir zur Frau zu geben. Die jungen Männer blieben drei weitere Tage und Nächte bei den Sidhe. Als sie aufbrachen, erhielten sie drei Apfelbäume: einer war voll erblüht, einer warf die Blüten ab, und der dritte hing voll reifer Äpfel.

In unverkennbar keltischen Gleichnissen verbirgt sich hier schamanisches Gedankengut. Die Sterblichen wollen sich vom Feenvolk oder den Geistern Macht holen, wenn es auch in diesem Fall greifbare diesseitige Macht ist. Da sich die irischen Könige als Nachfahren der älteren Götter, der Dananner, verstanden, berichtet diese Geschichte auch von Männern, die von den Geistern der Ahnen Macht erwarten. Damit sich ihr Wunsch erfüllt, müssen sie körperliches Leid erdulden und sich zeitweise von der *alltäglichen Wirklichkeit* trennen. Gemäß der keltischen Ordnung der Dinge ist der König mit der Göttin des Landes verheiratet und erhält nur durch sie seine Königswürde. Deshalb müssen auch die drei Prinzen ihren Machtanspruch bestätigen, indem sie Göttinnen heiraten. Und schließlich ziehen sie mit Apfelbäumen von dannen, dem keltischen Sinnbild der Jugend und Kraft, dessen Früchte der Göttin geweiht und mit der Anderswelt verknüpft sind.

Die unterschiedlichen Wachstumsstufen der drei Bäume zeigen aber nicht nur die Vorliebe der Kelten für die Dreigestalt. Sie stehen ebenso für die Verwandlung in verschiedenen Lebensabschnitten: Die duftende Blüte muß sterben, damit der Baum Frucht tragen kann, die wiederum reift und stirbt. Schamanische Initiationsberichte erzählen übereinstimmend von den gleichen Geheimnissen der Wiederherstellung vom Rad des Leben und des Todes, das sich unaufhörlich dreht, wenn sich auch die Einzelheiten von Kultur zu Kultur unterscheiden. Die Schamanen selbst erleben in ihrem Innern Tod und Wiedergeburt, um diese Verwandlung an sich selbst zu erfahren.

Über 200 Höhlen hat man in Westeuropa gefunden, die denen von Lascaux in den Pyrenäen ähneln und kunstvoll mit steinzeitlichen Zeichnungen von Tieren, Schamanen, Handabdrücken und anderen geheimen Symbolen geschmückt sind. Diese und andere, noch nicht entdeckte Höhlen könnten als Orte der Einweihung in die wichtigsten Geheimnisse von Leben und Tod gedient haben. Der Archäologe John E. Pfeiffer liefert dafür in seiner streitbaren Arbeit *The Creative Explosion: An Inquiry into the Origins of Art and Religion* bestrickende Belege. Pfeiffer behauptet, die kathedralartigen Kammern, die sich aus dunklen, engen, stickigen Durchgängen auftaten, wurden für außergewöhnliche Riten und Kulthandlungen der Einweihung und Unterweisung eingesetzt.[27] Er erklärt, daß »Bilder, die auf Höhlenwände gemalt und in sie eingeritzt wurden, sowie heilige Gegenstände in vorgeschichtlichen Zeremonien einem höchst wichtigen Zweck dienten«. Sie ermöglichten den Anwärtern, auf den Wänden, an den Decken und überall um sie herum seltsame, sinnverwirrende Bilder wahrzunehmen.

Die Stammesältesten – verborgen in den Schatten und Seitenkammern – erzeugten ausgefallene Licht- und Toneindrücke, so daß die Tiergestalten an den Wänden schimmerten und sich im flackernden Licht zu bewegen schienen. Dann begannen die zukünftigen Schamanen und ihre Lehrer zu tanzen und umherzukriechen, um diese Tiere nachzuahmen.

Die Gemüter der jungen Schamanen müssen von diesem Erlebnis zutiefst beeindruckt und verwandelt worden sein. In den Ritualen begegneten sie dem dunklen, erschreckenden Chaos, der urzeitlichen Leere, in der all ihre Vorstellungen über die *alltägliche* Welt erschüttert wurden. Gezwungen, ihrem eigenen Tod und den Tiergeistern aus der Anderswelt ins Auge zu sehen, veränderte dieses von Grund auf ihr Verständnis vom menschlichen Sein. Etwas in ihnen mußte sterben, etwas Neues wurde geboren. Sie würden nie mehr dieselben sein.

In der frühchristlichen Zeit verbrachten irische Pilger die Nacht in Steinsärgen oder -sarkophagen in heiligen unterirdischen Stätten, um Tod und Wiedergeburtserlebnisse nachzuahmen. Manche Forscher glauben, daß auch die Steinmulden in Newgrange und anderen keltischen Stätten diesem Zweck dienten. Auch die Heiden der alten Zeit legten sich, genau wie die Heiligen und Pilger nach ihnen, auf Steinbetten oder in Steintrögen zum Schlafen nieder. Vielleicht hofften sie auf prophetische Träume oder hielten einfach Wache, um auf die nächtlichen Visionen aus der Anderswelt zu warten.

St. Patrick's Purgatory in der irischen Grafschaft Donegal ist so ein Platz. Er liegt auf einer Insel im Lough Derg, auch Red Lake genannt. Vom Mittelalter bis in die heutige Zeit ist die Insel stets ein beliebtes Ziel für christliche Pilger gewesen. Doch auch schon vor Patricks Zeit galt sie als »seltsamer geheimnisvoller Ort, offenbar ein Bereich der Anderswelt«.[28] Zwei Legenden berichten über ihren Ursprung. Die eine berichtet, St. Patrick habe hier ein Wasserungeheuer erschlagen: Sein Blut färbte das Wasser des Red Lake – des Roten Sees. Eine andere Legende berichtet, die Insel sei das letzte Bollwerk der Druiden gewesen. Nachdem St. Patrick die »Schlangen« ins Wasser getrieben hatte, suchten sie Zuflucht auf der Insel im Lough Derg.

Auf der Insel liegt eine Höhle. Sie könnte einst als Ort der Visionen und als Stätte für anderweltliche Einweihungen bekannt gewesen sein, denn sie wurde auch in christlicher Zeit weiter als Ort der Einkehr und für die visionäre Suche genutzt. St. Patrick zugeschriebene Anweisungen schildern, wie der Pilger Einlaß in die Stätte erbat. Der Ablauf geht vermutlich auf ältere heidnische Verfahren zurück. Zunächst mußte ein Pilger die Erlaubnis des Bischofs erwirken, nachdem er diesem erklärt hatte, daß er aus freien Stücken handelt und niemand ihn zu der Wallfahrt gezwungen hat. Der Bischof versuchte dann, den Pilger-in-spe von seinem Vorhaben abzubringen, indem er ihm schilderte, welche Gefahren für Leib und Seele ihn erwarteten. Wenn der Pilger bei seiner Entscheidung blieb, gab ihm der Bischof einen Brief für den Abt der Insel mit. Auch der Abt bemühte sich dann, dem Pilger die schwere Probe auszureden. Wollte der Pilger dennoch nicht aufgeben, mußte er 15 Tage lang fasten und beten. Danach besuchte er die Messe, erhielt die Kommunion und wurde mit Weihwasser besprengt. An diesem Punkt versuchten die Priester ein drittes Mal, ihn von seinem Vorhaben abzubringen.

Hatte es der Pilger soweit geschafft, segneten ihn die Priester und führten ihn in eine Höhle, deren Eingang dann versiegelt wurde. Erst am nächsten Morgen wurde die Pforte wieder geöffnet. War der Pilger noch da, galt die Prüfung als bestanden, und der Geläuterte wurde weggeführt. Darauf folgten weitere 15 Tage der Besinnung, des Gebets und der Zeremonien. War der Pilger dagegen verschwunden, so nahm man an, daß er aus dieser Welt geholt worden war und sich nicht mehr im Purgatory befand. Die Priester schlossen dann die Tür, und niemand erwähnte je wieder den Verschwundenen.

Im Mittelalter wurde über St. Patrick's Purgatory viel geschrieben, sowohl in der Landessprache als auch auf Lateinisch. Die Geschichte von Sir Owain ist typisch für die Erzählungen über Pilger, die diese heilige Stätte aufsuchten. Sie wirft ein wenig Licht auf das, was jemand an diesem anderweltlichen Rückzugsort erlebte.

Der mittelalterliche Ritter Sir Owain bat um die Genehmigung für eine Pilgerreise und erhielt sie. Nachdem er in der Höhle eingeschlossen war, begann er mit Hilfe einer Lampe die Gänge zu erforschen. Doch schon bald verlosch sie und ließ ihn in tiefer Dunkelheit zurück. Sobald sich seine Augen an das gespenstische Zwielicht gewöhnt hatten, setzte er seine Erkundung fort und gelangte in eine Halle. Dort erwarteten ihn 15 Männer mit kahlgeschorenen Köpfen in weißen Roben. Diese Geistlichen erklärten Owain, welchen bösen Geistern und Gefahren er begegnen würde und wie er sich schützen sollte. Dann entfernten sie sich und ließen Owain allein zurück. Die Dämonen erschienen, genau wie die Männer es vorausgesagt hatten, und mißhandelten den Ritter, bis er ihnen über eine schmale Brücke über einem Abgrund entkommen konnte. Auf der anderen Seite stand eine himmlische Stadt, die mit ihrem süßen Duft Owains körperliche und seelische Wunden heilte.

Eine Prozession himmlischer Wesen trat aus der Stadt heraus, begrüßte Owain und führte ihn in den *Garten Eden*, wo er zu essen bekam. Owain verspürte kein Verlangen zu gehen und in sein irdisches Leben zurückzukehren, doch ihm wurde gesagt, er müsse zuerst als Sterblicher den Tod erleiden und seinen irdischen Körper zurücklassen, bevor er sein Leben im Himmel anfangen könnte. So machte sich Owain also auf den Rückweg. Diesmal wählte er einen kürzeren und weniger beschwerlichen Weg. Auf dem Rückweg begegnete er auch den 15 Geistlichen wieder, die ihm seine Zukunft weissagten. Als er endlich zum Ausgang gelangte, setzte er sich hinter die Eingangspforte und wartete. Als die Priester die Tür am nächsten Morgen öffneten, war die Freude groß. Sie geleiteten ihn hinaus und behielten ihn noch 15 Tage zur Nachbereitung da.

Die Geschichten von Owain und den drei irischen Prinzen ließe sich beliebig oft vervielfältigen. Ob es zum ›Fasten bei den Danannern‹ oder um das vorbereitende Fasten für Patrick's Purgatory ging, die körperlichen und psychologischen Ergebnisse ähneln sich. Der Verlust sinnlicher Wahrnehmung in einer dunklen, unterirdischen Kammer, körperliches Unbehagen und ein bestimmtes Maß an Entsetzen entweder selbst erzeugt oder von Geistlichen oder älteren Schamanen sorgfältig in Szene gesetzt – wirkt ergänzend zusammen und begünstigt visionäre Erfahrungen. In schamanischen Kulturen bereitet so ein Erlebnis den Betroffenen darauf vor, ein neuer Schamane zu werden. In Sagen und Märchen finden die Suchenden in den Höhlen Ehefrauen, Reichtümer, oder Apfelbäume. In christlichen Kulturen reinigt das Erlebte den Geprüften von seinen Sünden und bringt ihm die Gnade, ein heiliges Leben zu führen. Die Einzelheiten unterscheiden sich zwar, aber die Kernerfahrung ist die gleiche. Seit jeher haben Menschen nach visionären Erfahrungen gehungert, die ihr körperliches, geistiges und spirituelles Befinden verwandeln. In den uralten Tumuli, die über ganz Europa verstreut sind, an christlichen Orten der Einkehr oder in steinzeitlichen Höhlen findet die Suche Erfüllung.

In Gallien versteigerten die Römer Brunnen und Quellen an den höchsten Bieter. Die heiligen Gewässer waren nämlich nicht nur Orte der Heilung, Verwandlung und der Begegnung mit Geistern, sondern auch reichhaltige Sammelbecken voller Gold, Silber und außergewöhnlicher keltischer Kunstgegenstände und handwerklicher Erzeugnisse. Wer einen viel besuchten Brunnen besaß, erhielt nicht nur die Beute, die er von dessen Grund heraufholen konnte. Wenn er die nötigen Mittel zur Durchsetzung hatte, konnte er auch diejenigen mit Steuern belegen, die den Brunnen aufsuchten, darin badeten oder sich dort Wasser holten. Damals wie heute konnten Wasserrechte äußerst gewinnbringend sein.

Die Iren waren für ihre Verehrung heiliger Gewässer so bekannt, daß sie auch das »Brunnenvolk« genannt wurden.[29] Doch die tiefe Ehrfurcht für die natürlichen Wasserquellen war nicht auf die Iren beschränkt. In allen ehemals keltischen Gebieten finden wir besondere Quellen, Brunnen und Quellgebiete von Flüssen, wo die Kelten ihre Gottheiten verehrten. Die Achtung der Kelten für eine Quelle oder einen Brunnen als Zugang zur Anderswelt hat etwas sehr Schamanisches. Die Quelle oder der Fluß verbindet die drei Welten des Schamanen: die Oberwelt der Wolken, Stürme und Regenfälle; die Unterwelt der unterirdischen Flüsse und Quellen und der riesigen Reiche unter dem Ozean; die Mittelwelt, in der frisches Wasser zur Reinigung und zum Trinken fließt.

In Uisnech, dem sagenumwobenen Mittelpunkt Irlands, entsprangen aus dem »Brunnen des Lebens« die zwölf Hauptströme. In Wirklichkeit liegt Uisnech in der Mitte der Grafschaft Meath, nicht weit entfernt vom sagenhaften Tara, dem Herrschaftssitz der Hochkönige. Es liegt damit weder im geographischen Mittelpunkt Irlands, noch entspringen hier die Hauptflüsse der Insel. Das Gebiet ist allerdings von Bedeutung, da es der Vorstellung von der Weltenmitte in schamanischen Kulturen entspricht. Man glaubte, daß die zwölf Hauptflüsse, die aus Uisnech strömten, in heidnischer Zeit durch ein magisches Hagelgewitter entstanden waren.

Nach einer christlichen Legende schuf St. Ciaran die Flüsse und beendete mit diesem Wunder eine Dürreperiode.

Aus schamanischer Sicht enthält Wasser ein umfassendes Wissen, weil es auf seinem Weg in jeden Winkel des körperlichen Universums gelangt. In einem ewigen Kreislauf fällt Regen vom Himmel und sickert tief in unterirdische Brunnen und Quellen ein, nährt dann Flüsse und Seen und verläßt schließlich die Erde wieder, um in Form von Dunst und Nebel zum Himmel aufzusteigen. Ein Springbrunnen drückt diese Einheit und Ganzheit besonders anschaulich aus, weil sein Wasser ständig wiederverwendet wird. Die kreisläufige Bewegung eines Springbrunnen (und aller Quellen oder Flüsse) versinnbildlicht die Aussöhnung von Gegensätzen. Da das Wasser durch das ganze Rund des Kreises fließt, vereint es alle Gegenpole.

Auch den Kelten entging diese Tatsache nicht: Taliesin listet die wichtigsten Heilgewässer der Welt auf und beschreibt dabei, welche Gegensätze sie aufhoben. In Böotien etwa gab es einen Brunnen des Vergessens und einen der Erinnerung. In Sizilien brachte ein Brunnen Fruchtbarkeit und ein anderer Unfruchtbarkeit. Der Brunnen von Garamantes war tagsüber kalt und des Nachts heiß. Das Wasser des Sees Trogdytus schmeckte dreimal am Tag süß und dreimal bitter. In manchen Teilen der Welt gab es Wasser, in dem alles versank, in anderen Gebieten solches, auf dem alles schwamm. Tranken in Thessalien Schafe aus einem bestimmten Fluß, wurden sie weiß, tranken sie aus einem anderen Fluß, wurden sie schwarz. Der gleiche Text enthält auch eine Liste verschiedener Ströme und Flüsse, die Heilung für bestimmte Krankheiten boten, ein Volksglaube, der sich noch heute um verschiedene Brunnen und Naturheilquellen in ganz Europa rankt.[30]

Im Mittelpunkt keltischer Brunnenverehrung stand der Glaube an die Brunnenmaid. Damit war in älterer Zeit die Göttin des Brunnens oder ihre Priesterin gemeint. Über die Jahrhunderte wurden die übernatürlichen Brunnenhüterinnen allmählich zu Geistern, Feen und Heiligen, die sich in vieler Hinsicht stark ähnelten. Pilger suchten die Brunnen auf, um persönliche Heilung zu finden. Die Brunnen spielten jedoch außerdem eine bedeutende

Rolle für die gesamte Kultur, denn sie (oder die Maiden) waren verantwortlich für die Gesundheit und den Wohlstand des Landes insgesamt. In manchen Fassungen der Gralslegende etwa werden die Brunnenfrauen entführt und vergewaltigt, das Wasser versiegt, und das Reich wird zur wüsten Einöde. Mit diesen Glaubensvorstellungen verbinden sich tiefsitzende spirituelle und seelische Geheimnisse. Dabei geht es um die Rolle, die das Weibliche für die persönliche und ökologische Gesundheit spielt, um die Liebe und Achtung für die Mutter Erde und um die Notwendigkeit, oft zur »Quelle« der Erneuerung zurückzukehren.

DIE FRAU UNTER DEN WASSERN

An diesem Punkt führt uns unsere Suche nach dem keltischen Schamanen zu zwei bedeutenden Archetypen in der Seele des westlichen Menschen: die Prinzessin auf dem Meeresgrund und die versunkene Stadt, zwei machtvolle Bilder, die viele Volksmärchen und örtliche Bräuche durchziehen. Der Kern der Geschichte ist recht einfach. Eine Jungfrau oder Prinzessin hütet einen wichtigen Brunnen oder eine Quelle. Durch ein Mißgeschick, Versagen oder eine Unachtsamkeit, die sie sich zuschulden kommen läßt, überflutet das Wasser die Stadt, so daß sie versinkt. Die Prinzessin wird dann als Strafe für ihren Übermut in der Stadt (oder einem Unterwasserschloß) eingesperrt.

Was sagt uns diese Geschichte von der versunkenen Prinzessin? Den verschiedenen Sagen liegt ein starkes männliches Mißtrauen gegenüber dem Weiblichen zugrunde, weil es angeblich die Auflehnung gegen die patriarchalische Herrschaft von Natur aus in sich trägt. Manche Sagen drücken das »Verbrechen« der Prinzessin sogar ganz deutlich aus: Sie widersetzt sich den Wünschen des Königs, kommt ihnen in die Quere oder stiehlt ganz einfach den Schlüssel ihres Vaters. In vielen dieser Geschichten finden wir eine allgemeine männliche Angst davor, im Weiblichen zu ertrinken und nie wieder aufzutauchen. Auf der ganzen Welt richten Erzählungen abergläubische Warnungen an Seeleute – und damit an alle Männer –, sich vor Unterwassermaiden, Seejungfrauen, Sirenen und Nymphen zu hüten, die es nur darauf anlegten, die Männer in ihre wässrigen Gefilde zu locken. In einer patriarchalischen Kultur gebiert diese Furcht gesellschaftlich festgelegte Umgangsformen, die Frauen beherrschen, abwerten und unterdrücken sollen.

Die männliche Angst vor der weiblichen Macht und der Haß der Christen auf alles Heidnische – besonders den Glauben und die Hingabe an die Göttin –, erklären zum Teil, warum der Schamanismus in Westeuropa ausstarb. In der Bretagne heißt die Prinzessin, in einer Fassung der Sage um die versunkene Stadt, Dahud-Ahes. Der Name, leitet sich von dem alten Ausdruck *dago-soitis* ab, was »gute Hexe« bedeutet.[31] Jean Markale macht in seiner Untersuchung über die keltischen Frauen darauf aufmerksam, daß der guten Hexe in vermindertem Maße Kräfte zugeschrieben wurden, die ursprünglich die Götter besaßen. In der christlichen Zeit waren übernatürliche Kräfte höchst verdächtig. Das galt sogar für Heilige, Mönche und andere Kirchenmänner, die oft »Wunder« vollbrachten, die den Taten der älteren Gottheiten und natürlich der Schamanen glichen. Mit der Zeit eignete sich die männliche Priesterschaft das allgemeine Recht auf diese Form der Magie an. Frauen, die sie weiterhin ausübten, wurden eingeschüchtert und beschuldigt, mit dem Teufel im Bunde zu stehen, also »böse Hexen« zu sein. Daraus entwickelte sich schließlich eine allgemeine christliche Haltung, wonach angeblich *alle* Magie von Satan stammte und *alle* Hexen schlecht seien. Zu diesem Zeitpunkt wurde sogar den Priestern verboten, weiterhin Magie auszuüben.

Für den christlichen Prediger und den modernen, wissenschaftlich ausgerichteten Verstandesmenschen sind Schamanismus und Hexerei ein Rückfall in eine heidnische Vergangenheit, die wir ›gnädigerweise‹ überwunden haben. Wenn wir uns fragen, warum es so schwer ist, in Westeuropa (damals wie heute) Schamanen zu finden, müssen wir uns eindringlich mit dem blinden Fleck befassen, den der christlich-europäische Überlegenheitskomplex hinterlassen hat. Danach sind die Vertreter der modernen westeuropäischen Zivilisation angeblich in jeder Hinsicht ihren heidnischen

Ahnen überlegen und besonders den Völkern in anderen Teilen der Welt, die weder die modernen westlichen Glaubensvorstellungen teilen, noch eine europäische Hautfarbe besitzen. Die Annahme, wir seien kulturell und rassisch überlegen, macht uns blind für den Schamanismus in unserem europäischen Erbe. Zu diesem Vorurteil gehört die Ansicht, daß sich die Europäer selbst zu heidnischer Zeit niemals so barbarisch aufführten. Daher fiel es den westlichen Anthropologen leicht, Schamanen in Sibirien, Afrika, Polynesien und Nordamerika zu entdecken, zu studieren und zu erklären, ohne jemals ernsthaft in Erwägung zu ziehen, daß ihre eigenen Vorfahren einst in ausgeprägt schamanischen Kulturen lebten und daß der Schamanismus genauso *ihr* Erbe ist, wie das der Ureinwohner in anderen Teilen der Welt.

DIE SCHÖNHEIT UND DER KUSS

Fünf junge Jäger, allesamt Söhne von Eochaid, dem König von Irland, trafen auf einer verzweifelten Suche nach Wasser eine abscheulich aussehende alte Frau, die in einem Text wie folgt beschrieben wird: »All ihre Glieder vom Schädel bis zur Sohle waren kohlrabenschwarz. Ihre Haarmähne war grau und wirr wie der Schwanz eines wilden Pferdes. Ihre Zähne, die bis zu den Ohren reichten, waren grün wie die Blätter der Eiche. Sie hatte rauchtrübe, finster starrende Augen und eine gekrümmte, ausgezehrte Nase. Rauh, mit Warzen übersät und von Krankheit zerfressen war ihr Körper. Ihre Schienbeine waren krumm, ihre Knöchel geschwollen, ihre Schultern ausladend, ihre Knie plump, ihre Fingernägel grün.«[32] Die alte Frau versprach den jungen Männern Wasser aus ihrem Brunnen, wenn sie ihr dafür einen Kuß gaben. Vier der fünf Brüder konnten den Gedanken nicht ertragen und weigerten sich. Nur Niall, der jüngste und dümmste, küßte das alte Weib, worauf es sich in die schönste junge Frau verwandelte, die sie je gesehen hatten. Sie eröffnete ihnen ihren wahren Namen, Flaithius, was »von königlicher Abkunft« bedeutet. Und so heiratete Niall sie und wurde König von Irland.

Irgendwann während seiner Einweihung muß sich der zukünftige Schamane der dunklen Seite des eigenen Bewußtseins stellen. Er muß den Sprung ins Chaos und die Urnacht wagen, den unbestimmten Zustand im Mutterschoß, wo Unterschiede wie schön oder häßlich noch nicht hervorgetreten sind. In den meisten Geschichten von mehreren Brüdern, die etwas suchen, hat nur der jüngste und dümmste den Mut, die unmögliche Aufgabe zu erfüllen, denn der Jüngste lebt aus dem Herzen, nicht aus dem Kopf. Wie der Schamane oder der Narr im Tarot muß er die Gesellschaft und ihre Verhaltensweisen hinter sich lassen. Diese Erfahrung ist erschreckend. Berichte von Schamanen, die in moderner Zeit aufgezeichnet wurden, bezeugen die Furcht und das Zögern, das viele von ihnen fühlten, wenn sie auf Bestien und Dämonen stießen. Manche weigern sich, diesen Weg zu gehen und werden keine Schamanen.

Zu den Geschichten über den irischen Helden Finn und seine Krieger gehört die Erzählung von Diarmaid. Er ist der einzige von einem ganzen Trupp Männer, der eine häßliche alte Frau aufnehmen will, die für die Nacht um ein Dach über dem Kopf bittet. Er lädt sie ans Feuer ein und erlaubt ihr sogar, sein Bett zu teilen. Welch ein Glück für ihn, denn das alte Weib verwandelt sich in eine schöne junge Frau, die ein Schloß für Diarmaid herbeizaubert und sich bereit erklärt, mit ihm zu leben. Allerdings stellt sie die Bedingung, daß er ihr niemals vorhalten darf, daß er sie in ihrem früheren Zustand bemitleidet hatte. Er bricht dieses Versprechen, und sofort verschwindet sie mitsamt dem Schloß. Diarmaid leiht sich daraufhin ein Boot, das ihn unters Meer trägt, wo er erfährt, daß die junge Frau eine Königstochter ist. Sie ist inzwischen sehr krank geworden und findet keine Heilung. Er entdeckt einen magischen Becher, der sie gesunden läßt, da sie ihn aber nicht mehr interessiert, geht er zurück nach Irland.

Vielleicht ist Diarmaid der zögerliche Schamane, der Anwärter, der die bereits erkannten Geheimnisse hinter sich läßt und lieber in die *alltägliche Wirklichkeit* zurückkehrt, wo das Leben vorhersehbarer ist. Wir haben hier starke Anklänge an die Gralslegende. Der magische Becher stellt die Gesundheit der Prinzessin wieder her. In der keltischen Vorstellung ist die Frau aus königlichem Geblüt und das Land identisch. Wir dürfen annehmen, daß Diarmaid, wäre er ein Gralssucher gewesen, das Land ebenso hätte heilen können wie die Prinzessin unter dem Meer. Er hätte die Rolle des Schamanen übernommen, der die Geister der Natur anruft und beschwichtigt und den die Menschheit für ihr Wohlergehen braucht. Aber leider lehnt er ab.

Verwandlungsgeschichten über eine Schöne und ein Biest, Frösche und Prinzessinnen, häßliche alte Weiber und Jungfrauen spiegeln allesamt die Bedeutung, die der alte Schamanismus der Transformation beimaß. Diese Veränderungen sind selbstverständliche Bestandteile der schamanischen Reise. Aber Veränderungen, die sich im spirituellen Reich ereignen, haben oft auf der körperlichen Ebene entsprechende Wirkung, da die schamanische Arbeit die Grenze zwischen der spirituellen und der körperlichen Lebenswelt überbrückt. Menschen, die heute schamanische Verfahren anwenden, werden in der *nichtalltäglichen Wirklichkeit* ›den Frosch küssen‹ oder den ›Drachen erschlagen‹ und dabei wissen, daß der Frosch oder Drache die spirituelle Entsprechung eines bestimmten Problems in ihrem Leben ist. Indem sie das Tier in der einen Wirklichkeit zähmen, beginnen sie damit, die ungeliebten, angsterfüllten, beschädigten Teile ihres Lebens zu heilen.

DER TEUFEL IM WALD

Im 7. Jahrhundert verbot das Kirchenkonzil von Rouen allen Christen, an heiligen Brunnen Opfergaben niederzulegen, weil diese angeblich dadurch dem Teufel dargeboten wurden. Karl der Große und andere mittelalterliche Herrscher bekräftigten dieses Verbot im Verlauf der nächsten Jahrhunderte. Doch bis zum 17. Jahrhundert hatte sich der beliebte Brauch noch immer nicht gelegt, und die Verehrung, die das einfache Volk bestimmten Brunnen entgegenbrachte, verärgerte weiterhin die kirchlichen Würdenträger. Im Jahr 1628 verbot die schottische Kirche, am Maimorgen Besuche an der Christ's Well zu machen. Die Strafe für einen Verstoß wurde auf 20 Pfund festgesetzt, und der Übeltäter mußte an drei aufeinanderfolgenden Sonntagen in einem Sackgewand in der Kirche erscheinen. Ein ähnliches Gesetz war mit einer einwöchigen Gefängnisstrafe bei Wasser und Brot verbunden. Seltsamerweise betrafen diese späteren Gesetze Brunnen und Quellen, die bereits seit Jahrhunderten christianisiert waren. Trotzdem galt es immer noch als heidnisch und demnach satanisch dorthin zu gehen.

Und tatsächlich hatten die Kirchenoberen Grund zur Sorge, reisten die Pilger auf ihren Ausflügen zu den geweihten Quellen doch oft durch die Wildnis und in tiefe Wälder. Dort konnten sie ungehindert ihre heidnischen religiösen Riten vollziehen und der steifen Ehrbarkeit des Dorflebens entrinnen. Im Wald konnten sie sich so wild und ›unziemlich‹ aufführen, wie sie nur wollten. Durstige Ausflügler hatten Whiskey dabei, alte Fehden und neue Beleidigungen entwickelten sich zu blutigen Auseinandersetzungen. Die Leute konnten zu alten Volksliedern mit heidnischem Einschlag singen und tanzen und sich ›im grünen Walde‹ lieben, wie es ihre heidnischen Ahnen einst getan hatten. Aber es ging nicht nur um skandalöses Betragen. Wenn die Menschen zu den heiligen Brunnen zogen, zeigte sich auch, daß die Taufe aus den sogenannten christlichen Pilgern (obwohl sie schon seit Generationen in der Kirche waren) nicht alle heidnischen Reste getilgt hatte. Immer noch verehrten sie heilige Steine, gossen auf den Hügeln Milch aus, und gelegentlich wurde ein Stier geopfert. Viele dieser Gewohnheiten lebten besonders in abgelegenen Gegenden weiter, wie es Ende des 19. Jahrhunderts T. C. Croker in *Fairy Legends of Ireland* beschrieb: »In der Nähe dieser Brunnen werden oft kleine Altäre oder Schreine aufgebaut, oft ganz grob zusammengehauen. Vor ihnen kann man den irischen Bauer knien und seine Gebete darbringen sehen.«[33]

Abgesehen von den Gebeten an den »grob« gefertigten Waldaltären, ließen keltische Beter dort auch Blumen und geschmückte Zweige zurück, banden Stoffstücke an Bäume, die am Wasser standen, und warfen Nadeln und Münzen ins Wasser. Eine Opfergabe aus Metall für die Göttin, die Geister oder Feen hat eine lange Tradition. Ursprünglich waren Metallwaren äußerst wertvoll, und daher stellte die Gabe ein echtes Opfer dar. Wie wir bereits gesehen haben, besaß Metall eine magische, alchimistische Bedeutung, denn der Schmied verfügte über besondere Fähigkeiten und außerordentliches Wissen und stand den Göttern und Erdgeistern nahe. In späteren Zeiten herrschte der landläufige Glaube, daß die Feen, die ›kleinen Leute‹ in den Feenhügeln, Metall brauchten, um es zu schmelzen und zu ihren eigenen Werkzeugen und Waffen zu schmieden.

Christliche Missionare fällten die Bäume heiliger Haine oder die einzelne Eiche, die dem Gott oder der Göttin geweiht war, manchmal als politische Machtdemonstration, manchmal aus reiner Bosheit. Quellen wurden mit Steinen aufgefüllt oder christlichen Heiligen umgewidmet, nachdem sie ›exorziert‹ worden waren, um die ›Dämonen‹ zu vertreiben. Und doch, die Verehrung für Bäume als etwas, das mehr ist als nur Bauholz, setzte sich fort. Der keltische Geist konnte nicht so leicht gefällt werden wie die Eiche selbst. Sogar St. Columban, der nicht zögerte, eine ganze Stadt und ihre Befestigungen niederzubrennen (um ihre früheren Führer in Mißkredit zu bringen, die menschlichen wie die geistigen), rief seine eigenen spirituellen Kräfte an, um zu verhindern, daß eine Feuersbrunst einen Waldhain in der Nähe zerstörte. Er befahl sogar, daß die Kapelle von Derry in nord-südlicher Richtung gebaut werde, statt in der üblichen ost-westlichen, um zu verhindern, daß heilige Bäume abgeholzt werden mußten. Zudem bestimmte er, daß Bäume, die von selbst umfielen oder vom Wind umgeblasen wurden, neun Tage liegengelassen werden sollten. In diesen Anweisungen zeigt sich Ehrfurcht vor dem Leben und dem Geist, der in den Bäumen gewohnt hatte. Nach Ablauf der Frist wurden die Bäume zerhackt und das Holz unter den Armen verteilt.

Der Wald als Teil der Natur veränderte sich ständig. Manchmal war er eine sichere Zuflucht vor der Gesellschaft, ein Ort der Visionen und der Gemeinschaft mit Göttern und Göttinnen. Zu anderen Zeiten war es ein Ort des Schreckens, gefährlich und lebensbedrohlich. Doch so mehrdeutig sich der Wald auch darstellte, für die Kelten war er immer grundsätzlich von Geist erfüllt und deshalb anziehend. Denn wie der Schamane nur zu gut weiß, kann die

Einweisung in die spirituellen Geheimnisse sowohl tröstlich als auch erschreckend sein. Wie der *Grüne Mann* des Waldes, der *Herr der Tiere* oder die Waldhexe, so kann auch die Natur Leben geben und nehmen, denn die Natur ist die Quelle von Leben und Tod. Wie eine Brunnengöttin ist die Natur eine liebliche Maid, die Königreiche und Paläste verschenkt, aber sie ist auch die elende alte Frau mit dem fauligen Atem.

Trotz der unablässigen Bemühungen der Kirche, das Heidentum auszurotten, überlebte der ältere keltische Geist, manchmal im Untergrund, manchmal unter einem dünnen christlichen Schleier, manchmal unverholen heidnisch. Die uralte Spiritualität und ihre schamanische Weltsicht waren einfach zu schön und zu verlockend. Um es mit einem modernen Slogan auszudrücken: Man konnte die Kelten aus dem Wald vertreiben, aber man konnte den Wald nicht aus den Kelten vertreiben.

KAPITEL 6

DAS WALDVOLK

Wer heute schamanische Verfahrensweisen benutzt, diskutiert gelegentlich darüber, ob es klug ist, oder gar, ob es überhaupt möglich ist, in einer städtischen Umgebung schamanisch zu arbeiten. Serge Kalili King, der hawaiianischen Schamanismus lehrt und Autor des Buches *Der Stadt-Schamane* ist, glaubt, daß die »Ausübung [des Schamanismus] auch im großstädtischen Bereich sowohl natürlich als auch notwendig« ist. King erklärt den Schamanismus zu »einer ausgeprägten Form des Heilens« und betont zu Recht, daß ein Schamane ein Heiler ist, ganz gleich, in welcher Kultur oder Umgebung.«[1] Andere Lehrer, besonders solche, die in den Traditionen der amerikanischen Ureinwohner ausgebildet wurden, würden vielleicht eher die Quelle der schamanischen Heilkraft betonen: Die schamanische Reise und die enge Beziehung zu Hilfsgeistern, die in den meisten Fällen Natur- und insbesondere Tiergeister sind. Es kann, zumindest für einige Praktiker, nötig sein, regelmäßig längere Zeit in der freien Natur zu verbringen, um den städtischen Würgegriff um ihre Seelen zu lösen. Oft werden sie klagen, daß es anstrengend sei, in einer Großstadt schamanisch zu arbeiten. Die Debatte über dieses Thema ist nicht einfach eine esoterische Kabbelei zwischen der Stadtmaus und der Landmaus. Die zugrundeliegenden Annahmen und dazugehörigen Werte machen es nämlich durchaus wert, über die Frage ernsthaft nachzudenken. Wenn Schamanismus eine Ekstasetechnik ist, um einen visionären Bewußtseinszustand zu schaffen, ist es dann von Belang, in welche *Art* visionärer Umgebung die Schamanin sich reisen sieht? Und hängt die visionäre Umgebung in irgendeiner Weise von der stofflichen Umgebung oder der natürlichen Landschaft ab, in der die Schamanin arbeitet?

Die meisten modernen Schamanen reisen in ein *nichtalltägliches Reich*, das sie als natürliche Umgebung wahrnehmen, sie ›sehen‹ also etwa Wälder, Wüsten, Täler, Berge, Wiesen und gelegentlich auch Gärten, die Spuren menschlicher Betätigung erkennen lassen. In den meisten Fällen ist diese *Nawschaft* (die Nichtalltägliche-Wirklichkeits-Landschaft) eine Art Wildnis ohne die unverkennbaren Zusammenballungen unserer modernen Kultur. Wenn menschliche Ansiedlungen auftauchen, dann erinnern sie interessanterweise oft an archaische oder Stammesdörfer, häufig mit indianischem Einschlag. Fast gleichauf mit der indianischen *Nawschaft* ist eine keltisierte Umgebung mit Schlössern, Mooren, Forsten wie in der Artus-Sage und den verzauberten Wäldern der mittelalterlichen Romanzen. Was schließen wir daraus? Besitzt die Anderswelt ihre eigenen natürlich-archaischen Züge die sich auf schamanischen Reisen immer wieder zeigen, ob sie nun von einstigen Stammesschamanen oder heutigen Schamanen unternommen werden? Oder sind zeitgenössische ›Reisende‹ darauf ›programmiert‹, die Anderswelt traditioneller Schamanen zu finden, deren Beschreibungen der *nichtalltäglichen Wirklichkeit* oft zum Lesestoff, der Ausbildung und Einweihung des modernen Schamanen gehören?

Als moderne ›Reisende‹ können wir natürlich kulturelle Versatzstücke aus verschiedenen Traditionen auswählen und das entleihen, was unsere persönlichen Empfindungen anspricht. Mit anderen Worten: Wir wählen aus, was bei uns ›klappt‹. Wir können bewußt oder halbbewußt eine *Nawschaft* entwerfen und bereisen, die unsere Lieblingslandschaft in der Natur wiedergibt oder eine ethnische Zuordnung, zu der wir uns spirituell hingezogen fühlen, etwa die indianische, hawaiianische, die der Aborigines oder Kelten.

In der schamanischen Arbeit überwinden wir das alltägliche Menschsein, das wir unweigerlich als Teil der heutigen Zivilisation wahrnehmen. Schamanische Reisen bieten die Möglichkeit, jenseits unserer vertrauten Lebensweise Wesenszüge an uns zu entdecken, die in der heutigen Gesellschaft sonst unsichtbar bleiben oder die nicht kulturabhängig sind. Als Stadt-Schamanen brauchen wir den Wald oder die Wüste, um uns mit einem Universum zu verbinden, das mehr umfaßt als wir wissen. Nur so können wir herausbekommen, welche Art von Wesen wir sind (oder sein werden), wenn wir unsere vertraute Umgebung als Flüchtlinge vor der menschlichen Zivilisation verlassen. Dies scheint für den Schamanen und auch die meisten anderen spirituell Suchenden ein ewig wiederkehrendes menschliches Bedürfnis zu sein. Sogar in Stammesgemeinschaften, die eigentlich ›naturverbunden‹ leben, verspüren junge wie ältere Schamanen das Bedürfnis, die menschliche Gemeinschaft zeitweilig hinter sich zu lassen und lange Zeitabschnitte in der Natur zu verbringen, noch dichter an der Quelle, umgeben von der Einsamkeit des Selbst und der Gesellschaft des Geistes.

Die Schamanin, besonders die zeitgenössische schamanische ›Reisende‹, ist eine spirituelle Abtrünnige oder Outlaw, die sich in den Wald, die Wüste oder auf das Eisfeld zurückzieht, um sich von den Beschränkungen des gewöhnlichen Alltagslebens zu befreien. In der keltischen Tradition finden wir drei Arten spiritueller Outlaws, die einzeln und gemeinsam helfen können, den keltischen Schamanismus zu ergründen: die Bruderschaft der Fenier im alten Irland, die Vogelfreien im Sherwood Forest und die Hexen, die die älteren schamanischen Verfahren bis in die heutige Zeit bewahrten. In diesem Kapitel werden wir uns diesem ›Waldvolk‹ als Verkörperung des keltischen Geists und als Vorbild für die einzelgängerische Stellung der Schamanin widmen, die sich in den Randgebieten festgelegter Überzeugungen bewegt.

DIE FENIER

Der irische Sagenkreis, der sich um die Fenier rankt, unterscheidet sich stark von anderen mythologischen Erzählungen des alten Irlands. Im Gegensatz etwa zum Ulster-Zyklus, wo menschliche Gemeinschaft die wichtigste Rolle spielt, ereignen sich diese Geschichten in Waldlandschaften und ungezähmter Wildnis. Sie handeln tatsächlich mehr vom Feenland als vom eigentlichen irischen Volk. Wildnis, Wälder, einsame Plätze und Verstecke in den Bergen, freundliche und kluge Tiere und mythische Tierwesen prägen die Geschichten. Oft beginnt ein magisches Abenteuer, weil die Helden einen Hirsch oder Rehe in einen Zauberwald verfolgen, wo sie dann das Feenvolk, die Leute der Sidhe oder die älteren irischen Gottheiten treffen. Poinsias Mac Cana zufolge standen die Fenier »ständig im Dialog mit den Leuten der Sidhe«.[2] In diesen Erzählungen entsteht ein eher bewußt geschaffenes Wunderland, das an die Anderswelt erinnert, in die der Schamane reist: Alles ist von Zauber erfüllt, das Unerwartete geschieht, und Gestaltwandlungen ereignen sich laufend.

In dieser verzauberten Umgebung leben die Fenier (oder auf Gälisch, die *Fianna*). Diese halb offiziellen Militäreinheiten aus Jägern und Kriegern sollten die irische Insel vor Eindringlingen schützen. Zur Zeit der Wikingerüberfälle im 9. Jahrhundert und während der normannischen Besetzung um 1170 hätte Irland diese Streitmacht gut brauchen können. Doch ihre Geschichten, die erst im späten Mittelalter aufgezeichnet wurden, handeln von einem wesentlich früheren Zeitalter. Die Gesellschaft, die in den Fenier-Erzählungen beschrieben wird, spiegelt eine wesentlich ältere Lebensweise, wie sie etwa für das 2. oder 3. Jahrhundert nach Christus typisch ist.[3] Betrachten wir die Beziehungen der Fenier zu den Danannern und anderem Feenvolk, dann waren ihre Feinde höchstwahrscheinlich keine Horden menschlicher Eindringlinge, wie etwa die Wikinger, sondern der uralte kosmische Feind, die Fomorier. Keltische Forscher vermuten, daß der ›offizielle Zweck‹, Irland vor einem tatsächlichen Einfall fremder, feindlicher Völker zu schützen, eine spätere literarische Zutat ist, die den Erzählungen eine politische und historische Grundlage geben sollte.

Die ursprünglichen Feniersagen drehen sich um zwei Lieblingsthemen der keltischen Vorstellungswelt: Krieg und Magie. Tatsächlich waren die Fenier hervorragende Krieger und ebenso ausgezeichnete Magier. Hexerei und Dichtkunst zu beherrschen waren Voraussetzungen, um in die *Fianna* aufgenommen zu werden, und wurde als ebenso wertvoll und wichtig angesehen wie kriegerische Künste oder die Fähigkeit, in der Wildnis zu überleben. Die Abenteuer der Fenier führen diese irischen Krieger wiederholt aus der *alltäglichen Wirklichkeit* in die Anderswelt der Feenmagie, wo sprachliche Gewandtheit, Zauberei und magische Waffen über Leben und Tod entscheiden können. Die Fenier waren ›Wanderer zwischen den Welten‹, zwischen der menschlichen Lebensweise und den Geisterwelten, auf der die menschliche Kultur, besonders die keltische Lebensart, aufbaute. Am liebsten hielten sich die Fenier im Grenzland zwischen der Menschen- und der Feenwelt auf – im wilden, weglosen, verzauberten Forst. Mac Cana merkt an, daß ihre »Bewegungsfreiheit sich nicht auf den tatsächlichen irischen Boden beschränkt, denn eines der Merkmale der Geschichten ist die Leichtigkeit, mit der sie von der natürlichen Welt ins Übernatürliche wechseln« – eine Leichtigkeit, wie sie für den Schamanen charakteristisch ist.[4]

Marie-Louise Sjoestedt gibt hier den wichtigen Hinweis, daß in der Wildnis immer »noch die Bedingungen der sagenhaften Zeit herrschen«.[5] Zu diesen Lebensbedingungen zählt die Vertrautheit zwischen Menschen, Tieren und Geistern. Vielleicht liegt hier ein wichtiger Hinweis darauf, warum die *Nawschaft* aus den Reisen so vieler heutiger Schamanen so stark von der Natur geprägt ist. In der natürlichen *Nawschaft* erleben wir die fließende Verbindung zwischen Mensch, Tier und Geist. Der Ur-Wald ist dem Urzustand der frühesten paradiesischen Schöpfung am nächsten – und damit auch dem Schöpfer. Eine städtische *Nawschaft* dagegen, selbst wenn sie durch Magie und die unwirklichen Einflüsse visionärer Erfahrung angereichert wird, zeigt den unübersehbaren Einfluß menschlichen Handelns und menschlicher Schöpfung. Wenn es das Ziel des Schamanen ist, das menschliche Reich zu überwinden und das göttliche zu betreten, ermöglicht die natürliche Landschaft eine unmittelbare Verbindung zum Schöpfergeist. Eine städtische Umgebung dagegen, geprägt durch Werke von Menschenhand und den menschlichen Geist, erschwert diesen unmittelbaren Zugang.

Um Fenier zu werden, mußte ein Mann harte Prüfungen bestehen, um sich als Krieger, Jäger, Dichter und Zauberer zu beweisen. Die Voraussetzungen für die Zugehörigkeit waren äußerst schwer zu erfüllen. So mußte der Kandidat zwölf Dichterwerke auswendig lernen. Nachdem man ihn bis zur Taille in die Erde eingegraben hatte, mußte er sich aus dieser Lage gegen die Speere von neun Kriegern verteidigen, wobei er selbst nur mit einem Schild und einem Haselnußstock gerüstet war. Dem Haselnußbaum und seinen Nüssen wurden magische Eigenschaften zugeschrieben, so daß der Stock also eher ein Zauberwerkzeug als eine gewöhnliche Waffe darstellte. Während andere Fenier ihn durch den Wald hetzten, durfte unter seinem Fuß kein Zweig knacken, und keine Strähne seines geflochtenen Haares sollte sich lösen. Wenn er sich gegen Angreifer zur Wehr setzte, mußte er verhindern, daß seine Waffen in seinen Händen zitterten. Zwei weitere Prüfungen bestanden darin, daß der zukünftige Fenier über einen Stock in Augenhöhe springen und mit voller Geschwindigkeit unter einem Stock in Kniehöhe durchlaufen mußte. Zu guter letzt mußte er es fertigbringen, sich im Laufen einen Dorn aus dem Fuß zu ziehen, ohne dabei langsamer zu werden. Entweder mußte der Fenier-Anwärter ein Star-Athlet sein oder, was wahrscheinlicher ist, ein Star-Magier. Wie Sjoestedt anmerkt, war der keltische Held, und insbesondere der fenische Held, stets eine Mischung aus Berufskrieger und »Magier oder, wenn einem das lieber ist, Hexer *(Schamane)*«.[6] Wie die Schamanen, die jedem Problem und jeder Lage eine spirituelle Bedeutung abgewinnen können, so glaubte auch der keltische Held, wie Sjoestedt schreibt, daß »keine Handlung wirkungsvoll sein kann, wenn sie nicht ein Element der Magie hat«.

Die Fenier standen dank eines einzigartigen Rechtsstatus' außerhalb des Netzwerks von Stammesverpflichtungen. Hatte ein Mann einmal alle persönlichen Bindungen gelöst und ein Nomadenleben im Wald begonnen, war er klanlos und gehörte zu keiner gesellschaftlichen Gruppe, außer zu seiner Bruderschaft gewissermaßen vogelfreier Männer. Wenn er heiratete, war es einem Fenier sogar verboten, die Mitgift seiner Frau anzunehmen. Im keltischen Rechtssystem wurde Besitz durch die Ehefrau weitergegeben und hätte dadurch eine Verbindung zur Gemeinschaft geschaffen. Hatte aber ein Fenier Besitz, konnten rachsüchtige Feinde in einem Rechtsstreit darauf Anspruch erheben. Das einzige Heim des Feniers war der Wald, und mitmenschliche Verpflichtungen kannte er lediglich gegenüber seinen Kriegs- und Magiergefährten. Im Sommer zogen die Fenier frei umher, im Winter wurden sie in einem Dorf einquartiert: als Teil der Bezahlung, die sie für ihre Dienste erhielten, die sie dem Königreich leisteten.

Die Fenier wurden nicht wie Geächtete, sondern wie Außenseiter behandelt. Sjoestedt meint, daß die Fenier wahrscheinlich Männer anzogen, die von ihrem Charakter wenig dazu geeignet waren, in der Stammesgemeinschaft zu leben; Männer, die am Rande der Gesellschaft lebten und die dem Stamm zur Last gefallen wären oder ihn peinlichen Verwicklungen ausgesetzt hätten. Der Fenierstamm bot diesen Männern Zuflucht. Hier konnten sie ein Leben führen, bei dem überzogenes Verhalten nicht nur anerkannt, sondern sogar nützlich war, das sie aber innerhalb des Stammesverbands mit dem Gesetz in Konflikt gebracht hätte. Die *Fianna* stellte dem Stamm eine wichtige Dienstleistung zur Verfügung, schaffte es aber dennoch, nahezu unabhängig von ihm zu bleiben. Wahrscheinlich genossen die Fenier den romantischen, geheimnisvollen Zauber, der ihre Lebensart umgab, und schlugen vermutlich Kapital daraus. Ihre Ausbildung, ihr Lebensstil und ihre persönlichen Fähigkeiten sorgten dafür, daß die Fenier sowohl gefürchtet als auch geachtet wurden. Wahrscheinlich genossen sie das gleiche Ansehen wie in anderen Kulturen die Schamanen, die durch geistige oder verhaltensmäßige Besonderheiten auffielen: nach den Maßstäben der Gemeinschaft zwar Außenseiter, aber im Besitz persönlicher Macht oder einer Lebensart, die man bewunderte und respektierte.

Ein rätselhafter Bericht in der Fenier-Literatur illustriert die außergewöhnlichen Eigenschaften, die man bei den Feniern finden konnte. Drei Krieger, die von einem riesigen Hund begleitet wurden (ein traditioneller tierischer Hüter der Anderswelt) kamen zu Finn Mac Cumaill, dem Anführer der Fenier, und baten darum, in seine Bande aufgenommen zu werden. Sie begannen also, über die verschiedenen Dienste zu sprechen, die diese Männer den Feniern anbieten konnten, und über die Gegenleistungen, die sie erwarten konnten. Die drei stellten eine etwas merkwürdige Forderung: Sie wollten nachts von den anderen Männern getrennt schlafen und verlangten, daß sich ihnen dann niemand nähern und sie beobachten durfte. Finn fragte nach dem Grund. Sie antworteten, daß jede Nacht einer von ihnen ›sterben mußte‹ und die anderen beiden ihn bewachen mußten. Eine nähere Erklärung geben sie nicht, und hier endet die Geschichte dieser drei Männer auch schon. Wir müssen also unsere eigenen Schlüsse ziehen.

Die drei Männer konnten Schamanen gewesen sein, Meister der ›nächtlichen Reise‹, die außerkörperliche Riten vollzogen. In der Sprache der Erzählung ›starben‹ sie oder hatten todesnahe Erfahrungen. Da der überlieferte Bericht über dieses Ereignis unfertig zu sein scheint, könnten wir unser eigenes Ende schreiben. Auf der Suche nach keltischen Schamanen können wir die Geschichte weiterspinnen: Als Finn von dem nächtlichen Ritual hört, bricht er in herzliches Lachen aus, wirft seine Arme um ihre Schultern und beruhigt die Männer etwa mit folgenden Worten: »Na, Jungs, über Euer nächtliches Sterben braucht ihr euch keine Sorgen zu machen. Wir machen das schon jahrelang!«

FINN MAC CUMAILL

Das Leben von Finn Mac Cumaill, der angesehenste Anführer der Fenier, zeigt uns schamanische Merkmale, die wir schon aus den Lebensbeschreibungen anderer keltischer Helden kennen. Seine Mutter Murna stammt von den Danannern ab, womit Finn also eine halbgöttliche Gestalt ist. Nachdem ihr Mann besiegt worden ist, sucht Murna Zuflucht im Wald, wo sie Finn das Leben schenkt. Da sie Anschläge auf sein Leben befürchtet, gibt sie den kleinen Jungen in die Obhut von zwei Hexen, die ihn in der Wildnis aufziehen, wo er die Geheimnisse der Magie und der Natur kennenlernt. Außerdem sind die beiden Frauen auch Kriegerinnen, die Finn die Kriegskunst lehren. In der keltischen Literatur wird der männliche Held oft einer starken Frau zur Erziehung übergeben, die ihn das Kreigshandwerk lehrt und ihn oft auch in die Geheimnisse der Liebeskunst einweist. Später, als junger Mann, läßt sich Finn bei Finegas, einem weisen alten Druiden, der am Fluß Boyne lebt, in Dichtung und Wissenschaft unterweisen.

Finns schamanische Initiation endet, als Finegas, nach jahrelangen vergeblichen Versuchen, endlich den Lachs der Weisheit fängt. Der alte Mann gibt Finn den Fisch zum Kochen, mit der Anweisung, ihn nicht zu essen. Als er den Lachs am Spieß dreht, verbrennt Finn sich jedoch am Daumen, ganz ähnlich wie der Knabe Gwion, der auch eine heilige Aufgabe verpfuschte. Finn steckt den Daumen in den Mund, um ihn zu kühlen, und wird durch die Kraft des Lachses verwandelt. Finegas bemerkt die Veränderung sofort und fragt den jungen Mann aus. Als der Druide hörte, was geschehen ist, erkennt er, daß der Junge eine alte Prophezeiung erfüllt hat, wonach der Lachs nur von einem Mann namens Finn gegessen werden soll. So gibt Finegas Finn den ganzen Fisch, und der junge Held erhält umfassende Weisheit. Von diesem Moment an mußte Finn, wenn er andersweltliches Wissen suchte, nur den Daumen in den Mund stecken, und schon konnte er wahrsagen.

Finn hatte zwei Krafttiere, Bran und Skolawn, die Feenhunde, die eigentlich seine Neffen waren. Die Schwester seiner Mutter hatte sie geboren, während sie unter einem Feenzauber stand, der sie in einen Hund verwandelt hatte. Als Finns Gefährten führten Bran und Skolawn ihn in die Feenreiche, ähnlich wie Krafttiere den Schamanen in die Geisterwelt führen. Eine bekannte Szene in den Geschichten zeigt, wie die zwei Hunde einen Hirsch oder ein Reh in einen dichten Wald jagen, der in Wirklichkeit ein Eingang zur Feenwelt ist.

Einmal beispielsweise schrecken die zwei Hunde ein Rehkitz auf und jagen es einen Berg hinauf, der weithin als wichtiger Kraftplatz und Eingang ins Feenreich bekannt war. Wie so oft, verschwindet das Kitz auf der anderen Seite des Berges, und auf der Suche nach ihm entdeckt Finn eine schöne Frau, die über den Verlust eines goldenen Rings weint, der ihr in einen nahegelegenen See gefallen ist. Die Frau befiehlt ihm, zum Grund des Sees zu tauchen, um den Ring zu holen. Er gehorcht, doch als er wieder auftaucht, ist die Frau ebenfalls verschwunden. Vom Tauchen stark geschwächt, bricht Finn am Ufer des Sees zusammen und schläft ein. Später erwacht er als erschöpfter alter Mann mit silberweißem Haar. Die Prüfung hat ihn so verändert, daß nicht einmal seine treuen Hunde ihn erkennen.

Unfähig zu gehen – ein Zeichen, daß er unter Wasser die Anderswelt besucht hatte –, wartet Finn, bis einige seiner Männer vorbeikommen. Auch ihnen fällt es schwer, ihren Anführer zu erkennen, aber er flüstert einem von ihnen etwas zu, und der Mann merkt, wer der Greis wirklich ist. Auf einer Bahre tragen sie Finn zu einem Feenhügel, wo die Tochter des Schmiedes Cullan wohnt, denn sie haben den Verdacht, daß sie es war, die Finn zu dem schicksalhaften Bad im See verführte.

Die Fenier graben ein Loch in den Hügel und versuchen, die dort wohnenden Geister zu wecken. Schließlich gelingt es ihnen, in die geheime Kammer im Innern des Hügels einzudringen, und sie finden dort eine schöne Frau, die Finn ein rotgoldenes Trinkhorn reicht. Das Getränk stellt Finns Stärke, Jugend und Schönheit wieder her, aber sein Haar bleibt silberweiß. Ein weiterer Schluck aus dem Horn hätte ihm auch seine natürliche Haarfarbe wieder zurückgegeben, aber Finn lehnt ab. Als Zeichen seiner Reise in die Anderswelt bleibt sein Haar für den Rest seines Lebens weiß.

DIE HERREN DER TIERE

Finn besitzt die dreifache Natur des Schamanen: die menschliche, tierische und die eines Geistes. Durch seine Mutter stammt er von den Feen ab, von den Menschen durch seinen Vater, und von den Tieren durch die schamanische Einweihung. Laut einer Prophezeiung, die sich auf Finn bezieht (der später als der irische König Mongan wiedergeboren wird), soll er sich in vielerlei Tiere verwandeln:

Er wird ein Drache sein, der das Heer in die Schlacht führt,
Er wird ein Wolf in jedem großen Wald sein,
Er wird ein Hirsch mit Silbergeweih sein …
Er wird ein gefleckter Lachs in einem vollen Teich sein,
Er wird ein Seehund und ein schneeweißer Schwan sein.[7]

Viele Fenier sind teilweise Tierwesen. Conan Mac Morna hatte beispielsweise auf Rücken und Hinterteil keine Haut, sondern ein schwarzes Schaffell. Finns Neffen waren Hunde, sein Sohn Oísin war zum Teil ein Hirsch. In naturverbundenen Kulturen, die die Arten nicht als von einander getrennt betrachten, können Menschen, Tiere und Geister auf sehr intime Weise miteinander verkehren. Tatsächlich werden Menschen, Tiere und Geister gar nicht als streng getrennte Wesenheiten wahrgenommen. Sie sind vielmehr Verwandte, die sich nicht nur untereinander verständigen können, sondern auch die Lebensbereiche der anderen teilen und sogar im Körper der anderen wohnen können. Der indianische Refrain »All meine Verwandten« wird zu heiligen Anlässen gesprochen, um diese Art der Verwandtschaft mit der ganzen Schöpfung zu bekräftigen und zu ehren.

Eine Geschichte über Saba, eine von Finns Frauen, veranschaulicht dieses Gefühl für die Verwandtschaft zwischen Mensch und Tier. Saba wird von einem rachsüchtigen Druiden, dessen Liebe sie zurückgewiesen hatte, in eine Taube verwandelt. Schlau bringt sie Finns Hunde dazu, hinter ihr herzujagen, und freundet sich im Spiel bald mit ihnen an. Finn ahnt, daß da etwas Magisches im Spiel ist und befiehlt, daß niemand auf sie schießen dürfe. In der folgenden Nacht offenbart sie sich Finn als schöne, junge Frau und bittet ihn und seine Männer um Schutz. Dann erklärt sie, warum sie wußte, daß Finns Hunde sie nicht zerreißen würden: Als seine Neffen besitzen sie ›menschliche Natur‹. Da Finn gelobt hat, den Unterdrückten zu helfen, erlaubt er Saba zu bleiben. Ein überlieferter Text gibt seine Antwort wieder: »Hab keine Angst. Wir sind frei, und auch unsere Gäste und Freunde sind frei.«[8]

Eine Geschichte über den Fenier Derg Corra liefert erstaunliche Einzelheiten über die schamanische Lebensweise bei den Waldkriegern, besonders über ihre enge Freundschaft mit Tieren. Derg Corra, dessen voller Name »Der Rote mit der spitzen Mütze« bedeutet, war berühmt dafür, daß er besonders über Feuer außerordentlich hoch springen konnte. Wie bei den Hindus das Schweben, gilt hier das Springen als eine Art des Fluges. Die gleiche Fähigkeit wurde auch noch den frühen christlichen Heiligen zugeschrieben. Auch hier zeigt sich deutlich, daß die Fähigkeit zu ›fliegen‹ – einst eine druidisch-schamanische Fertigkeit – selbst bei den getauften Kelten noch Vorstellungen und Handlungen beeinflußte.

Trotz all seiner glänzenden Eigenschaften, neigte Finn doch ein wenig zum Neid. Eines Tages wurde Derg Corra Opfer dieses Neides, als Finn ihm befahl das Lager zu verlassen. Am nächsten Tag ging Finn jedoch in den Wald, um ihn zu suchen, und stieß auf einen Mann, der in einer Baumkrone saß. Es lohnt sich, die ganze Beschreibung wiederzugeben. Der Mann hatte »eine Amsel auf der rechten Schulter und in der linken Hand ein weißes Bronzegefäß, das mit Wasser gefüllt war, in dem eine muntere Forelle schwamm, und am Fuß des Baumes lag ein Hirsch. Und der Mann tat so: Er aß Nüsse und gab den halben Nußkern der Amsel auf seiner rechten Schulter, während er selbst die andere Hälfte verspeiste; darauf nahm er einen Apfel aus dem Bronzegefäß in seiner linken Hand, teilte ihn, warf eine Hälfte dem Hirsch am Fuß des Baumes zu und aß dann die andere selbst. Danach trank er einen Schluck aus dem Bronzegefäß in seiner Hand, und zwar so, daß er und die Forelle und der Hirsch und die Amsel zusammen tranken. Darauf fragten Finns Begleiter den Mann im Baum, wer er sei, denn sie erkannten ihn nicht, weil er eine Kapuze trug.«[9]

Der Mann im Baum war Derg Corra.

In diesem kurzen Text geschieht eine Menge. Das Ritual, in einer Baumkrone zu sitzen, kennt mehr als eine Schamanenkultur. Der Baum steht für die Weltenmitte, von dem aus der Schamane durch die Zweige nach oben in den Himmel oder nach unten durch die Wurzeln in die Erde reisen kann. Er symbolisiert auch den Weltenbaum, weil er viele Arten von Leben nährt: Nüsse, Äpfel, ein Hirsch, ein Vogel und ein Fisch drängen sich um ihn. Er ist ein verkleinertes Abbild der Welt, auf mythische Weise ein Heim für die gesamte Schöpfung – Pflanze, Säugetier, Fisch, Vogel und Mensch. Derg ist sowohl Herr des Baumes (eine Art *Grüner Mann*) als auch *Herr der Tiere*. Indem er sein eigenes Essen und Wasser mit den Tieren teilt, bezeugt er seine Verwandtschaft mit ihnen, oder zumindest ein besonders inniges Gefühl von Gemeinschaft.

DIE ZAUBERKAPPE

Derg Corras ›Tarnkappe‹ verdient besondere Aufmerksamkeit. War Dergs Haupt rot, wie sein Name andeutet, dann finden wir hier deutlich die Bräuche des Feenvolks wieder, die am liebsten rote oder manchmal auch grüne Kappen trugen. Derg ist in diesen Wäldern nicht der einzige, der eine Haube trägt. Auch Finn besaß eine Zauberkappe, die ihm die Fähigkeit verlieh, andere Gestalt anzunehmen. Je nachdem, wie er sie aufsetzte, erschien er entweder als Mann, als Hund oder Hirsch. Diese beiden Tiere – Hund und Hirsch – erscheinen wie ein natürliches zweites Ich eines Kriegers und Jägers. Auch heute noch wissen Jäger nur zu gut, daß sie ein Tier sehr genau kennen müssen, um auf der Jagd erfolgreich zu sein: seine Launen, wovor es sich fürchtet, seine Instinkte und Verhaltensweisen. Man muß tatsächlich sowohl Jäger als auch Gejagter sein, um jede Bewegung der Beute vorhersehen zu können. Krieger betrachten ihre Gegner genauso: Sie müssen denken wie der Feind, um ihn überlisten zu können. Finns Fähigkeit, sich entweder in einen Jagdhund oder das Wild selbst zu verwandeln, muß ihn also zu einem ausgezeichneten Jäger gemacht haben, der sich körperlich und *psychisch* zwischen der Welt des Jägers und der Waldwelt des Waldes hin und her bewegen konnte.

Finn konnte sich mit Hilfe einer Zauberkappe in ein Tier und insbesondere sein Krafttier verwandeln. Es lohnt sich also, daß wir uns näher mit der engen Beziehung zwischen Schamanen und ihren magischen Kopfbedeckungen befassen. Mircea Eliade macht uns darauf aufmerksam, daß die magische Haube oder Kappe eines der wichtigsten Merkmale des sibirischen Schamanen darstellt. Er erklärt, daß sie »bei gewissen Stämmen … als wichtigster Teil der

Schamanenkleidung« gilt.[10] Kai Donner erinnert daran, daß sibirische Schamanen der Aufforderung russischer Forscher, eine Zeremonie vorzuführen, zwar unwillig nachkamen, dabei aber ihre Kappen nicht trugen. Dadurch wurde die ganze Aufführung zu einer bloßen Nachahmung ihrer echten Arbeit. Er hält fest, daß sie glaubten, daß »ein großer Teil ihrer Kraft … in diesen Kappen verborgen ist«.[11] Die Kappen oder Hauben waren oft mit Tierfiguren oder Tierteilen geschmückt, etwa Hörnern, Geweih und Federn. Beispielsweise konnte eine Kopfbedeckung aus dem ganzen Kopf eines Bären bestehen, an dem noch Teile von dessen restlichem Körper hingen, die wie ein Umhang oder eine Robe herunterhingen und die Schultern bedeckten. Auch Vögel, besonders Schwan, Adler und Eule, waren beliebte Totemvögel. Manchmal behielten die Schamanen die Flügel, manchmal den ganzen Kopf.

In ihrer klassischen Untersuchung *The God of the Witches* bemerkt Margaret Murray, daß die Kopfbedeckungen für das Feenvolk sehr wichtig waren. »Der ausgeprägteste Teil ihrer Kleidung … [war bei Feen] aller Ränge der Hut, die Kappe oder Haube.«[12] Feen waren bekannt dafür, sogar ihr Leben zu riskieren, um eine verlorene oder gestohlene Kappe zurückzugewinnen, denn wie den sibirischen Schamanen verliehen die Kappen dem Feenvolk ihre Zauberkraft und ihre Macht. Die typischen Farben der Kappen waren rot und grün. Viele Kappen waren kegelförmig oder zugespitzt, eine Form, die uns an Hexen und Zauberer denken läßt. Der Sage nach verleiht die Kappe den Feen die Fähigkeit zu verschwinden oder sich unsichtbar zu machen. Auch in manchen Volkserzählungen oder Märchen blieb diese Eigenschaft der Tarnkappe erhalten.

ROBIN HOOD – DER MANN MIT DER HAUBE

Niemand weiß genau, woher Robin Hood, der berühmte Outlaw aus dem Sherwood Forest, seinen Namen hat. Er wurde auch »Robin in the Hood – Robin in der Haube«, »Robin die Haube« und

»Robin, der Mann mit der Haube« genannt. Was auch immer ursprünglich gemeint war, Robins Haube diente als festes Erkennungsmerkmal. Immer wieder stellt er seine Fähigkeit unter Beweis, wie ein Geist im Wald zu verschwinden, wenn er von der örtlichen Obrigkeit verfolgt wird. War es die Haube, die ihn unsichtbar machte? Der Überlieferung nach trugen Robin und seine Gefährten grün, die Farbe des Waldes, was zweifelsohne zu ihrer Tarnung beitrug. Ebenfalls hilfreich dürften die sehr genauen Kenntnisse der Geächteten über die Waldpfade mit ihren geheimen Verstecken gewesen sein.

Lassen wir die natürliche Überlebensfähigkeit einmal beiseite, entdecken wir in den Geschichten um Robin Hood eine wesentlich ältere Eigenschaft, die manchmal sogar in modernen Nacherzählungen auftaucht: Robins Hoods magisches Können. So betrachtet, kommt seiner Haube eine besondere Bedeutung zu, die sie sowohl mit den Feniersagen als auch mit der Überlieferung der sibirischen Schamanen verknüpft. Schamanisch gesehen erklärt sich die grüne Haube, die ihren Träger mit dem Wald verschmelzen läßt, fast von selbst. Zieht man eine Kopfbedeckung tief genug ins Gesicht, kann jede die Identität einer Person verbergen, doch eine Zauberkappe konnte ihrem Träger eine völlig andere Gestalt verleihen. Robins Haube könnte, genau wie Finns, gestaltwandlerische Kräfte besessen haben. Als die Geschichten über die Geächteten allmählich ihrer magischen Anteile beraubt wurden, machte das aus Robin und seinen Männern schlichte ›Verwandlungskünstler‹. Nun war es nur noch eine Frage der Geschicklichkeit, wenn sie durch die Tore von Nottingham gelangten, ohne vom bösen Sheriff und seinen dümmlichen Schlägern entlarvt zu werden. Aus der übernatürlichen Fähigkeit wurde die gewöhnliche Begabung zur Maskerade.

Einer alten Überlieferung nach war Robin der Sohn von Herne, dem *Gehörnten Gott*, dem Anführer der Wilden Jagd. Wie Finn besaß auch Robin das schamanische Erbe von Menschen und Geistern. Tatsächlich nannten manche Robin den »Hexer von Sherwood Forest«, dessen Gefolgsleute tief in ihrem Waldversteck heidnische Rituale abhielten (ungeachtet der Anwesenheit des trinkfreudigen Bruder Tuck). Robins Ruf als Hexer und Zauberer könnte durch schamanische Handlungen entstanden sein. Dazu gehören auch schamanische Reisen, die der Ursprung mancher Ereignisse gewesen sein könnten, die später Teil der Sagen wurden, die sich um ihn rankten.

Die Sage von Robin Hood ist nicht ursprünglich keltisch, doch ist der Kult um den Geächteten räumlich und zeitlich sehr weit verbreitet. Damit dürfte er genug Stoff für viele örtliche Überlieferungen geboten haben, die sich mit Geschichten über keltische und nicht-keltische Helden (mit Hauben) verbanden. Die Geschichten waren in England und Schottland gleichermaßen bekannt. Ihre Vorläufer der Überlieferung kommen jedoch aus den irischen Sagen um Finn und die Fenier. Die Geächteten von Sherwood waren wie die Fianna eine Bruderschaft von Jägern und Kriegern, die im Wald lebten. Beide Gruppen standen außerhalb des Gesetzes und der anerkannten gesellschaftlichen Verhaltensweisen ihrer Zeit. Sowohl Robin Hood wie auch Finn waren Volkshelden, die materielle Dinge verschenkten. Die Sage berichtet, daß »Finn Gold verschenkte als sei es Blattwerk aus dem Wald, und Silber, als sei es Gischt von der See«.[13] Bei den Feniern war Großzügigkeit die wichtigste Tugend. Beide Verbände von mehr oder weniger Gesetzlosen hatten sich der Wiederherstellung des Rechts und dem Schutz des Landes verschrieben: Die Fenier schützten es vor feindlichen Eroberern. Robins Männer verteidigten das Land gegen innere Feinde, die den rechtmäßigen König, Richard Löwenherz, stürzen wollten.

Halb verborgen unter den Abenteuern von Robin und seinen Kappen tragenden Mannen gibt es Hinweise zu entdecken, die sichtlich darauf hindeuten, daß der Ruf des Waldes – neben allem anderen – eine geheimnisvolle Berufung war. Robins berühmteste Gefährten haben Namen und Merkmale, die darauf hinweisen, daß sie einst Gottheiten, Feen oder Schamanen gewesen sein könnten. John Little etwa wird zu Little John, dem »Kleinen John«, ein deutlicher Versuch, sein doppeldeutiges Wesen zu verbergen, denn der Mann selbst war größer als der Durchschnitt und wurde gar als Riese beschrieben. War er nun ein Riese oder einer von den

›Kleinen Leuten‹? Der Name Alan-a-Dale bedeutet Alan vom Tale: Er war ein Musiker, der ›von den Hügeln kam‹. War er etwa ein Feenmusiker? Der Name Will Scarlet (Scharlach) mag sich zwar auf seine ungestüme Art, sein hitzköpfiges Temperament beziehen, doch er trug auch gerne die Farbe Rot, die man am häufigsten mit den Feen verbindet.

Heidnische und christliche Mystik laufen in den Gestalten von Marian und Bruder Tuck zusammen. Marian mag eine »Jungfer« im Sinn einer »Maid« gewesen sein, ein Ausdruck, der im Englischen ein bestimmtes Mitglied eines Hexenzirkels bezeichnet. Der Name Marian kommt allerdings aus der christlichen Tradition; er ist eine Form von Maria. Ihr Name taucht in der keltischen Landschaft überall auf und tarnt Stätten, die einst den älteren Muttergöttinnen geweiht waren. Bruder Tuck (früher Bruder Michael genannt) ist ein Verstoßener aus Fountains Abbey. Auch dieser Ort könnte möglicherweise eine Verbindung zur Alten Göttin haben, wenn wir davon ausgehen, daß das Wort *fountains* (Quelle) mit heiligem Wasser zu tun hat. In die legale Welt zurückgekehrt, baut sich Tuck an einem Fluß eine Einsiedlerklause, wo er einen bescheidenen Lebensunterhalt damit verdient, Reisende übers Wasser zu tragen. Hier klingt die weitverbreitete Tradition vom übernatürlichen Bootsmann an, der die gerade Verstorbenen ins Totenreich bringt.

Mag die verborgene Berufung von Robins Gesetzlosen auch irgendwo zwischen den Seiten der Märchen- und Sagenbücher verschwunden sein – die Gesetzlosen von Sherwood scheinen dennoch reiche Geheimnisse zu bergen.

HEXEN UND DER SCHAMANISCHE SEELENFLUG

Andras Corban Arthen, der Autor und Leiter von Earth-Spirit, einer der ältesten neuheidnischen Gemeinschaften Nordamerikas, hat gezeigt, daß Hexerei bestimmte wesentliche Eigenschaften mit einer höchstwahrscheinlich älteren Form des europäischen Schamanismus teilt. Dazu gehörten Heilkräfte, Reisen in die oberen und unteren Welten, Geistertiere, Trancearbeit, die Anwendung halluzinogener Pflanzen und die Berufungskrise.[14] Arthen betrachtet diese Gemeinsamkeiten im Hinblick auf den schamanischen Archetyp und die Kernbestandteile der schamanischen Reise. Folgen wir dieser Sicht, finden wir deutliche Belege, daß die Männer und Frauen, die in historischer Zeit als Hexen bekannt waren, möglicherweise wirklich eine Form des Schmanismus ausgeübt haben, die in den spirituellen Verfahrensweisen der alten Keltenstämme verwurzelt ist.

Grundlegender Bestandteil des Kernschamanismus ist ein visionärer Bewußtseinszustand, durch den sich der Schamane oder die Schamanin auf die Reise in die *nichtalltägliche Wirklichkeit* begibt. Zeugnisse von Hexenprozessen erwähnen häufig, daß die Angeklagte in »tiefe Trance« oder einen »bleiernen Schlaf« fiel. Es ist bekannt, daß Hexen Kräutertinkturen wie sogenannte ›Flugsalben‹ benutzten, die aus Zutaten mit rauscherzeugenden Eigenschaften bestanden. Diese Salben wurden in Ritualen und Zeremonien benutzt, die Zeugen oft als wilde Orgien beschrieben; ein deutlicher Hinweis darauf, daß die Teilnehmer in einen veränderten Bewußtseinszustand eingetreten waren. Es gibt außerdem Hinweise, daß die Hexen *Amanita* verwandten, einen rauscherzeugenden Pilz, und die Hanfpflanze *Cannabis*, die heute eher als Marihuana bekannt ist. Wie bereits erwähnt, unterhielten die keltischen Stämme Verbindungen zu den Skythen, die Hanf in Schwitzhütten einsetzten, um veränderte Bewußtseinszustände hervorzurufen. Es könnte sogar sein, daß die Kelten dieses Verfahren in Westeuropa einführten, wo es bis ins Mittelalter von Hexen angewendet wurde.

Nicht jeder, der sich in einen veränderten Bewußtseinszustand begibt, ist auch ein Schamane. Der *schamanische Bewußtseinszustand* führt zu einer Reiseerfahrung, die für gewöhnlich als »Seelenflug« bezeichnet wird. Eines der häufigsten Merkmale des europäischen Hexentums ist der nächtliche Flug über den Himmel, eine Art Reise in die Oberwelt. Diese Tradition hat weit zurückreichende heidnische Wurzeln, die sich auf römische Rituale in Norditalien zurückführen lassen, wie die nächtlichen Flüge mit der Göttin Diana. Interessanterweise ist diese römische Tradition auch in den westlichen Alpen um den See von Neuchâtel zu finden, dem La-Tène-Gebiet, in dem große keltische Siedlungen aus der Eisenzeit entdeckt wurden. Carlo Ginzburg schließt aus seinen Untersuchungen zur europäischen Hexenbewegung, daß in dieser Region der römische Name Diana den älteren keltischen Namen Epona verdrängte. Epona ist der Name der keltischen Göttin der Pferde, und Ginzburg vermutet im nächtlichen Flug eine unverkennbar keltische Tradition.[15]

Pferde stehen in enger Verbindung mit dem Flug über den Nachthimmel. Hier liegt die Wurzel für die Tradition des ›Hexenbesens‹. Dieses ›hölzerne Pferd‹, ein Stock mit einem Pferdekopf aus Holz oder Stroh, diente armen Frauen als Ersatz, wenn sie kein echtes Pferd hatten, um zum Hexensabbath zu reiten. Im Ritual wurde der Ritt auf dem Pferd durch den Ritt auf einem Stock oder Hexenbesen um das Feuer nachgestellt. In jedem Fall erwähnen die Aufzeichnungen aus den Hexenprozessen häufig, daß die Hexen auf Pferderücken, Stöcken oder Besen über den Himmel ritten. Wer fürchtete wegen Zauberei verfolgt zu werden, benutzte einfache Haushaltsgegenstände, wie Besen, als magische Werkzeuge. Es war zu gefährlich mit besonderen rituellen Gegenständen ertappt zu werden.

Bemerkenswerte Entsprechungen gibt es auch zwischen den Ekstasepraktiken der Hexen und den Benandanti, einer norditalienischen Sekte des 16. Jahrhunderts.[16] Im Trancezustand sahen die weiblichen Benandanti, wie sie eine Totenprozession anführten. Die männlichen Mitglieder sahen sich rituelle Himmelsschlachten mit bösen Geistern, die die Kräfte der Fruchtbarkeit vernichten wollten, ausfechten. In beiden Fällen spielten sich die rituellen Handlungen in einem rauschhaften Bewußtseinszustand ab, indes die Geister der Menschen ihre Körper in Tiergestalt verließen. Die Benandanti beschrieben diesen nichtalltäglichen Bewußtseinszustand als eine Art zeitweiligen Tod. Die Merkmale der nächtlichen Reisen der Benandanti gleichen in bemerkenswerter Weise den Befragungen und Aussagen der Hexen bei ihren Prozessen.

Auffallende Ähnlichkeiten gibt es auch zwischen den Trancezuständen der Benandanti und denen der eurasischen Schamanen. In Lappland etwa verfiel ein ›Magier‹ in einen Zustand der Muskelstarre, die ein Schriftsteller des 16. Jahrhunderts folgendermaßen schildert: »Wenn 24 Stunden vergangen sind, erwacht der leblose Körper bei Rückkehr des Geistes wie aus einem Tiefschlaf mit einem Seufzer, so als wäre er aus dem Tod, dem er anheimgefallen ist, wieder ins Leben zurückgerufen worden.«[17] Ginzburg vergleicht diese Beschreibung mit einer Aussage, die nur 30 Jahre später in Italien über ein Mitglied der Benandanti gemacht wurde: »Wenn er gezwungen ist, in den Kampf zu gehen, überfällt ihn ein sehr tiefer Schlaf. Er schläft auf dem Rücken, und wenn der Geist hervortritt, hört man ihn dreimal stöhnen, wie es oft Sterbende tun.« Die ähnlichen Beschreibungen von eurasischen Schamanen, der Benandanti-Gesellschaft Norditaliens und der Hexenrituale, wie sie bei den Hexenprozessen vorgelegt wurden, deuten darauf hin, daß schamanische Überzeugungen und Verfahren beim einfachen Volk noch viel länger überlebten, als es die offizielle Geschichtsschreibung jener Zeit vermuten läßt.

Hier ist eine Fußnote angebracht: Als man die Benandanti fragte, wen sie denn in ihren Rauschzuständen bekämpften, antworteten sie: »böse Hexen«. In ihrer Vorstellung übten sie selbst keineswegs Hexerei oder eine üble Form der Zauberei aus, sondern retteten die Gemeinschaft vor der Bosheit anderer. Üblicherweise verteidigten sie sich mit der Erklärung, daß ihr Gott sie dazu aufgerufen hätte, das Volk *gegen Hexen* zu verteidigen. In dieser Aussage sehen wir einen weiteren Beweis dafür, wie heidnische Verfahren in die christliche Vorstellungswelt eingepaßt werden konnten und die Spiritualität des Volkes noch lange prägten, nachdem eine Bevölkerung zur neuen Religion ›bekehrt‹ worden war.

Aus schamanischer Sicht ist es für uns interessant, wie Zeugen schamanische Trance beschrieben und sie mit dem Tod oder einer todesähnlichen Erfahrung gleichsetzten. Die schamanische Reise wird noch immer so erklärt, wie Holgar Kalweit es in seinem Werk *Traumzeit und innerer Raum* so hervorragend zeigt. Wer regelmäßig und über Jahre schamanisch arbeitet, dem passiert es tatsächlich oft, daß er seine vielleicht anfängliche Furcht vor dem Universum verliert. Diese Furcht vor dem Universum schließt auch die Furcht vor dem Tod ein. Immer wieder erklärten Zeugen von Hinrichtungen an Hexen, daß die Opfer sich offensichtlich nicht vor dem Tod fürchteten. Vielleicht verliehen ihnen ihre Erfahrungen in der *nichtalltäglichen Wirklichkeit* und die Alte Religion, die auf den Zyklen der Natur basierten, den Mut, ihrem eigenen Tod mit ruhiger Würde zu begegnen. Vielleicht verließen die dem Tod geweihten Menschen in diesen letzten Stunden und Minuten ihres Lebens ihre Körper aber auch ganz bewußt und absichtlich.

Schamanen erleben den Tod oder dessen Entsprechung auf schamanischen Reisen oft in Form von ›Zerstückelungs‹-Erlebnissen, bei denen Geister oder Krafttiere ihre Körper zerreißen und in einer leichteren, transzendenteren Form wieder zusammensetzen. Die engen Verbindungen zwischen dem schamanischen Reisen und todesnahen Erfahrungen helfen zu erklären, warum Schamanen und europäische Hexen aktiv am Tod und Sterbeprozeß von Menschen teilnehmen konnten, für die sie die letzten Rituale ausführten. Sie haben vielleicht auch ihren eigenen Tod in Trance erlebt.

HEXENLÖCHER UND FEENHÜGEL

Der Hexenflug über den Himmel ist eine Form der Reise in die Oberwelt, die für schamanische Arbeitsweisen auf der ganzen Welt typisch ist. Aber auch die Fähigkeit, in die Unterwelt zu reisen, wurde den Zauberkundigen zugeschrieben. Von manchen Hexen glaubte man, daß sie unter der Erde lebten. Arthen weist darauf hin, daß Löcher am Fuß von Bäumen und in Gegenden, in denen es besonders heftig spukt, im Englischen sogar heute noch ›Hexenhäuser‹ oder ›Hexenlöcher‹ genannt werden.[18] Man glaubte, daß Hexen diese Löcher entweder als ständige Behausungen nutzten oder daß sie dort hingingen, um zu zaubern oder Rituale durchzuführen. Hier haben wir eine weitere Entsprechung zu den Feen, die in den Feenhügeln lebten.

Es gibt anthropologische Beweise, daß die ›Kleinen Leute‹ in oder unter der Erde lebten. In Britannien bewohnten die Völker der Stein- und Bronzezeit kreisförmige Hütten, die aus mit Lehm beworfenem Flechtwerk gebaut und rund 60 bis 90 Zentimeter in die Erde versenkt waren. Gedeckt wurden diese Häuser dann mit Torfballen, auf denen Gestrüpp, Gras oder Farnkraut wuchsen. So sahen sie aus wie kleine Hügel oder Erderhebungen. Die ursprünglichen Bewohner, besonders die schottischen Pikten, waren von so kleiner Statur, daß sie dem Glauben Nahrung gaben, das Feenvolk sei klein und lebe in Feenhügeln.[19] Noch in der Mitte des 16. Jahrhunderts gab ein Mann namens John Walsh an, daß er die Feen aufgesucht habe, die im Inneren der Hügel wohnten. Ein zur gleichen Zeit entstandener Holzschnitt zeigt einen Ritter, der ein Feenhaus aufsucht, das unter Steinen und Blattwerk versteckt ist, und dessen Bewohner kleiner zu sein scheinen als er selbst. So können wir festhalten, daß es von der Steinzeit bis heute eine ununterbrochene Tradition von Menschen gibt, die am Rand der Gesellschaft leben, Magie ausüben und in unterirdischen Behausungen leben – seien es nun die ursprünglichen, kleinwüchsigen Bewohner der Britischen Inseln, die frühen keltischen Gottheiten, die sich in die Unterwelt zurückzogen, um das Reich an der Oberfläche den Sterblichen zu überlassen, das romantische, sagenhafte Feenvolk oder die Hexen in den Wäldern.

FEDER, FELL UND ZAUBERSPRUCH

Schamanen unterhalten persönliche Beziehungen zu bestimmten tierischen Helfern. Sowohl in der *alltäglichen* wie der *nichtalltäglichen Wirklichkeit* verleihen die besonderen Tiergefährten dem Schamanen Macht und Selbst-Bewußtsein. Oft wird eine Schamanin Kräfte besitzen, die zu dem Tier passen, das ihr als Geisterführer dient. Außerdem kann die Schamanin einen Namen oder körperliche Merkmale besitzen, die dem Tier ähneln. Schamanen verwandeln sich sehr häufig in Tiere, während sie sich im visionären Bewußtseinszustand befinden, um so deren Kraft zu erleben und sich noch enger mit ihnen zu verbinden. So ›werden‹ die Schamanen auf der schamanischen Reise zu ihrem Krafttier, wenn ihnen eine solche Verwandlung hilft, das Ziel der Reise zu erreichen.

Auch Hexen besitzen diese magische Beziehung zu Tieren. Dem »vertrauten« Tier der Hexe (Katze, Kröte, Eule, Hase, Krähe, Rabe) wurde oft unterstellt, daß es die Zaubersprüche der Hexe ausführe, damit sie selbst nicht gefaßt würde. Menschen, die Böses von einer Hexe befürchteten, hatten oft genausoviel Angst vor deren Tiergefährten. Wir haben bereits festgehalten, daß die Menschen glaubten, daß Hexen auf dem Rücken fliegender Tiere zu ihren Versammlungen kamen oder sich zu diesen Anlässen selbst in Tiere verwandelten. Die Aufzeichnungen der Hexenprozesse sind voller Hinweise, daß die Menschen glaubten, daß Hexen in Tiergestalt die Dörfer aufsuchten, um Unheil anzurichten. Wenn die Bewohner ein Tier sahen, daß sich merkwürdig verhielt, oder wenn ihnen ein seltsames Tier aus dem Wald begegnete, glaubten sie, eine Hexe vor sich zu haben.

Während der Hexenprozesse im späten 17. und frühen 18. Jahrhundert in Ungarn zeigten die angeklagten Männer und Frauen, *Taltos* genannt, bemerkenswerte schamanische Fähigkeiten. Unter anderem führten sie Fruchtbarkeits- und Verwandlungsrituale durch. Carlo Ginzburg glaubt, daß ihre Methoden, Tiergestalt anzunehmen, und ihre Initiation in die schamanische Magie Ähnlichkeiten mit denen anderer europäischer Hexen aufweist.[20] So kommen die *Taltos* beispielsweise mit einer körperlichen Mißbildung auf die Welt, wie etwa sechs Fingern oder Zehen, bereits voll ausgebildeten Zähnen oder einer sogenannten Glückshaube. Als Kinder sind sie zurückgezogen, verinnerlicht, wenig gesellig und in einem Ausmaß still, das als merkwürdig empfunden wird. Wenn sie etwa sieben Jahre alt sind, beginnen sie Visionen zu haben, oft von einem älteren *Taltos*, der als Pferd oder Stier auftritt und mit dem der jüngere kämpfen muß. Zur feierlichen Einweihung als *Taltos* gehört dann eine dreitägige Trance, während der die Novizen erleben, wie sie zerstückelt werden. Eine weitere Prüfung erfordert es, auf sehr hohe Bäume zu klettern. In regelmäßigen Abständen muß der *Taltos* an einem Kampf um Fruchtbarkeit teilnehmen. Dabei nimmt er die Gestalt eines Hengstes, Stiers oder einer Flamme an, um seine Gegner abzuwehren. Bleibt er siegreich, so sichert das eine gute Ernte und reichen Ertrag für die Gemeinschaft.

Die Hexen ehrten die Tierkräfte auch durch ihre Verehrung der männlichen Gottheit in Gestalt des *Gehörnten Gottes*, der dem griechischen Pan oder keltischen Cernunnos ähnelte. Oft stand ein mit Hörnern oder Geweih angetaner Hexer, der den *Herrn der Tiere* verkörperte, im Mittelpunkt eines rituellen Kreistanzes. Bei den bäuerlichen Gemeinschaften des Mittelalters war dies eine gebräuchliche Form des heiligen Tanzes. Die Kirche freilich brandmarkte solche Zusammenkünfte als satanisch, in der Annahme, daß der gehörnte Tänzer den christlichen Teufel darstellen sollte. Solche feierlichen Rituale brachten den Hexen auch den Ruf ein, nach Belieben verschwinden zu können. Wenn Hexen nackt um ein Feuer tanzten oder ein Mann sich als der *Gehörnte Gott* verkleidete, wie es viele Berichte bezeugen, riskierten sie, von der örtlichen Obrigkeit dabei entdeckt zu werden. Die traditionelle schwarze Robe muß dann eine unerläßliche Verhüllung gewesen sein. Falls während eines Rituals Kirchenmänner oder weltliche Obrigkeit auftauchten, konnten die Hexen schnell in die schwarzen, mit Kapuzen versehenen Roben schlüpfen und im dunklen Wald verschwinden.

DER HEXENTANZ

Eine geläufige Verbindung zwischen Hexen, Schamanen und Feen ist der Hexentanz, der dazu dient, Kraft zu sammeln oder einen visionären Bewußtseinszustand zu schaffen. Eines der bei zeitgenössischen Stämmen am häufigsten belegten Beispiele ist der rituelle Tanz der !Kung in Afrika, bei dem die Frauen singen und die Männer tanzen, bis sie in ihrem Innern die Energie ›kochen‹ fühlen können. Wenn die Männer aus körperlicher und gefühlsmäßiger Erschöpfung zusammenbrechen, sind sie so von Kraft erfüllt, daß sie andere heilen können. Auch die Batak in Malaysia tanzen sich in Trance, ebenso manche chinesischen Zauberer. Die Goldi-Schamanen in Sibirien tanzen, um ihre Schutzgeister ›fühlen‹ zu können. Zu den Initiationsstänzen bei den Kariben in Holländisch Guayana gehörten rituelle Tierbewegungen. Für viele schamanische Völker und zeitgenössische schamanische Praktiker stellt der Tanz einen Weg dar, das persönliche Krafttier zu rufen, es zu ehren und sich in seine Gestalt zu verwandeln. Eliade macht auch darauf aufmerksam, daß der Tanz die »ekstatische Himmelsreise des Schamanen« wiedergeben kann.[21]

Europäische Hexen sind nicht die einzigen, die einen Besen, Stock oder ein Holzpferd benutzen, während sie tanzen. Die Schamanen bei den asiatischen Buriäten benutzen bei ihren rauschhaften Tänzen einen Stock mit einem Pferdekopf, ebenso die Batak in Malaysia. Auch in Java und Bali besteht eine Verbindung zwischen Pferden und rauschhaftem Tanz, in Indien gehört das künstliche Pferd ebenfalls zum rituellen Tanz. Stöcke oder Reitstäbe können auch als Kraftgegenstände oder rituelle Hilfsmittel dienen, um Energie für die schamanische Tanzzeremonie zu erzeugen.

Der Anthropologe John Pfeiffer erklärt in seiner Untersuchung zu den steinzeitlichen Höhlenzeichnungen, daß sich manche der menschlichen Figuren vielleicht als Tänzer erklären lassen. Manche Feldforscher vertreten die Ansicht, daß die vielen Fußabdrücke, die sich auf den Boden der Höhlen erhalten haben, auf Tanzbewegungen hindeuten. Manchmal sind neben den Fußabdrücken auch Eindrücke von Händen und Fingerknöcheln zu finden, was darauf hinweist, daß die Tänzer vielleicht gekrochen oder auf allen vieren gekrabbelt sind, um vierbeinige Tiere nachzuahmen.[22] Pfeiffer belegt Übereinstimmungen zwischen Tanzritualen der zeitgenössischen Aborigines in Australien und dem, was wichtige zeremonielle Bräuche prähistorischer Europäer gewesen sein könnten. Der Tanz der Aborigines ist eine Ekstasetechnik, mit deren Hilfe sie sich »völlig mit dem Geist und den Reisen und Abenteuern [ihrer] Totemwesen verschmelzen«.[23] Die

Ergebnisse solcher Reisen sind rein schamanisch: visionäres Einssein mit Tiergeistern und Reisen in die *nichtalltägliche Wirklichkeit.*

Hexen tanzten aus ähnlichen Gründen. Margaret Murray behauptet, daß ihre »wichtigste Zeremonie der heilige Tanz war«.[24] Und es wäre doch merkwürdig, wenn der Tanz nicht dazu gedient hätte, die Gottheiten der Alten Religion zu ehren oder anzurufen und ebenso die Tiere, die diesen Göttern und Göttinnen geweiht waren. Der Rundtanz oder Reigen wird auf Zeichnungen und Holzschnitten deutlich abgebildet. Typische Szenen zeigen Männer und Frauen, die im Kreis um eine gehörnte, phallische Figur tanzen, die im Englischen häufig ›Robin Goodfellow‹ genannt wird, eine Bezeichnung für den Feenkönig. Die gleiche Art des Reigentanzes wird auch den Feen zugeschrieben, wenn man nach den Berichten derer geht, die sie miterlebt haben. In den letzten Jahren wurden in England große, rätselhafte, kreisförmige Abdrücke auf Wiesen und in Weizenfeldern entdeckt, und manche stellten die Theorie auf, daß sie bei Feentänzen entstanden seien.

Hexentänze, wie die der Feen, wurden von der kirchlichen und weltlichen Obrigkeit als lüstern und unanständig angesehen. Besonders die rituellen Tänze zu den Fruchtbarkeitsfesten am Beltane (dem 1. Mai) oder in der Mittsommernacht (am 21. Juni) führten zu sexuellen Ausschweifungen. Im Jahr 1622 wurde im englischen Shaftesbury eine Vereinbarung getroffen, den traditionellen Maitanz einzuschränken, falls er auf einen Sonntag fiel. Eine Beschreibung des Tanzes ruft uns wichtige Bestandteile des keltischen Schamanismus in Erinnerung. Die Vortänzer trugen auf einer Schüssel einen Kalbskopf, dessen Hörner mit Blumen der Jahreszeit geschmückt waren. Der Festzug führte aus der Stadt in einen Wald, in dem es einen Teich und viele Quellen und Brunnen gab.[25] Hier hören wir stark den Widerhall älterer Fruchtbarkeitsriten. Einem Zeugen zufolge, dessen Bericht Jahre später veröffentlicht wurde, tanzten die Feiernden »auf höchst lächerliche Weise ... und beschlossen den Tag mit Maispielen und einem großen Fest«.[26]

Margaret Murray macht auf eine steinzeitliche Tanzszene aufmerksam, die in Katalonien entdeckt wurde. Sie zeigt Frauen mit Kapuzen und hängenden Brüsten, die um eine phallische männliche Figur in der Mitte tanzen. Die Szene ähnelt dem Reigen um Robin Goodfellow und gleicht ebenfalls den Beschreibungen von Tänzen in den Chroniken der Hexenprozesse.[27] Obwohl bäuerliche Gemeinschaften davon überzeugt waren, daß solche Fruchtbarkeitstänze für eine gute Ernte nötig wären (das gleiche Argument, das für die rituellen Schlachten der Benandanti angegeben wurde), sieht die kirchliche Obrigkeit dies oft anders. Da die Kirche Handlungen dieser Art dämonisierte, als sie der Erde ihre Heiligkeit absprach, wird die Natur jetzt einfach als göttliches Gesetz angesehen. Sie ist nicht das Werk verschiedener Erdgeister und braucht darum keine regelmäßige und fröhliche Anteilnahme (Gesänge, Tanz, Sex) durch die Menschen.

Allerdings sind nicht alle heidnischen Tänze fröhlich. In erdbezogenen Religionen kann der Tanz die dunkle Seite des Lebens genauso feiern wie die helle. Er kann den Tod feiern. Schamaninnen sind ursprünglichen Seelenbegleiter, sie sind mit der Landschaft des Todes vertraut und können den Seelen der kürzlich Verstorbenen in die nächste Welt hinüberhelfen. In manchen Kulturen geleiteten Schamaninnen die Seelen tanzend, singend und chantend zur ewigen Ruhe.

Die ›Weise Frau‹ und der ›Kluge Mann‹, die man in den Hexenprozessen unheilbringender Magie anklagte, könnten in Wirklichkeit Führer gewesen sein, die den Sterbenden durch die Pforten des Todes halfen. Im Alltag bewahrten sie das Wissen der Volksmedizin und konnten einen schnellen und schmerzlosen Tod herbeiführen. In manchen Dörfern waren Hexen die einzigen Kräuterkundigen, und ihr Wissen um medizinisch wirksame Kräuter schloß die tödlichen natürlich ein. Bei den Europäern, die noch die alte Naturreligion ihrer Ahnen lebten, galt der Tod als natürlicher Vorgang auf dem Rad des Lebens. Bei ihnen haftete daher Heilern und spirituellen Führern kein Stigma an, wenn Sie besondere Kräuter und Tränke empfahlen, damit ein Todkranker oder unheilbar Erkrankter schmerzlos sterben konnte.

Mittlerweile fällt auf, daß es bemerkenswerte Übereinstimmungen von schamanischen Traditionen zwischen den Feniersagen des alten Irlands, den englischen Erzählungen von Robin Hood und dem Volksglauben um den sogenannten ›Hexenkult‹ des späten Mittelalters und der Renaissance gibt.[28] Die Zauberkapuze oder -kappe, die mit allen drei Gruppen in Verbindung gebracht wird, ist dabei nur ein äußeres Merkmal für etwas, das tiefer in diesen Traditionen verwurzelt ist. Aber nehmen wir für den Augenblick das Sinnbild der Kappe oder Haube, um noch ein wenig weiter zu denken. Die Hexen, Fenier und die Gesetzlosen von Sherwood gehörten alle zu den ›hoods‹ [engl. Hood = Haube / Ganove] ihrer Tage. Sie waren gesellschaftliche Außenseiter, die außerhalb des Gesetzes lebten und in dem Ruf standen, Gaunereien zu begehen oder ahnungslose Reisende hereinzulegen. Im Englischen bedeutet der Begriff »Hoodlum« in etwa Gauner, das Wort »hoodwinking« heißt jemanden hereinlegen. In gewissem Sinn steht jeder dieser drei Typen des ›schamanischen Outlaws‹ für eine Art Geheimbund mit festgelegten Initiationsritualen, die bemerkenswerte Ähnlichkeit mit schamanischen Initiationsriten in anderen Kulturen haben.

Im Zusammenhang mit Geheimbünden bei den nordamerikanischen Indianern weist Mircea Eliade darauf hin, daß »all diese Bruderschaften auf Mysteriengrundlage eine schamanische Struktur haben in dem Sinn, daß ihre Lehre und ihre Techniken an der großen schamanischen Tradition teilhaben«.[29] Dazu gehört unter anderem, daß ein zukünftiges Mitglied durch einen symbolischen Tod das frühere Leben verläßt, daß es die Seelenreise in die *nichtalltägliche Wirklichkeit* unternimmt und die geheimen Glaubenswelten der Gruppe kennenlernt. Merkwürdigerweise stehen Geheimbünde, obwohl sie – so Eliade – einen »schamanischen Aufbau« haben, den Schamanen grundsätzlich ablehnend gegenüber. Der Angelpunkt dieser Feindschaft ist die Vorstellung, besonders bevorzugt zu sein. Geheimbünde beanspruchen besondere Vorrechte für ihre eigenen Mitglieder und ausschließlich für sie.

Unabhängige Schamanen beanspruchen aber für sich die gleichen Rechte. Das muß zu Auseinandersetzungen führen. Geheime Bruderschaften behaupten oft, daß sie in ihren Gemeinschaften ›böse Zauberer‹ bekämpfen. ›Böse‹ sind hier alle, die Magie ausüben und nicht zur eigenen Gruppe gehören. Ob man die unabhängigen Magier, Hexen, Schamanen oder Hexer nun als Übeltäter betrachtet, hängt natürlich davon ab, auf wessen Seite man steht.

Eliade zeigt, daß die tatsächlichen Unterschiede zwischen den ›geweihten‹ Mitgliedern und den restlichen ›ungeweihten‹ Mitgliedern einer Gemeinschaft oft nur geringfügiger Natur sind. Es ist eher die Frage der Menge als der Qualität. Die Vollmitglieder haben vielleicht *mehr* Geisterkraft als Außenseiter, aber jeder im Stamm hat ein gewisses Maß an Macht. Bei Indianerstämmen etwa kann jeder Mann und jede Frau um eine Vision bitten und Hilfsgeister erhalten. Die Medizinleute jedoch haben stärkere und häufigere Visionen und meist auch mehr Hilfsgeister.

Die angepaßten Mitglieder der Gesellschaft betrachteten die Fenier, Hexen und die Geächteten von Sherwood vermutlich deshalb voller Mißtrauen, weil die Mitglieder der Geheimbünde über spezielle, mystische Fähigkeiten verfügten, die den anderen Menschen selten oder nie zur Verfügung standen. Besonders ein größeres Gefühl von persönlicher Freiheit, wie auch eine hohe Bereitschaft zum Ortswechsel unterschied die Mitglieder der Geheimbünde von den anderen Menschen in ihrem Umfeld. Doch für die Vorrechte und die freie Lebensart zahlten sie einen hohen Preis: Sie mußten symbolisch aus ihrem früheren Leben scheiden und das Leben von Einzelgängern führen. Wieder gebiert hier der Tod das Leben, erschafft den zukünftigen Schamanen.

Es gehört zum schamanischen Archetyp, den Tod zu umwerben. Die Schamanen sagen, daß sie auf ihren visionären Reisen den Tod umwerben, wenn sie böse Geister bekämpfen. Wir tun wahrscheinlich gut daran, hier einiges an Übertreibung und Schwulst mit einzurechnen, denn die Macht einer Schamanin hängt zum Teil von ihrem Ruf ab, und es liegt im ureigensten Interesse der Schamanin, ›mit der Wahrheit etwas nachlässig umzugehen‹. Bei schamanischen Initiationen fand der Tod des Kandidaten im übertragenen Sinne statt. Die Neuschamanen kehrten ins Dorf zurück, nachdem sie in der Tat eine Begegnung mit dem Tod erlebt hatten, wenn auch nicht mit ihrem körperlichen Tod. Sie erlitten einen Gedächtnisverlust, konnten nicht mehr normal gehen, essen, sich anziehen oder sprechen. Oft beherrschten sie bei ihrer Rückkehr eine andere, geheime Sprache, und für gewöhnlich hatten sie einen neuen Namen. Sie unterschieden sich nun von den anderen Menschen des Stammes oder Dorfes. Soweit es ihr früheres Leben in der Welt betraf, waren sie tatsächlich tot.

Innerhalb der modernen keltischen Gesellschaft fördert der Zwiespalt gegenüber dem Heiligen heftige Spannungen. Die vorliegenden Beweise legen nahe, daß die ›typische‹ Keltin sehr innig mit den geheimnisvollen Wurzeln ihrer Kultur verbunden ist. Damit wäre jede Keltin eine mögliche Schamanin. Wir könnten auch sagen, daß der schamanische Archetyp im keltischen Unterbewußtsein besonders leicht anzusprechen ist. In dieser Spannung erkennen wir die Wurzel des starken Zwiespalts, der die Keltin immer wieder davon abhält, sich unmittelbar den heiligen Geheimnissen zu stellen. In der diesseitigen Welt läßt sich das an der ›Furcht vor den Feen‹ ablesen. Nach strenggläubig christlicher Ansicht ist dies die Furcht und Abscheu vor Hexerei, vor der Verehrung der alten keltischen Götter und Göttinnen und vor schamanischen Lebensweisen.

In vielen Geschichten, die angeblich zeigen sollen, wie närrisch es ist, die Feen oder Hexen aufzusuchen, wird eine starke Bewunderung für Menschen deutlich, die mit dem Göttlichen eine besondere Beziehung unterhalten (man denke nur an die bedeutende Ehrenstellung und politische Macht, die der Gemeindepriester durch die Geschichte hindurch in der irischen Gesellschaft besaß). Diese Bewunderung wird noch durch den bewußten oder halbbewußten Wunsch der Kelten verstärkt, selbst ihre geheimnisvollen magischen Fähigkeiten auszuleben, wiewohl sie wissen, daß sie sich damit den Zorn der Kirche einhandeln würden.

Die ›Foundation for Shamanic Studies‹ befragte dazu eine Gälisch sprechende Einwanderin aus Irland. Sie war bereit, über die beschriebene Situation Auskunft zu geben, wenn ihr Name geheim gehalten würde.[30] Sie zeigte sich höchst erstaunt, daß Schamanen in Amerika trommeln und reisen können, ohne kirchliche oder staatliche Zwangsmaßnahmen befürchten zu müssen. »Seit vielen Jahrhunderten«, so sagte sie, »konnte [mein] Volk das nicht hören [schamanisches Wissen und Praktiken]. Sie konnten diese Vorstellungen nicht ertragen. Die Menschen reagieren typischerweise mit Angst auf ein Wissen, mit dem sie nicht umgehen können, und Furcht löst Gewalt und Zerstörung aus.« Die Frau erzählte außerdem, daß ihre Großmutter ihr als Kind schamanische Verfahren beigebracht hatte. Kurz vor ihrem Lebensende wurde die Großmutter dann verdächtigt, zeitweise geisteskrank zu sein. Aber ganz offensichtlich hatte die Großmutter schon früher in ihrem Leben entdeckt, daß man sie »in einem Irrenhaus einschließen könnte«, falls man von ihrem geheimen Wissen und ihren schamanischen Fähigkeiten erfuhr. Ihre Enkelin sagte: »Davor hatte sie zeitlebens Angst.«

Die Furcht vor spiritueller Macht und ihre Anziehungskraft finden ihre Entsprechung in bezug auf politische und soziale Macht. Seit langem hängt den keltischen Völkern der Ruf an, jähzornig zu sein und sich leicht zu Gewalttätigkeiten hinreißen zu lassen. Oft wird das sogar als Liebe zur Gewalt ausgelegt. Mit anderen Worten, die Idee, das Gesetz zu brechen oder sich zumindest vorzustellen, außerhalb oder über dem Gesetz zu stehen, scheint bei Kelten besonders stark ausgeprägt und spricht sie besonders stark an. Einer der Hauptgründe für die Vorurteile, denen sich Mitte des 19. Jahrhunderts die irischen Auswanderer in Amerika gegenüber sahen, war ihr Ruf, das Gesetz zu mißachten. Widerspenstige Retter der Armen und Unterdrückten, wie die Fenier und Robin Hood, sind ansprechende Leitbilder, weil sie gegen die priviligierten Klassen der Gesellschaft kämpfen. Den maskierten Rächern oder Kapuzenmännern gleich, üben sie einen gefährlichen Zauber aus, weil sie außerhalb der anerkannten Werte und gesetzlichen Beschränkungen der Gesellschaft handeln.

Auf ihre Weise spielen Schamanen eine ähnlich gefährliche, aber betörende Rolle, allerdings in einem spirituellen Zusammenhang.

Sie stehen zwar nicht völlig außerhalb der religiösen Zwänge ihrer Gemeinschaft, in einem spirituellen Zusammenhang aber sehr wohl. Joseph Campbell hat diese Spannung als das gekennzeichnet, was den Schamanen vom Priester trennt. Letzterer ist das »gesellschaftlich initiierte, zeremoniell eingesetzte Mitglied einer anerkannten religiösen Ordnung, in der er als Träger eines Amtes, das andere vor ihm bekleidet haben, einen bestimmten Rang und bestimmte Aufgaben hat, während der Schamane ein Mensch ist, der sich infolge einer persönlichen seelischen Krise eine gewisse eigene Macht erworben hat«.[31] Die Hilfsgeister des Schamanen sind (um den Ausdruck der Hexen zu übernehmen) ›Vertraute‹, persönliche Beschützer, die nur der Schamane kennt. Wer Hilfe beim Schamanen statt beim Priester sucht, bewegt sich außerhalb der gewöhnlich anerkannten Heilswege. Man geht, unserem Bild gemäß, in den Wald statt in die Kirche und ruft dort ein Krafttier statt eines Heiligen, einen Gott oder eine Göttin aus dem Pantheon der Kultur.

Für die schamanische Einweihung gibt es mehr als einen Weg. Wenn die zukünftige Schamanin in die Gemeinschaft der anderen Schamanen aufgenommen wird oder ihre Ausbildung bei einem älteren Schamanen abgeschlossen ist, kann das von einer ausgedehnten öffentlichen Zeremonie begleitet werden. Notwendig ist so ein Ereignis allerdings nicht immer. Die Einweihung kann, so Mircea Eliade, auch ausschließlich in den Rauscherfahrungen der Kandidaten stattfinden, wie Träumen, Visionen oder Trance.[32] Sie kann völlig im visionären Bewußtsein des neuen Schamanen stattfinden. Ähnliche Abmachungen finden wir in bezug auf die Mitgliedschaft in den drei untersuchten Gruppen von ›Waldleuten‹. Die Fenier hatten festgelegte Aufnahmerituale, die neue Mitglieder bestehen müssen. Den Geächteten von Sherwood anzugehören schien eine wesentlich zwanglosere Angelegenheit gewesen zu sein. Den Geschichten nach zu urteilen, mußte sich jeder Neuzugang auf eine beliebige Art beweisen, die Robin und seine Männer gerade geeignet fanden.

Was die Initiation in die Hexenkunst angeht, gibt es verschiedene Wege. Manche Männer und Frauen, die in Zirkeln oder bei anderen Hexen ausgebildet worden waren, wurden in aller Form eingeweiht. Dieses Vorgehen ist in vielen Traditionen auch heute noch üblich. Aber auch der Selbsteingeweihte hat eine lange, achtbare Geschichte. Die Berufungskrise, die oft mit der schamanischen Krankheit einhergeht, überzeugt zweifellos viele Männer und Frauen, sich der Hexenkunst zu widmen. Tatsächlich gab es wohl Frauen, denen die Entscheidung, Hexe zu werden, durch das Verhalten der Gemeinschaft geradezu ›aufgezwungen‹ wurde. Sie wurden wie Hexen behandelt, ob sie welche waren oder nicht. Arthen merkt an, daß »abweichendes Benehmen in den Köpfen der Hexenjäger eine der schlüssigsten Zeichen war, daß es sich bei der Person um eine Hexe handelte«.[33] Er zeigt, wie heute als neurologische Störungen angesehene Verhaltensweisen, wie etwa Epilepsie, Schüttellähmung, Stottern oder Senilität, bereits ausreichen konnten, um jemanden der Hexerei zu beschuldigen. Wenn schon die Hexenjäger glaubten, diese Zeichen deuteten auf eine Hexe, taten das andere wohl auch, einschließlich der ›Hexen‹ selbst. Wie bei Schamanen in anderen Kulturen, kann persönliche Krankheit oder ein Unfall als Auslöser dienen, die Berufung zu einem spirituellen Leben anzunehmen. Andererseits haben manche Hexen ihre Fertigkeiten wohl aufgrund von ganz ursprünglichen visionären Erfahrungen aufgenommen, wie Träumen, Trance oder rätselhaften Ereignissen, die ihr Leben veränderten.

Um zur eingangs gestellten Frage zurückzukehren: Spielt es eine Rolle, in welche Art visionärer Umgebung ein Schamane reist und in welcher landschaftlichen Umgebung er seinen Alltag zubringt? Die Antwort könnte letztlich von etwas abhängen, das eher unbewußt abläuft. Zusätzlich zu dem spirituellen Wert, der einer natürlichen, organischen *Nawschaft* innewohnt, braucht die Schamanin noch etwas – ein starkes Gefühl dafür, in der eigenen Alltagskultur eine Außenseiterin zu sein. Der Grund hierfür liegt in der Tatsache, daß Schamanen ihre Kraft (Vision, Einsicht, Sinn für Werte) aus ihren Rauscherfahrungen beziehen. Ihre Kraft rührt von der Zeit her, in der sie ›außerhalb‹ der gesellschaftlich anerkannten Wirklichkeit stehen, die höchstwahrscheinlich immer von Menschen bestimmt wird, die *keine* rauschhaften Erfahrungen kennen. Wäre jeder in einer Gesellschaft Schamane, wären diese vermutlich überflüssig.

Der freundliche Wettstreit zwischen dem ›Landschamanen‹ und dem ›Stadtschamanen‹ um den bedingten Wert ihrer jeweiligen *Nawschaften* sollte nicht den Blick für das Wesentliche trüben: Die Reise des Schamanen führt ihn an einen Platz *außerhalb* der Reichweite seines alltäglichen Lebens. Um eine Idee aus einer der größten Schamanengeschichten der modernen Literatur heranzuziehen (und einen der beliebtesten Hollywood-Filme, die je gedreht wurden): Bei der *nichtalltäglichen Wirklichkeit* geht es nicht darum, ob sie Stadt oder Waldland ist. Es geht darum, daß sie, wie das Land Oz, ›nicht mehr Kansas ist‹.

KAPITEL 7

GEFÄHRLICHE REISEN

Wo auch immer sie hinführen mag – die ›gefährliche Reise‹ ist natürlich stets gefährlich. Der Held, traditionellerweise ein junger Mann, muß sich gegen wilde Tiere und Feinde verteidigen. In den keltischen Sagen und Märchen riskiert er dabei oft körperliche Gefahren und Verletzungen. Auf der Suche nach einem wundersamen Gegenstand, von dem er glaubt, daß er ihm Glück, Gesundheit oder ein reichhaltiges Leben bringen wird: für ein magisches Schwert, einen Kessel der Weisheit, einen Kelch des Wissens oder eine Geliebte aus dem Volk der Feen, riskiert er manchmal sogar den Tod. Auf der Initiationsreise des Schamanen ist die Gefahr psychischer Natur – die Persönlichkeit des ›Reisenden‹ löst sich auf und setzt sich wieder zusammen. Das Ziel der Suche ist eine ›neue‹, eine schamanische Seele mit ihrer verwirrenden und beunruhigenden Sicht der Wirklichkeit. Auch auf den folgenden Reisen sucht der Schamane oft nichts Geringeres als die menschliche Seele eines kranken Patienten, eines schwer depressiven Menschen oder die eines kürzlich Verstorbenen. Psychologen und Symbolforscher haben festgestellt, daß es bei der archetypischen Reise immer um Einweihung und Selbsterkenntnis geht. Die Suche gilt faßbaren Gegenständen, die stellvertretend für seelische Unversehrtheit, Gesundheit und eine vollkommene Seele stehen. C. G. Jung nannte es das ›Selbst‹. Bei der gefährlichen Reise geht es also immer um den Verlust und die Rückholung der Seele.

In diesem Kapitel werden wir einige der Möglichkeiten betrachten, wie Mythen und Sagen die literarische Entsprechung der menschlichen Seele sein können – geheimnisvoll, unvorhersehbar und zutiefst magisch. Die Landschaften der Seele sind nicht gut kartographiert, weder die bekannten Gebiete noch die geheimen, verborgenen Orte. Auf unserem Weg durch das Leben stolpern wir immer wieder in seelische Gefilde und Abenteuer, die uns aufschrecken. Wir müssen ständig auf der Hut vor dem Unerwarteten sein. In der keltischen Folklore bildet die Magie des Betruges und der Überraschung den Kern der meisten Geschichten, in denen es um die Plünderung des Feenreiches durch menschliche Helden und das gleichzeitige Eindringen der Feen in die menschliche Welt geht. Es wird eine Menge geraubt, während die Mitspieler zwischen den Welten hin- und herreisen. Feen stehlen Dinge oder Menschen aus unserer Welt, während Sterbliche sich ins Feenreich schleichen, um magische Talismane zu suchen oder in der Hoffnung, gestohlene oder verlorene Gegenstände wiederzufinden. Manchmal wollen sie auch jemanden zurückholen, der von Feenräubern entführt worden war.

Die archetypische Geschichte von den zwei Welten, von denen eine sich in die andere drängt, besitzt immerwährenden Reiz. Bewußt oder unbewußt erkennen wir darin eine sinnbildliche Entsprechung zu der innigen Beziehung zwischen dem Bewußten (den Sterblichen) und dem Unbewußten (den Feen) in unserem täglichen Leben. Ob auf den Feldern unserer alltäglichen Gefühle oder in den verzauberten Wäldern des alten Britanniens – stets besteht das unmittelbare Problem im Angriff auf unseren Sinn für Gleichgewicht oder Ganzheit und dem dringenden Bedürfnis, diese wiederherzustellen.

DIE SUCHE NACH DEM GRAL

Die klassischen Elemente des Schamanismus vereinen sich in der tiefgründigsten aller keltischen Sucherzählungen – der Geschichte von der Suche nach dem Gral. In der westlichen Literatur erscheint die Gralsuche in vielerlei Spielarten. Sie reichen von den ältesten Geschichten über keltische Krieger, die die Anderswelt nach magischen Kesseln durchstreifen, bis zur neuzeitlicheren Suche nach dem Kelch, den Jesus beim Letzten Abendmahl benutzt haben soll, oder dem Kelch, den Joseph von Arimathäa verwandte, um das Blut des gekreuzigten Christus aufzufangen. Sehen wir uns zuerst die Kerngeschichte an, ohne freilich zu vergessen, daß seit der ersten Niederschrift im Jahr 1185 durch die Jahrhunderte hindurch viele widersprüchliche Fassungen geschrieben wurden. Dieser ›erste‹ schriftliche Bericht beruht auf verlorengegangenen früheren Versionen, die wiederum auf noch früheren mündlichen Überlieferungen fußen. Wir werden vielleicht nie wissen, wer diese Geschichte als erster erzählte oder ob es überhaupt einen einzigen Urheber gab. Und danach zu urteilen, wie beliebt Gralsthemen in zeitgenössischen Geschichten und Hollywood-Filmen sind, ist es fraglich, ob es je eine endgültige Fassung geben wird. Die Suche nach dem Gral ist eine zeitlose Geschichte über die Jagd nach einem magischen Gefäß, welches das ›Geheimnis des Lebens‹ enthält. Es ist eine menschliche Geschichte, archetypisch und von allgemeingültiger Bedeutung. Sie wird uns immer verfolgen und beschäftigen.

Die Grundzüge der Sage sind schnell erzählt: Ein junger, unschuldiger Ritter macht sich auf die Suche nach dem Gral. Auf seinem Weg erlebt er viele Abenteuer, einige gefährlich, andere voller Wunder und Freuden. Er trifft auf den Gralskönig, auch Fischerkönig genannt, der am Oberschenkel oder an der Lende verwundet ist. Durch diese nicht heilende Wunde ist sein Königreich zu einer unfruchtbaren Einöde geworden. Sein Schloß beherbergt den geheimnisvollen Gral, der bei einem großartigen Bankett herausgetragen wird, manchmal zusammen mit einer genauso geheimnisvollen, blutenden Lanze. Das Schauspiel beeindruckt den jungen Ritter zutiefst, aber er versäumt es, drei entscheidende Fragen zu stellen: »Wem dient der Gral?«, »Warum blutet die Lanze?« und »Was bedeuten diese Wunder?« Hätte er diese Fragen gestellt, hätte er den verwundeten König geheilt und das unfruchtbare Land zum Blühen gebracht. Aber weil es ihm an Willen oder Mut mangelt oder weil er sich fürchtet, schweigt der junge Ritter. Am nächsten Morgen erwacht er und findet sich allein. Das Schloß ist verschwunden, und er muß sich erneut auf die Suche begeben.

Die Geschichte der Gralssuche gewährt beachtliche Einblicke in klassische schamanische Erlebnisse. Unterschwellig erzählt sie, wie die westliche Zivilisation ihr schamanisches Erbe verworfen hat. Dies macht die Sage doppelt traurig und verstörend. Es geht nicht nur um die vergebliche Suche nach dem Gral, sondern auch um die Folgen, die der Verlust des schamanischen Erbes auf die westliche Psyche hatte. Die Gralserzählung beleuchtet die Schwierigkeiten der Europäer, in christlicher Zeit den Schamanismus anzuerkennen und auszuüben. Das ›Gralsproblem‹ ist die gedankliche, spirituelle und seelische ›Blockade‹ der vorchristlichen Europäer, die sie auf ihrer eigenen Reise in die Moderne entwickelten. Ihre Reise wurde durch eine verstandesmäßige, wissenschaftliche Weltsicht bestimmt, die immer weniger Platz für geheimnisvolle, magische Erlebnisse ließ.

Die schamanische Struktur der Gralssuche ist nicht auf Anhieb zu erkennen, da es in der Erzählung zwei Schamanen gibt: den jungen Ritter und den alten König. Beide sind in ihrem Widerstreben oder ihrer Weigerung verfangen, der schamanischen Berufung zu folgen. Beginnen wir mit dem *Verwundeten König*.

DER FISCHERKÖNIG ALS UNFÄHIGER SCHAMANE

Es herrscht wenig Übereinstimmung darüber, wie der König verwundet wurde. In einigen Fassungen wird die Wunde überhaupt nicht erklärt, in einer Erzählung wird sie dem König von seinem bösen Bruder, dem *Unsichtbaren Ritter*, zugefügt. Es ist auch nicht klar, wo genau sich die Wunde am Körper des Königs befindet. ›Schenkel‹ könnte ein beschönigender Ausdruck für die Lenden sein, was bedeuten würde, daß er im Genitalbereich verstümmelt wurde. Es sei nur gesagt, daß der schmerzhafte Stoß der Lanze nicht heilen will und daß der König zu schwach ist, um zu gehen (oder richtig zu gehen). Er ist mehr oder weniger verkrüppelt und verbringt seine Tage damit, im Schloß auszuruhen oder an einem Fluß zu fischen. Wichtig ist für uns, was er *nicht* kann: Er kann nicht reisen. Wäre er ein junger und kräftiger König, der größte Held seines Reiches, so wäre er ein Jäger und Krieger. Er würde auf seinen gefährlichen Reisen sein Volk verteidigen, auf die Jagd gehen oder (psychologisch und schamanisch ausgedrückt) seine Seele retten. Wie wir gesehen haben, stellt in der keltischen Mythologie die Jagd oder der Zug gegen einen Feind oft das naturalistische Vorspiel zu einem übernatürlichen Abenteuer in der Anderswelt dar, wo dann die eigentliche Suche stattfindet. Aber der verwundete Gralskönig kann der *alltäglichen Wirklichkeit*, dem täglichen Allerlei und der seelischen Trägheit nicht entrinnen. Er kann seine Pflichten als König nicht wahrnehmen. Statt dessen geht er fischen.

Psychologisch gesehen sitzt der König der Fischer an den Wassern des Unterbewußtseins und hofft auf ein Stück Weisheit oder Verständnis, das weit genug an die Oberfläche schwimmt, um gefangen zu werden. Wie alle Fischer ist er auf das Glück angewiesen. Er kann die *alltägliche Wirklichkeit* nicht verlassen und sich wie ein tatkräftiger Schamane/König auf der Jagd nach seiner Beute in die Anderswelt des Unbewußten stürzen. Statt dessen sitzt er am Ufer (das traditionell ein Ort der Erleuchtung für irische Dichter und Seher ist), doch fehlen ihm die körperliche Ausdauer oder moralische Kraft, um entweder ein guter König oder ein guter Schamane zu sein. Obwohl der Gral sich ja schon in der spirituellen Umgebung seines Königreiches befindet, im verborgenen »Königreich im Königreich«, kann er ihn nicht nutzen. Die Ironie will es, daß er der Hüter des Grals ist, die Weisheit und Macht des Kelches aber außerhalb seiner Reichweite liegen. Er kann den Kelch nicht verwenden, weil er an einer spirituellen Krankheit leidet, einer psychischen Teilnahmslosigkeit, die alles Leben und Wachsen, sowohl körperlich wie auch spirituell, zum Stillstand bringt.

Wenn wir den Fisch als Krafttier ansehen, als einen Führer ins Unbewußte, so fällt auf, daß der König eines der Kernelemente des Schamanismus verfälscht hat – seine persönliche, enge Beziehung zu einem hilfreichen Tierwesen. Als Fischer will er den Fisch fangen und in seine Welt der *alltäglichen Wirklichkeit* zwingen, anstatt sich von ihm in sein Reich des Geistes und der Geheimnisse führen zu lassen. In der keltischen Ordung der Dinge könnte der Fisch den Lachs der Weisheit darstellen, und der König wäre eine neuzeitliche Wiedergeburt des alten Fischerdruiden Finegas, der Finn Mac Cumaill einweihte. Und das Schicksal des Königs spiegelt das Finegas' noch auf eine andere Weise. Er wird den Lachs (oder Gral) nicht fangen, da ein anderer, jüngerer Mann auserkoren wurde, die Weisheit und das Wissen zu empfangen, das nur der Lachs (oder Gral) verleihen kann.

Da der König nicht mehr gehen kann, liegt die Vermutung nahe, daß er die Anderswelt schon einmal betreten hat und verstümmelt zurückgekehrt ist. Solches haben wir schon früher beobachtet. Der Schamane kehrt oft verwundet zurück, doch ist seine Wunde gewöhnlich verheilt. Sie macht aus dem Schamanen den ›verwundeten Heiler‹. Seine Leiden halten ihn nicht von weiteren Reisen in die *nichtalltägliche Wirklichkeit* ab, um von dort Kraft und Heilung für sich oder andere zurückzubringen oder, im Falle des Königs, für das ganze Reich. Im Gegenteil, seine Wunde ist gerade der Schlüssel, der ihm den Eintritt in die Anderswelt gewährt. Nicht so beim Fischerkönig: Er kann sich weder erholen noch sterben. Er ist wirklich zwischen den Welten in lähmender Unbeweglichkeit gefangen. Die reichhaltige Literatur über Mystizismus und Schamanismus beweist, daß die Wahrnehmungsfähigkeit, wenn sie einmal erweitert wurde, nicht wieder eingeschränkt werden kann, ohne geistige und körperliche Krankheiten zu verursachen.

Widerstrebende Schamanen auf der ganzen Welt haben die Krankheit des ›Drückebergers‹, die von der Verweigerung der Initiationsversion herrührt, ausgezeichnet beschrieben. Meist legt sich die Krankheit, wenn die Betroffenen ihre Berufung zum Schamanen endlich annehmen. Eine der klarsten Bescheibungen dieses Vorgangs stammt von dem Jakut-Schamanen Uno Harva. Er erzählt, wie er mit 21 Jahren krank wurde und begann, Dinge zu sehen und zu hören, die andere Menschen nicht wahrnahmen. »Neun Jahre lang kämpfte ich gegen den Geist, ohne mit jemandem darüber zu sprechen, was geschehen war, denn ich fürchtete, daß man zweifeln oder mich verspotten würde. Schließlich wurde ich so krank, daß ich nahe am Sterben war.«[1] Also begann er, schamanisch zu arbeiten, und seine Gesundheit verbesserte sich. Von diesem Augenblick an fühlte er sich jedesmal krank, wenn er »über längere Zeit nicht als Schamane arbeitete.« Mircea Eliade drückt es so aus: »Die Berufung eines Schamanen wurde von den Göttern bestimmt. Und die gesamte Geschichte des Schamanismus beweist, daß Widerstand gegen diese göttliche Entscheidung den Tod bedeutet.«[2] Oder, wie im Fall des Fischerkönigs, den schleichenden Tod.

Der Fischerkönig ist auch sexuell unfähig. In der keltischen Tradition hat dies weitreichende Auswirkungen, denn in der Königin spiegelt sich die Göttin des Landes. Nur als ihr Ehemann besitzt der König Herrschaftsrechte. Kraft der königlichen Ehe wird das Land fruchtbar und das Königreich blüht und gedeiht. Der Fischerkönig jedoch herrscht über eine Ödnis. Uns wird vermittelt, daß er seinen ehelichen Pflichten gegenüber seiner wahren Braut, der Göttin des Landes, nicht nachkommen kann.

Der König der Fischer ist ein unfähiger Schamane. Er ist in die Anderswelt gereist und kam mit der zu erwartenden Wunde zurück. Möglicherweise wurde seine Persönlichkeit nicht stark genug erschüttert, um seine Sicht der Wirklichkeit neu zu ordnen. Deshalb blieb ihm die einschneidende, tiefe Vision des Schamanen versagt, in welcher das Reisen zwischen *alltäglicher* und *nichtalltäglicher Wirklichkeit* sowohl möglich als auch notwendig ist. Vielleicht hat er die Vision aber auch empfangen, fürchtete sich jedoch vor ihr. Er weigert sich, sein Leben zu ändern, obwohl seine bisherigen Erkenntnisse über die Welt nicht mehr ausreichen, um seine neuen Erfahrungen zu erklären. Wie viele Neuschamanen auf der ganzen Welt und wie viele moderne Kelten, die fürchten, im Land der Feen gefangen zu werden, verweigert er sich dem Ruf. Schamanen anderer Kulturen haben wiederholt erklärt, daß sie sich erst wieder erholten und gesund fühlten, als sie den Ruf, Schamane zu werden, annahmen und schamanisch zu arbeiten begannen. Der König der Fischer kann und will aber nicht ins Unbewußte reisen. Und er kann und will sich auch als Mann nicht mit dem Göttlich-Weiblichen in sich selbst »verheiraten«, mit seiner Anima, seiner Seele. Seine Ehe bleibt fruchtlos. Sein Land ist öde. Er hat seine Seele verloren.

Der Gral ist die eigentliche Quelle der Macht und Heilung. Als Gralshüter ist der König nie sehr weit von seinem Heil entfernt. In manchen Fassungen der Legende nährt der Gral tatsächlich den König, ohne daß dieser jemals ganz gesund wird. Dieser Widerspruch entsteht, weil der König zwar über den Gral wacht, ihn jedoch nicht wirklich besitzt. Der Gral wird meist von einigen Jungfrauen in die Banketthalle getragen. Sie geben dem König aus dem Kelch zu trinken und tragen ihn dann wieder hinaus.

Diese Gral-Priesterinnen, Feen oder Anima-Figuren sind die eigentlichen Gralshüterinnen. Somit befindet sich der Gral tatsächlich in der Anderswelt, beschützt von der Kraft des Weiblichen. Wie eine nie faßbare, geheimnisvolle und unberechenbare Fee erscheint und verschwindet er wieder und bleibt doch immer unerreichbar.

Emma Jung und Marie-Louise von Franz haben in ihrer Untersuchung *Die Graalslegende in psychologischer Sicht* auf einen wichtigen Punkt aufmerksam gemacht. »Wenn das Bewußtsein eines Menschen nämlich einen spontan auftauchenden Impuls (Lanze) oder Inhalt (den Feind, der die Lanze wirft) nicht zu erfassen bzw. verstehend zu integrieren vermag, dann wird er statt dessen unbewußterweise von diesem Inhalt besessen. Das erklärt ... die Dämonie des verwundeten Graalskönigs.«[3] Zuvor stellen die Autorinnen bereits fest, daß »das sich ewig erneuernde psychische Leben« es erfordert, daß wir archetypische Kraft aus dem Unbewußten nutzen, wenn sie an die Oberfläche treibt. Wenn wir die »Gegensätze nicht zusammenhalten« können, müssen wir uns auf die »völlige Verödung des Landes«, den »Stillstand des seelischen Lebens«[4] einrichten. Wenn das Seelenleben des Schamanen stillsteht, trocknet der reiche Vorrat an visionären Erfahrungen aus. Damit verliert der Schamane die Fähigkeit, Gegensätze miteinander zu verbinden und auszusöhnen. Es gelingt ihm dann nicht mehr, die *alltägliche* und die *nichtalltägliche Wirklichkeit* zusammenzubringen. Er hört auf, Herr über die Dämmerwelt der heiligen Mysterien zu sein. Der Verwundete König bleibt ein untauglicher Schamane.

DER GRALSSUCHER ALS SCHAMANE

Wenn es eine vorrangige Aufgabe auf der Suche nach dem Gral gibt, dann ist es die Erforschung des eigenen Ichs. Im Kern aller Geschichten macht sich der Held auf, um sein wahres Selbst zu entdecken und den Sinn des Lebens zu verstehen. Joseph Campbell, Mircea Eliade und andere Mythenforscher haben mehrfach festgestellt, daß jede Geschichte einer Suche eine Initiation darstellt, bei der der Held, mehr oder weniger erfolgreich, Antwort auf die uralte Frage ›Wer bin ich?‹ erhält. Jede Suche nach einem lebenspendenden Talisman ist eine Suche nach dem eigenen Ich. Um dabei erfolreich zu sein, muß der Suchende die Anderswelt des Geistes und der Ewigkeit betreten. Wer sich selbst kennenlernen will, muß die ursprüngliche Einheit und Ganzheit erfahren, aus der wir hervorgegangen sind, auch wenn sie unserem ichbezogenen Bewußtsein ungeordnet und gefährlich erscheint.

Die Ritter des Grals sind eine bunt zusammengewürfelte Truppe. Sie bewohnen eine körperliche Welt, die zwar von unserer eigenen getrennt, aber nicht weit von den Träumen und unbewußten Sehnsüchten entfernt ist, die alle spirituell Suchenden antreiben. Einige ihrer Geschichten sind frustrierend unvollständig. Andere haben in älteren, vorchristlichen Formen überlebt, deren Anspielungen und Bezüge aus heutiger Sicht schwierig zu verstehen sind. Wieder andere wurden von kirchlichen Schriftstellern mit eigenen, mittelalterlich-christlichen Anliegen ausgeschmückt, die für unser modernes Verständnis genauso undurchschaubar wirken können. Betrachten wir der Einfachheit halber die drei wichtigsten Gralsucher, die zusammen Kernanteile des keltischen Schamanentums veranschaulichen: Parzival, Lanzelot und Galahad.

Parzival (in manchen Textfassungen Peredur genannt) ist ein heidnischer Held, der zunächst bei der Suche nach dem Gral versagt, später aber Erfolg hat. Obwohl Lanzelot dazu ausersehen scheint, den Gral zu gewinnen, versagt er schließlich wegen schwerwiegender Persönlichkeitsmängel, die ihn moralisch ungeeignet machen. Galahad erfüllt seine Aufgabe besser als jeder andere Ritter, doch da er ein christlicher Held ist, kann er die schamanische Vision nicht annehmen, ohne seine christlichen Überzeugungen zu verraten. Galahad, der eigentlich ein vollkommener Anwärter auf eine katholische Heiligsprechung sein müßte, hat diese höchste kirchliche Ehrung nie erlangt. Ebensowenig entstanden aus der Gralslegende sakramentale oder liturgische Riten. Beide Versäumnisse gewähren aufschlußreiche Einblicke in die Sinngehalte der Gralslegende. Trotz der christlichen Verbrämung blieben Galahad und der Gral zu heidnisch, im Kern schamanisch, um anerkannte Bestandteile des strenggläubigen Christentums zu werden. Doch wir wollen die drei Gralssucher einzeln betrachten.

Parzival ist von adeliger Herkunft, der Fischerkönig ist sein Großvater. Der Junge wird jedoch von seiner verwitweten Mutter in der Abgeschiedenheit der Wälder aufgezogen. Er wächst heran, ohne etwas über seine Herkunft oder das Leben jenseits des Waldes zu wissen. Er beherrscht die Etikette des Hofes nicht und ist ein Fremdling in der Welt der Ritterlichkeit. Parzival wird als der ›Vollendete Narr‹ bezeichnet, ein Beiname, der ihn als erstklassigen Kandidaten für das Schmananentum ausweist. Da er seine Reise mit Eifer, Offenheit und Neugierde antritt, ist er bereit, alles anzunehmen, was ihm widerfährt. Er beginnt seine Suche in Narrenkleidern und erinnert damit vielleicht an den Narren im Tarot – seine weltliche Habe trägt dieser in einem kleinen Bündel an einem Stecken über der Schulter, seine Augen schweifen über den Himmel, während seine Füße beinahe über eine Klippe stolpern. Offenbar macht er sich keine Gedanken über die Zukunft, und es scheint ihn auch nicht zu kümmern, wohin ihn das Schicksal führen wird – ob es nun der Rand einer irdischen Schlucht ist oder der Rand dessen, was er für die Wirklichkeit hält.

Parzival findet den Fischerkönig, sieht den Gral und die Lanze, stellt aber die drei entscheidenden Fragen nicht. So muß er eine lange Reihe von Abenteuern bestehen, bevor er erneut zur Gralsburg gelangt. Dieses Mal stellt er die Fragen, der König wird geheilt und das Land wiederhergestellt. Kurz darauf stirbt der König, ein weiterer Hinweis, daß die Wunde des Königs ebenso eine psychische Blockade war, die ihn an der Verwandlung hinderte, wie sie ein körperliches Hindernis darstellte, das ihn an der Erfüllung seiner weltlichen Pflichten hinderte. Parzival folgt ihm als nächster Gralskönig. In einer anderen Fassung der Geschichte bringt sich Parzival selbst eine Wunde am Oberschenkel bei, um zu büßen, daß er beinahe den Verlockungen einer Fee erlegen wäre, die ihn von seiner Suche abbringen wollte. Durch diese Wunde wird er selbst zum Fischerkönig und tritt das rechtmäßige Erbe seines Großvaters an. Wenn man den Hergang der Erzählung als schamanische Einweihung auslegt, wird Parzival somit zum Schamanen, der jetzt – mit seiner eigenen Wunde – die Kraft besitzt, das Königreich zu heilen und zu erneuern. Wäre Parzival seiner feenhaften Verführerin ›erlegen‹, hätte er das gleiche Schicksal erlitten wie Lanzelot.

Auch Lanzelot wächst in den Wäldern auf, erzogen von Feen und Hexen. So schwärmerisch und voller guter Absichten er auch sein mag, sein tragischer Makel verurteilt ihn dennoch zum Scheitern: Er dürstet nach weltlichem Ruhm und hat eine Schwäche für die körperliche Liebe. Er wird stets als ›gefallener Mann‹ geschildert, als Sünder und demnach als ungeeignet, die edelste aller Aufgaben zu meistern: den Heiligen Gral zu finden. Während eines seiner Abenteuer entdeckt Lanzelot die Gralskapelle. Er sieht hinein und verfällt in einen traumartigen Zustand, in dem er einem verwundeten Ritter begegnet, der darum bittet, durch den Gral gerettet zu werden. Der heilige Kelch erscheint, der Ritter küßt ihn und wird geheilt. In seiner Verwirrung kann Lanzelot nicht sagen, ob er träumt oder wacht. Schamanisch gesprochen, bezweifelt er die andersweltliche Wirklichkeit der Vision und lehnt sie ab. Er bemüht sich vergeblich, sie mit Begriffen aus der *alltäglichen Wirklichkeit* zu erklären, so daß er sich fragt, ob es sich um Traum oder Wirklichkeit handelt. Natürlich kann die Vision nicht auf die Begriffe der gewöhnlichen Wirklichkeit beschränkt werden. Da Lanzelot es dennoch versucht, verliert er seine Bewegungsfähigkeit. Er kann nicht mehr gehen und ist, wie der Fischerkönig, zwischen zwei Wahrnehmungen der Wirklichkeit gefangen, ohne das schamanische Geschenk des Rausches zu erhalten und ohne die Fähigkeit, in beiden Wirklichkeiten als ›Wanderer zwischen den

Welten‹ zu handeln. Dies ist nicht die einzige Gelegenheit, bei der Lanzelot eine Vision hat, die er nicht versteht. Ihm fehlt auf ewig die Fähigkeit, seine eigenen visionären Erfahrungen angemessen auszulegen. Er bleibt ein Möchtegern-Schamane, ungeeignet für echte visionäre Arbeit, geblendet durch seine Liebe zu weltlichem Ruhm und sein körperliches Begehren für Guinevere.

Ironischerweise ist es ausgerechnet Lanzelots Liebe zu Artus' Königin, die letztlich den vollkommenen Ritter für die Gralssuche hervorbringt. Im Schloß des Gralskönigs verbringt Lanzelot eine Liebesnacht mit der Prinzessin Elaine, ohne allerdings zu ahnen, daß sie durch einen Zauber nur so aussieht, als wäre sie Guinevere. Er glaubt diese Nacht mit seiner wahren Liebe zu verbringen und zeugt aus dieser Reinheit seiner Gedanken den wahrhaftigsten und reinsten Ritter, der alle übertreffen wird: Galahad.

Galahad kommt also auch aus der Gralsfamilie, aber wie Parzival ahnt er nichts von seiner wahren Herkunft. Bevor er nach Camelot kommt, zieht Galahad – ähnlich wie schon Artus – ein Schwert aus einem im Fluß treibenden Stein. Damit gewinnt er gewisse Anrechte. Bei Artus ging es um das Recht, König von England zu werden, Galahad darf am ›Runden Tisch‹ Platz nehmen. Ihm gebührt der ›Gefahrvolle Sitz‹, der dem nobelsten Ritter des Reiches vorbehalten ist. Nach vielen Abenteuern findet Galahad endlich den Gral und heilt den *Verwundeten König* mit dem Blut der Lanze. Danach bringt er die geheiligten Gegenstände in die Heilige Stadt Sarras, wo er in den Gral blickt und die heiligen Geheimnisse der Anderswelt erkennt. Er stirbt auf der Stelle, und Engel tragen seine Seele gen Himmel. Darauf entzieht eine himmlische Hand den Gral der irdischen Sicht, und fortan ist er aus der *alltäglichen Wirklichkeit* verschwunden.

Diese Geschichte macht eine deutliche Aussage über visionäre Erlebnisse in der christlichen Zeit. Die diesseitige Welt ist eine unwirtliche Umgebung für geheiligte Geheimnisse. In Galahads Schicksal siegt die zweigeteilte Weltsicht, die das Heilige vom Profanen trennt, über die schamanische – und keltische – Vorstellung, daß beide nebeneinander bestehen. Die Moral der Geschichte ist eindeutig. Sobald ein Sterblicher das Wesen und die heiligen Geheimnisse der *nichtalltäglichen Wirklichkeit* erkennt, kann er kein irdisches Leben mehr leben. Er muß das stoffliche Reich verlassen und ›auffahren‹. Weder der Gral noch der Schamane kann hier verweilen.

Die Suche nach dem Gral stellt eine persönliche Suche nach Erleuchtung und Kraft dar. Sie ist im tiefsten Innern eine schamanische Reise, kein Pfad für katholische Heilige. Während sich der Gralssucher auf visionäre Erfahrungen und wundersam-magische Abenteuer mit andersweltlichen Begleitern von zweifelhaftem Ruf verläßt, betritt er eine Welt, die viel zu mehrdeutig gegliedert ist, um der unerbittlichen Zweiteilung standzuhalten, die schnell das christliche Denken zu prägen begann. Die Welt des Grals enthält gestaltwandlerische Kräfte, in ihr können sich freundliche Feinde in feindselige Freunde verwandeln. Es ist die wahre Welt des Unbewußten, in der die zweigeteilten Erklärungsmuster des bewußten Geistes beim Versuch, die Welt zu deuten, versagen. Schwarz und Weiß, Gut und Böse, Verbündete und Feinde, geheiligt und alltäglich, all dies ist nicht einfach auseinanderzuhalten. Der Gral ist ein Kelch, keine Schachtel. Es gibt keine getrennten Ecken für Heilige und Sünder. Im Gegenteil, der Gral enthält wie sein heidnischer Vorgänger, der Kessel des Mysteriums, ein kraftvolles, rauscherzeugendes Gebräu aus Suchenden, Narren, Abenteurern, Versagern und Kämpfern. Seine Heilkräfte geben jedem das, was er für seine Selbstfindung am meisten benötigt. Wenn wir es wagen, in das runde, kugelförmige Gefäß des Grals zu blicken, werden wir, wie sein Inhalt, gerührt, gemischt und vermischt, und wir verlieren unser Gefühl des Getrenntseins. Denn das ist es letztlich, was die Selbsterkenntnis uns lehrt: Wir sind nicht getrennt, sondern Teil des Ganzen.

ARTUS – DER SCHAMANENKÖNIG

Die Herkunft von König Artus bleibt geheimnisumwittert. Seit im 12. Jahrhundert Artus' Lebensgeschichte aufgezeichnet wurde, hat sie wie ein Magnet Märchen, Mythen und Legenden verschiedener kultureller und literarischer Quellen angezogen. Und das gilt bis heute fort. Tatsächlich ist Artus wie der Gral zu einer immer wiederkehrenden Figur im westlichen Bewußtsein geworden. Er ist ein formbarer Held, der vielen Zwecken dienen kann, viele Hoffnungen und Träume anregt. Deswegen ist es nicht erstaunlich, daß dieser fast historisch scheinende walisische Held und die Geschichten über ihn auf solch dramatische Art die Hauptanliegen des Schamanismus und des keltischen Strangs der schamanischen Überlieferung widerspiegeln. Der ›einstige und künftige‹ König, der vielleicht seinen allerersten Anfang im Geist eines Schamanen nahm, ist eine entscheidende Figur in der Geschichte des westeuropäischen Schamanentums.

Der ›Original-Artus‹ (falls es ihn gegeben hat) war wahrscheinlich ein walisischer Kriegerfürst im 5. Jahrhundert vor unserer Zeit oder eine aus mehreren Abenteuern und Heldentaten verschiedener walisischer Häuptlinge ›zusammengesetzte‹ Heldenfigur. Als den Geschichten um König Artus literarische Form verliehen wird, haben sie im Kern viel von den vorchristlichen Mythen aufgenommen. Wir finden in diesen Werken denn auch zahlreiche kernschamanische Inhalte, die wir bereits als ureigene Bestandteile der älteren keltischen Spiritualität kennengelernt haben.

In den ältesten walisischen Sagen besitzt Artus beeindruckende übernatürliche Fähigkeiten, ähnlich denen der Sonnengottheiten. Er verfügt auch über dieselben magischen/schamanischen Kräfte, die wir in verschiedenen schamanischen Traditionen finden. Artus' Name leitet sich von *Art* und *bear* (Bär) ab, er könnte also irgendwann der halbgöttliche Sohn des walisischen Bärengottes Artaius gewesen sein, oder sogar selbst ein Gott in Tiergestalt. Der Bär könnte ein Krafttier geworden sein, als der Gott-Held im Lauf der vielen Erzählungen und Nacherzählungen seiner Abenteuer die Göttlichkeit ›verlor‹ und zu einem sterblichen Schamanen-Held ›verkleinert‹ wurde. Als später die Geschichten über Artus auch ihr schamanisches Wesen verloren, wurde er zu einem fast ›normalen‹ menschlichen Helden, und nur in seinem Namen fanden sich noch Spuren der Kraft des Bären.

In einer der frühesten walisischen Überlieferungen führt Artus einen Überfall in die Unterwelt an, um den Kessel der Unsterblichkeit zu stehlen, der die Toten wieder zum Leben erweckt. Auf einer bestimmten Ebene ist diese Reise eine schamanische Initiation, bei der Artus Wissen und Erfahrungen sammelt, indem er sieben Festungen oder Reiche der Anderswelt erstürmt. Diese Art der Reise durch mehrere Ebenen – oft sieben – ist ein üblicher Initiationspfad des Schamanen. Wir können den vielschichtigen Aufbau der Anderswelt so deuten, daß es für den Neuschamanen notwendig ist, der *nichtalltäglichen Wirklichkeit* aus vielen Blickwinkeln zu begegnen. Außerdem geben viele unterschiedliche Ebenen und Regionen dem Anfänger eindringlich zu verstehen, daß die Anderswelt vieldimensional ist und die Wirklichkeit des Kosmos unsere engen Wahrnehmungsgrenzen bei weitem übersteigt. Artus' Suche ist erfolgreich (obwohl er auf dem Weg viele seiner Begleiter verliert), er erringt den Kessel der Unsterblichkeit und mit ihm die Macht, Leben wiederherzustellen. Der Kessel steht für die Macht der Schamanen, Seelen aus dem Reich der Toten zurückzuholen.

In der walisischen Saga von *Kulhwch und Olwen* wird Artus als eine Art Feenkönig beschrieben, dessen Begleiter dieselben halbgöttlichen Kräfte besitzen, die wir bei anderen Sagenhelden entdecken konnten – Kräfte, wie sie auch oft Schamanen zugesprochen werden. Beispielweise kann ein hellhöriger Begleiter eine Ameise auf eine Entfernung von über 50 Meilen hören. Ein anderer kann von Cornwall aus eine Fliege in Schottland erkennen. Beide Fähigkeiten deuten die innigen Naturkenntnisse des Schamanen an und seine Fähigkeit, die gewöhnliche Geographie zu überwinden. Ein Krieger kann über die Wipfel von Bäumen gehen und durch einen Wald laufen, ohne einen einzigen Zweig oder Halm zu brechen. Ein anderer legt mit einem Sprung 200 Meter zurück, und ein Dritter bewegt sich so schnell, daß kein Mensch oder Tier ihn fangen kann (ein weiterer Hinweis auf die Fähigkeit zu fliegen oder unsichtbar zu werden). Einer von Artus' engsten Begleitern, Kai (dessen Figur auch in späteren Fassungen auftaucht), besitzt die Hitze der Schamanen. Wenn er durch Regen geht, bleibt alles, was er trägt, trocken. An kalten Tagen wärmt die Hitze seines Körpers andere Männer. Zwei weitere Feenbegleiter stehen für das Gegensatzpaar von Schönheit und Häßlichkeit: Der eine ist unglaublich abstoßend, der andere so wunderbar schön, daß er für einen Engel gehalten wird.

Einer von Artus' ursprünglichen Begleitern besitzt einen kurzen Dolch, der zu einer Brücke wird, wenn man ihn über einen Fluß oder reißenden Strom legt. Die Brücke zwischen dieser Welt und der Anderswelt wird oft als scharf, eng, gefährlich oder rutschig beschrieben. Wer also des Zuganges nicht würdig ist, fällt leicht hinunter und stirbt. Geister, engelhafte Wesen und Schamanen haben – natürlich – keine Schwierigkeiten, eine solche Brücke zu überschreiten. Der Dolch, oder Athame, wird noch heute von zeitgenössischen Hexen als rituelles Werkzeug verwendet, um die Welten zu überbrücken. Hexen benutzten ihn, um einen Kreis zu ziehen oder einen heiligen Raum zu schaffen, indem sie die vorgesehene Stelle in die Luft malen oder schneiden. Der Bereich innerhalb des Kreises gehört weder zu dieser Welt noch zur Anderswelt – er ist ein Platz zwischen den Welten, eine Brücke zwischen der *alltäglichen* und *nichtalltäglichen Wirklichkeit.*

Es gibt Hinweise, daß Artus' Ritter bestimmte Tiermächte anzogen, ähnlich wie Finns Männer. Sir Owain hatte einen Löwen, Sir Gawain ein Muli oder Pferd, das ihn in andersweltliche Abenteuer führte. Ein Mosaik in der Kathedrale von Otranto zeigt sogar Artus selbst, wie er auf einer Ziege reitet, umgeben von Tieren, Menschen und Sternzeichen. Versucht der Künstler hier, eine Verbindung zwischen Aruts und dem Herrn der Tiere herzustellen? Bedeutet die Mischung von menschlichen und tierischen Figuren, zusammen mit den Tiergestalten und Gottheiten der Sternzeichen, daß Artus Macht hat über die Reiche der Geister, der Tiere und der Menschen, auf Erden wie auch im Himmel? Von welcher Art ist Artus' Reich?

DIE WUNDER VON CAMELOT

Viele Merkmale von Camelot haben feenhafte oder andersweltliche Qualitäten. Nur einige Beispiele sollen aber genügen, um uns einen Einblick in das magische Königreich von König Artus zu gewähren, wo jede gefährliche Reise der fahrenden Ritter beginnt und endet.

Artus' Schwester Morgan le Fay ist eine Feenkönigin (le Fay bedeutet »die Fee«). Zusammen mit acht anderen weisen Frauen hütet sie den Kessel der Wiedergeburt. In mittelalterlichen Texten wird ihr nachgesagt, daß sie »im Gebrauch aller Pflanzen bewandert ist, um die Gebrechen des Körpers zu heilen. Auch beherrscht sie die Kunst, ihre Gestalt zu verwandeln oder durch die Lüfte zu fliegen«.[5] Wir können in Morgan die Fähigkeiten und Talente einer Schamanin erkennen, die gleichen Fähigkeiten, die später den Hexen zugesprochen wurden. Die Figur der Morgan le Fay geht auf keltisch-irische Göttinnen zurück: Die Morrigan – manchmal auch Morgan genannt – ist die dreifache Muttergottheit. In ihrer Gestalt der Todesgöttin Macha belegte sie Cu Chulainn (wir erinnern uns) mit einem Todesfluch. In früheren Fassungen der Artussage wird Morgan le Fay als gute Fee oder wohlwollende Zauberin gezeigt, die Artus Kenntnisse und Fähigkeiten schenkt. Später verwandelten christliche Autoren sie in eine böse Hexe und Unruhestifterin, eine Verführerin, die letztendlich zum Fall von Camelot beiträgt.

Der Zauberer-Druide Merlin, Artus' vertrauter Ratgeber, besitzt durch seinen Vater Feenblut und verfügt über viele schamanische Kräfte. Dazu gehören Fähigkeiten, zwischen den Welten hin und her zu wandern, in die Vergangenheit und die Zukunft zu sehen und seine Gestalt zu verwandeln. Da niemand sein wahres Alter kennt, wird er manchmal als junger Mann, manchmal als silberhaariger Weiser gezeigt.

Der Name Merlin kommt vom walisischen *Myrddin*, das mehr ein Titel als ein Personenname ist. Dieser Titel bedeutet soviel wie ›Geist der Eingebung‹ und weist möglicherweise auf einen noch älteren Geist-Gott der Erleuchtung hin. In diesem Zusammenhang beginnen wir nun zu erkennen, wie die Sage um Merlin (oder Myrddin), der Stonehenge erbaut hat, mythologischen Sinn ergibt. Der Steinkreis kommt von den Göttern; tatsächlich ist er ein Zugang oder Portal in ihre Anderswelt und ein Ort der Eingebungen. Merlin erscheint gleichermaßen als Artus' Geisterbegleiter wie als spiritueller Ratgeber des Königs. Er ist mehr ein Geist oder Schamane als ein priesterlicher Beichtvater.

Bevor Merlin in den mittelalterlichen Romanzen zu einem verschlagenen Hofzauberer verkleinert wurde, war er ein schamanischer Geisterbegleiter, der mit der *alltäglichen* und *nichtalltäglichen Wirklichkeit* umgeht. Er ermöglicht die magische Geburt des Artus und stiehlt den Säugling, der dann in Pflege genommen und später sowohl in den übersinnlichen Geheimnissen als auch in den Kriegskünsten unterwiesen wird. Er baut die Rundtafel für Artus' Vater Uther, die nach dessen Tod an Guineveres Vater Leodegranz geht. Guinevere, deren Name man mit ›weißer Schatten‹ oder ›weiße Fee‹ übersetzen kann, bringt die Rundtafel als Mitgift nach Camelot. So ist die Tafel von Feen erbaut, von Feen bewacht und ein Feengeschenk. Merlin selbst sagt von ihr, daß sie die »Rundheit der Welt« darstellen soll. Sie ist ein Kraftgegenstand, dessen Rundung oder Vollkommenheit die Vollständigkeit der Schöpfung nachbildet. Die Rundtafel ist eine *axis mundi*, eine Weltenmitte. Sie zeichnet das Rad des Lebens und das Gewebe der allumfassenden Macht und Kraft nach.

Einer Sage nach nahm Merlin für Stonehenge die ›Sternentafel‹ des Nachthimmels zum Vorbild. So finden wir in Camelot drei Tafeln: die Tafel der Sterne (den Himmel und den kosmischen Plan), die Tafel des Landes (die Erde, die Natur) und die Rittertafel (die Welt der menschlichen Bemühungen). Diese drei ›Rundtafeln‹ entsprechen den drei schamanischen Bereichen der Oberwelt, der Unterwelt und der Mittelwelt. Die Anwesenheit der Rundtafel macht aus Camelot, laut Geoffrey Ashe, eher »einen Ort des Bewußtseins«[6] als einen historischen oder geographischen Ort. Es ist ein Dämmerreich, das die Anderswelt des Geistes und die Welt des menschlichen Strebens überbrückt. Camelot vereint das Beste aus der natürlichen Welt und der menschlichen Schaffenskraft unter den göttlichen Kräften des Himmels und des Tierkreises. In Camelot kann die Schönheit und Ordnung des Universums blühen.

Wir kennen verschiedene Geschichten, die das Verschwinden Merlins aus dieser Welt erklären. Die neuere, christliche Version nennt Sinnlichkeit und Zauberei als Gründe für seinen Sturz und Tod: Ein verführerischer weiblicher Schützling setzt Zauberkraft ein, um Merlin in einer Höhle oder einem Baum gefangenzusetzen. Eine heidnischere und ältere keltische Fassung wirft kein so schlechtes Licht auf die Magie oder Sinnlichkeit wie die späteren Nacherzählungen. Sie erklärt das Verschwinden Merlins mit seinem freiwilligen Rückzug in einen *esplumoir*, ein ziemlich ungebräuchliches Wort, das soviel wie ›Mauserkäfig‹ bedeutet, in dem Falken ihre Federn wechseln. Vielleicht hat sich Merlin, wie ein älterer Schamane, leise zurückgezogen, um seine gefiederte Schamanenrobe gegen ein anderes spirituelles Gewand einzutauschen. Wieder andere Auslegungen der Legende behaupten, er schlafe auf der Insel Bardsey vor der nordwestlichen Küste von Wales oder lebe mit seinen neun Begleitern, den dreizehn Schätzen Britanniens und dem wahren britischen Thron in einem Haus aus Glas. Es heißt, daß Merlin – wie Artus – wiederkehrt, wann immer die Welt ihn braucht.

Artus' Schwert Excalibur war ein Geschenk der Frau vom See, einer Wächterin der Anderswelt. Das berühmte Schwert ist sowohl Kraftgegenstand als auch ein Geisterhelfer. Aus der Sicht der Schamanin gibt die Energie (oder der Geist) in einem Gegenstand ihm seine Macht. Da die Energie in allen erschaffenen Dingen dieselbe ist (Mana, Manitou, Magie etc.), kann jeder Gegenstand als bewußtes Wesen betrachtet werden, das einen Geist enthält. Auf diese Weise ist Excalibur sowohl ein Geisterhelfer (im schamanischen Sinne) als auch ein Gegenstand mit magischen Kräften (im märchenhaften Sinne). Bei seinem Tod befiehlt Artus, das Schwert zurück in den See zu werfen, da die Kraft des Schwertes ein Geschenk der Anderswelt war und rechtmäßig wieder zurückgegeben werden soll, sobald Artus' irdisches Leben vollendet ist.

Die mittelalterlichen Beschreibungen von Camelot, Artus und der Tafelrunde legen nahe, daß Artus selbst am Ende seines irdischen Lebens zum *Verwundeten König* wird, zum kraftlosen Herrscher und unfähigen Schamanen. Die Liebe zwischen Lanzelot und Guinevere entfremdet Artus von seiner Frau, so daß der König seine geheiligten Pflichten als Ehemann nicht erfüllt. Guinevere, als menschliche Vertreterin der keltischen Göttin des Landes, bleibt kinderlos. Ein Gebrechen, eine Krankheit der Seele, liegt über dem Hof. Artus mangelt es an Mut oder Entschlossenheit, um sich auf die Suche nach dem Gral zu begeben. Er sendet statt dessen seine Ritter aus, eine Entscheidung, die zum Niedergang seines Königreiches führt. Die meisten Ritter kommen nie wieder, und diejenigen, die doch zurückkehren, sind gebrochene, verbitterte alte Männer. Wie der Fischerkönig auf seine Erlösung durch einen jungen und unschuldigen Ritter wartet, der die richtigen Fragen stellt und ihn heilt, so sitzt auch Artus in Camelot und wartet. Der letzte Ritter, der zu ihm kommt, ist sein dunkler Sohn Mordred. Die Erlösung, die er bringt, ist nicht die Genesung, sondern der Tod.

JUNGFERN IN NOT

Die meisten Ritter der Tafelrunde finden den Gral zwar nicht, aber sie begegnen auf ihren Reisen gefährlichen Abenteuern. Oft drehen sich diese um junge Frauen, welche von heimtückischen Rittern gefangengehalten werden. Wer sind die ›Jungfern in Not‹, und welche Einsichten in den keltischen Schamanismus können sie uns bieten?

In einer Fassung der Gralslegende ist das Reich des Fischerkönigs eine Ödnis, weil die Brunnen versiegt sind und die Jungfrauen, die sie bewachen, von bösen Rittern entführt wurden. Die Priesterinnen der Erde, die Göttinnen der Fruchtbarkeit, wurden vergewaltigt und geschändet. Vor ihrer Entführung hatten die Frauen Reisende zu essen und trinken gegeben. Als Trinkbecher dienten ihnen goldene Kelche, die sie mit dem heiligen Brunnenwasser füllten. Wer aus dem Kelch trank, erhielt Gesundheit, Segen oder die Macht der Anderswelt, eben das an Kraft oder Mut, was jeder am meisten benötigte. Eines Tages stahl der hinterhältige König Amangons den Kelch von einem Brunnen, raubte die Jungfrau, vergewaltigte sie und gab so ein Beispiel, dem andere Ritter an anderen Brunnen folgten. Der Sage nach verlor das Land »die Stimmen der Brunnen und die Jungfern, die in ihnen lebten«.[7]

Was bedeutet es, daß die Frauen ›in‹ den Brunnen lebten? Geister und Feen können offensichtlich leben, wo immer sie wollen, aber welchen Sinn hat es, in einem Brunnen zu wohnen? Was in den Texten oft als *Brunnen* erscheint, hat umfassendere schamanische Bedeutung als das, was wir heute gemeinsam damit verbinden. Einige Fassungen benutzen das Wort *puis*, was außer Brunnen auch Grabhügel, Grotte und Quelle bedeutet. Das Wort ist die Wurzel des französischen Ausdrucks *puissance*, des weiblichen Ausdrucks für Kraft. Was für uns, mit unserem beschränkten Bild von einem Brunnen, ein einfacher, wassergefüllter Erdschacht ist, ist in der Artuswelt ein Bereich der Feen: Er besteht aus einem Tor in die Anderswelt, heilendem Wasser, dem keltischen *Nemeton* oder heiligen Hain, einer verdunkelten Kammer, in der vielleicht schamanische Initiationsriten stattgefunden haben, sogar einer Begräbnisstätte und vielleicht einem Reliquienschrein mit abgetrennten Köpfen. Dieser Ort ist eine ganze keltische Welt, die von derselben lebendigen weiblichen Kraft und Spiritualität der Göttinnen durchdrungen ist, wie auch andere zeremonielle Stätten, die den Erdgöttinnen heilig waren.

Bei dieser Vergewaltigung ging es also nicht nur um die Gewalt gegen eine Frau, sondern insbesondere um die Vernichtung einer ganzen spirituellen Lebenswelt. Wenn die Legende erzählt, daß die ›Stimmen‹ nun schwiegen, erhalten wir damit einen kurzen Fingerzeig, warum diese Frauen so wichtig waren. Sie waren Deuterinnen, Wahrsagerinnen, Medien, die visionäre Zustände möglicherweise benutzen konnten, um die Fragen der Suchenden, die zu ihnen kamen, zu beantworten, ähnlich wie beim Orakel von Delphi.

Genau genommen hatten die Ritter mehr zu tun, als nur die entführten Frauen zu retten. Ihre Mission war eine Reise in die Anderswelt, um die alten religiösen Lebensweisen zu erneuern und die Schamaninnen wieder an die geheiligten Tore zur Anderswelt zurückzubringen. Wird etwas unrechtmäßig aus der Natur genommen, vertrocknet und stirbt die Erde. Das Land verliert seine Seele.

Im übertragenen Sinne stellen die entführten Frauen auch die menschliche Seele dar. Psychologisch gesehen spiegelt ihre Einkerkerung in einem hohen Turm oder einem tiefen Gefängnis die Langeweile und den Überdruß eines Menschen, dessen Seele vertrocknet oder verloren ist und dessen Leben nirgendwo hinführt. Emma Jung und Marie-Luise von Franz sagen: »Die Feen und Mädchen im Hügel ... sind gleichsam die Seele des Quells, der Bäume, des Ortes – und ebensowohl, *was der Mensch durch diese Orte seelisch empfindet oder gefühlsmäßig erlebt*« (Hervorhebung des Autors).[8] Die Erde enthält, nach der Auffassung der Schamanen, Plätze von außergewöhnlicher Macht an denen die menschliche Seele kosmische Energie aufnehmen kann, Plätze, wo die Seele des Menschen die Seele des Universums trifft. Instinktiv nehmen wir die Kraft dieser Plätze wahr, wenn wir sie betreten, auch wenn wir nicht immer erklären können, warum sich unsere Wahrnehmung verändert, woher das Prickeln kommt, das wir vielleicht spüren, oder woher die veränderte Qualität des Bewußtseins rührt, die uns überkommt. Wir fühlen uns einfach nur, wie manche es ausdrücken, vollendeter, vollkommener, beseelter.

Dies bringt uns zu einem der wichtigsten schamanischen Heildienste zurück: Die Seelenrückholung. In ihrem Buch *Auf der Suche nach der verlorenen Seele* berichtet Sandra Ingerman, daß Seelenverlust bzw. Seelenrückholungszeremonien in Sibirien, Zentralasien, Indonesien, China, Indien, Nord- und Südamerika, auf den Philippinen, in Nordwestafrika, Melanesien und Australien bekannt sind.[9] Rituale dieser Art gibt es weltweit. In ihrer eigenen Arbeit als schamanische Beraterin hat Ingerman festgestellt, daß Menschen nach einem traumatischen Erlebnis wie Scheidung, Vergewaltigung, Krieg, Kindesmißbrauch, Verlust eines geliebten Menschen oder ernsthafter Krankheit, intuitiv eine Zersplitterung der Seele und damit einen Verlust von Teilen ihrer Seele wahrnehmen. Durch die Pionierarbeit von Ingerman als Lehrerin für Verfahren zur Seelenrückholung entwickelt sich das schamanische Leitbild zu einer Heilform, die in der zeitgenössischen spirituellen Beratung angewandt werden kann. Traditionelle Schamanen würden den Wert ihrer Arbeit verstehen, da, wie Mircea Eliade feststellt, der Schamane »der große ›Spezialist‹ für die menschliche Seele« ist; er allein »›sieht‹ sie, denn er kennt ihre ›Gestalt‹ und ihr Schicksal«.[10]

In der vielfältigen Literatur über Schamanismus sind Geschichten weit verbreitet, wonach Seelenverlust körperliche oder geistige Krankheit auslöst. Die Schamanin muß dann eine Reise antreten, um die verlorene Seele wiederzufinden und dem kranken oder sterbenden Patienten das Leben zurückzugeben. Die Verwirrung des Neuschamanen ist auch eine Art Verlust und Wiedergewinnung der Seele, bei der die gerade Eingeweihte ihre neue oder verwandelte Seele von ihren Hilfsgeistern oder von älteren Schamanen der Gemeinschaft erhalten. In einer schamanischen Gesellschaft ist es eine Aufgabe der Schamanin, verlorene Seelen in der *nichtalltäglichen Wirklichkeit*, in die sie aus Versehen geraten oder vielleicht entführt worden sind, zu finden und zurückzubringen. Denn, wie Mircea Eliade es ausdrückt, »nur [der Schamane] kann die Seelen sehen und fangen«.[11] Da es in der modernen westlichen Welt kaum noch Schamaninnen gibt, läßt sich eher erklären, warum Menschen sich fürchten, wenn sie überraschend eine schamanische Erfahrung machen, eine ›Feenkrankheit‹ bekommen oder ›unter die Feen geraten‹. Es gibt nur wenige erfahrene Schamaninnen, die den Ratlosen dabei helfen können, ihre furchteinflößenden und absonderlichen Erlebnisse zu verstehen.

Um ins Mittelalter zurückzukehren: Artus' Ritter, und tatsächlich alle Ritter, die sich auf die Suche nach dem Gral oder einer entführten Frau machen, befinden sich symbolisch auf einer Seelenreise. Sie suchen nach einem verlorenen Teil ihres eigenen Wesens, den sie unbedingt brauchen, um ganzheitlich zu werden. Wie der *Verwundete König* ist so ein Ritter zersplittert. Aber anders als der König, der auf einer Liege dahinsiecht oder dasitzt und fischt, in der Hoffnung, daß ab und zu ein Quentchen Erlösung aus dem Unbewußten auftaucht, haben sich die Ritter die wilde

Entschlossenheit und die Kraft der Schamanen bewahrt. Sie wagen die Reise, um die Seele zurückzuholen. Je nachdem, wie wir die Geschichten deuten, befinden sich die Ritter entweder auf der Suche nach ihrer eigenen Seele, den Seelen anderer oder nach der Seele des Landes selbst.

Seelenverlust kann verschiedene Folgen haben. Meistens verlieren wir mit unserer Seele auch unsere Lebenskraft, so daß der Körper stirbt. Manchmal kann dieser Verlust aber auch zu Mutlosigkeit, Verzweiflung bis zur klinischen Depression und zu schweren körperlichen Krankheiten führen. Seelenverlust bedeutet immer, daß dem Unbewußten – der Natur – etwas entrissen oder gestohlen wurde. Eliade nennt es »Seelenraub«.[12] Wenn sich Artus' Ritter auf die Suche nach dem Gral machen und gefährliche Abenteuer bestehen müssen, holen sie Seelen zurück, denn die Frauen von der Quelle und ihr Kelch geben dem Land die Fruchtbarkeit, dem König die Gesundheit und den Abenteurern ihr Ich zurück.

DER SCHAMANE EINST UND JETZT

Als die Christen den Geist von der Natur trennten, breitete sich die Mutlosigkeit des Fischerkönigs allmählich über die ganze mittelalterliche Welt aus und verursachte so den größten Seelenverlust in der Geschichte der Menschheit. Der schamanische Archetyp wurde von der siegreichen ›westlichen Zivilisation‹ unterdrückt, und wir vergaßen oder verloren die Hoffnung auf eine der beharrlichsten und lebensbejahendsten Glaubensüberzeugungen – den Schamanismus. Wir vergaßen, daß der Mensch die Fähigkeit besitzt, zwischen den Welten zu wandern. Allmählich begannen wir, allen rauschhaften Erkenntnismöglichkeiten zu mißtrauen und das Wissen, das wir uns im Trancezustand aneignen, in Frage zu stellen.

Als die vorindustriellen Kulturen der amerikanischen Indianer, Sibirer, Afrikaner, Polynesier und anderer Völker entdeckt wurden, war der Schamanismus in der westlichen Vorstellung bereits so sehr verunglimpft worden, daß niemand mehr etwas damit zu tun haben wollte. Die Abscheu der Eroberer war so groß, daß sie nicht erkennen konnten – oder wollten –, daß die Rituale der Ureinwohner vermutlich denen entsprachen, die ihre eigenen Vorfahren heilig hielten. Der europäische Überlegenheitswahn machte es beinahe unmöglich, schamanische Lebensweisen der Europäer, die bis in die Neuzeit überlebt hatten, wahrzunehmen. Ganz sicher waren wir uns, daß *unsere* Vorfahren weit über so unzivilisierten Bräuchen und religiösen Vorstellungen standen. Als Christen glaubten wir zu wissen, daß alle vorchristliche Spiritualität vom Teufel stammt. Wen wundert es da noch, daß noch heute fast überall in der westlichen Welt Hexen und andere Schamanen als Teufelsanbeter gelten.

Langsam wird heute diese Überheblichkeit in die Schranken gewiesen, und wir beginnen, Bedeutung und Wert in den sogenannten ›unterentwickelten‹ spirituellen Praktiken zu entdecken. In gewisser Weise holen wir gerade die ›Seele des Schamanismus‹ zurück und sind sogar behutsam dabei, sie mit der westlichen Seele zu verbinden. Vielleicht wird die Reise in unser schamanisches Erbe uns zu einer neuen Einheit führen, mit uns selbst, mit anderen Lebewesen und mit der Erde.

KAPITEL 8

DER TOD – DAS ZENTRUM DES LEBENS

Vielleicht müssen wir einfach nur begreifen, daß es keinen unbedingten Tod gibt. Nach Ansicht des Psychologen Sandor Ferenczi liegt der Keim des Lebens verborgen im menschlichen Bewußtsein, dem »anorganischen Selbst«, wie er es nennt. Moderne wissenschaftliche Untersuchungen untermauern seine Überlegungen. Er schreibt: »In diesem Fall müßten wir definitiv davon abgehen, uns Fragen zu stellen über die Ursachen von Anfang und Ende des Lebens und müßten uns den gesamten Kosmos des Organischen und Anorganischen vorstellen als eine ununterbrochene Wechselwirkung zwischen Lebens- und Todestendenzen, als ein System also, in dem weder das Leben noch der Tod jeweils ausschließlich dominiert.«[1] Aus erster Hand stammende Berichte über todesnahe Erfahrungen deuten ebenfalls darauf hin, daß das menschliche Bewußtsein im Augenblick des körperlichen Todes eine Reise in eine neue, strahlendere Form des Seins antritt.

In einer ausführlichen Studie über Schamanismus und todesnahe Erlebnisse kommt Holger Kalweit zu dem Schluß, daß der Ort, von dem ins Leben zurückgekehrte Sterbende berichten, nicht der gleiche ist, wie ihn Theologen, Philosophen und Dichter seit Jahrhunderten beschreiben. Ihr ›Reich des Todes‹ setzt voraus, daß sich das menschliche Bewußtsein nach dem Tod vollständig vom irdischen Dasein löst. Kalweit glaubt: »Ein Todesreich an sich gibt es nicht. Vielmehr besteht das Jenseits aus all jenen Eigenschaften, die unser Bewußtsein besitzt, wenn es vom Leib unabhängig existiert.«[2]

Wer stirbt, erlebt wie der Schamane eine Welt, die aus denselben Bausteinen menschlichen Bewußtseins besteht, die er oder sie schon ›zu Lebzeiten‹ kannte. Doch jetzt wird die Welt ohne die Begrenzungen des Ich-Bewußtseins erlebt, ohne die ›Ego-Scheuklappen‹, die dem diesseitigen Körper dienen. Er braucht sie, um die Aufmerksamkeit auf den Körper zu richten und für seine Fähigkeit, die körperliche Wirklichkeit zugunsten der eigenen Gesundheit und Sicherheit zu steuern. Mircea Eliade hat die reichhaltige Literatur über den Beitrag der Schamanen zum Wissen über den Tod offengelegt – die »Begräbnislandschaft«, die der Schamane auf rauschhaften Reisen in die Anderswelt erforscht.[3] Mit Eliades Worten: »Die unbekannte, erschreckende Welt des Todes nimmt Gestalt an, wird nach bestimmten Mustern organisiert; schließlich zeigt sie eine Struktur und wird allmählich vertraut und angenehm.« Letztlich mag dies das größte Geschenk des Schamanentums an die Geschichte der menschlichen Spiritualität sein: die Fähigkeit, im Tod Muster und Gliederung zu finden und ihn vertraut und annehmbar zu machen.

In diesem Kapitel werden wir uns die Merkmale der todesnahen Erfahrungen genauer ansehen und diesen Eigenschaften in den klassischen Beschreibungen der keltischen Anderswelt nachspüren. Dazu gehören insbesondere die geheimnisvollen Reisen zu wundersamen Inseln, die packenden Erzählungen von Avalon und der rätselhafte dreifache Tod, der die Kelten in seinen Bann zog.

DAS TOR ZU EINER ANDEREN WELT

Wenn jemand eine todesnahe Erfahrung erlebt, verändert sich seine Einstellung zu Leben und Tod vollständig. Erstaunlich übereinstimmend verlieren alle Überlebenden alle die Angst vor dem Sterben. Sie wissen nun aus persönlicher Erfahrung, daß ein anderes, freundlicheres Universum auf sie wartet. Die Furcht und die Frage der Kontrolle, um die das Ego so unaufhörlich kreist, werden schnell bedeutungslos, wenn sich die Seele vom Körper löst. Genau wie der Schamanismus Kernelemente besitzt, die sich mit vorhersehbarer Regelmäßigkeit auf der ganzen Welt immer wiederholen, enthalten auch die Beschreibungen von todesnahen Erfahrungen immer wiederkehrende Kernaussagen. Es dürfte kaum überraschen, daß sie sich mit vielen Merkmalen der schamanischen Reise decken.

Kalweit hat die jeweiligen Entsprechungen anschaulich dargestellt.[4]

Wenn sich das Bewußtsein vom Körper löst, hört der Sterbende verlockende Klänge, die oft als Klicken, Klappern oder jagendes Geräusch beschrieben werden. Manchmal folgt darauf harmonisches Geläute oder wundersame Musik. Diese hörbaren Zeichen, die ähnlich wirken wie der treibende Klang, den die schamanischen Trommeln, Rasseln oder Klappern erzeugen, signalisieren der Seele, daß jetzt eine Trennung vom Körper möglich ist. Das Geräusch mesmerisiert und lähmt das Ich-Bewußtsein und befreit dann, auf welche Weise auch immer, die Seele oder den Teil des Bewußtseins, der den körperlichen Tod überlebt. Möglicherweise braucht das Bewußtsein dieses besondere Tonzeichen, um den Körper und die Ich-Beschränkungen überhaupt hinter sich lassen zu können.

Der Schamanismus gilt als geheimnisvolle und esoterische Fähigkeit, die nur in jahrelangen, gewissenhaften Übungen zu erlernen ist. Trotzdem fällt es durchschnittlichen Menschen häufig leicht, auf eine schamanische Reise zu gehen, wenn sie erstmals den Klang der Trommel hören. Dies gilt selbst für Personen, die zuvor darüber klagen, daß sie nicht ›gut visualisieren können‹ oder es nicht schaffen, die nötige Konzentration fürs Meditieren aufzubringen. Sie ›reiten‹ auf der Trommel, wie der sibirische Schamane sagt. So wie zur todesnahen Erfahrung wunderbare Musik gehört, so sind Musik und Lieder regelmäßig Teil der schamanischen Reise, und in vielen Kulturen eignet sich ein Schamane sein ganz persönliches Lied an, das den veränderten Bewußtseinszustand hervorruft und das Reisen leichter macht. Wenn die Kelten zu den Sidhe in die Feenhügel und andere Bereiche der keltischen Anderswelt reisen, ist Feenmusik geradezu unerläßliche Voraussetzung.

Menschen mit todesnahen Erfahrungen berichten, daß sie von den Vorgängen, die sie nach der Trennung von ihrem Körper um sich herum wahrnehmen, völlig unbeeindruckt sind. Wenn sie im

Krankenhaus sind, scheinen ihnen weder die operierenden Ärzte und Schwestern noch die Gespräche anwesender Personen irgend etwas zu bedeuten. Selbst die Ankündigung des eigenen Todes scheint unwichtig. Fast wie eine Gegenbewegung zu den als belanglos empfundenen Handlungen der Lebenden, erfahren die Sterbenden sehr schnell ein Gefühl von Schwerelosigkeit und schweben danach in eine zeit- und raumlose Welt. Diese Erlebnisse zeigen deutliche Ähnlichkeiten zu dem körperlichen und sozialen Verhalten von Menschen, die durch eine schamanische Initiationskrise gehen und mit dem, was ›Feenentführte‹ erfahren und berichten. Sie verlieren jedes Interesse an alltäglichen menschlichen Geschehnissen, und wie wir gesehen haben, kann dieser Zustand über Jahre anhalten. Die Betreffenden verlieren das Interesse am Leben, an ihrer Familie, ihrer Arbeit, an dem, was sonst ihren Alltag ausmacht. Sie scheinen in ihrer eigenen Welt zu leben. Tatsächlich legen sich viele einfach ins Bett und bleiben dort. In den Augen ihrer Familie und Freunde benehmen sie sich albern und verrückt.

Raum und Zeit, wie wir sie in der *alltäglichen Wirklichkeit* kennen, gibt es auf der schamanischen Reise nicht. Die keltische Überlieferung ist voller ›Zeitreisender‹ wie Taliesin oder Tuan Mac Carell, die behaupten, bei Ereignissen der Weltgeschichte anwesend zu sein, obwohl sich diese zeitlich und räumlich weit entfernt zutrugen. Viele Sterbende erleben dies auch, aber häufiger sind es die Ereignisse ihres persönlichen Lebens, die an ihnen vorüberziehen. Alles scheint in einem überklaren Jetzt stattzufinden.

Viele Sterbende erleben, daß ihr Körper, wenn sie ihn von außerhalb oder überhalb ihrer körperlichen Gestalt betrachten, durchscheinend, nebelhaft, gasförmig oder verschwommen wirkt. Er wird das, was die Lebenden oft als geistergleich beschreiben. Laut Kalweit sehen ihn die Sterbenden manchmal sogar als »Kraftfeld«.[5] Der Körper scheint zu verblassen und beinahe zu verschwinden. All dies deckt sich mit den Beschreibungen von Energie und Materie, die Schamanen uns geben. Sie nehmen die stofflichen Gegenstände als etwas wahr, das von derselben Energie erfüllt und gebildet wird, die das ganze Universum durchzieht. Die gleiche Erscheinung deutet sich in den vielen keltischen Märchen an, in denen Menschen oder Tiere in einem Nebel oder Dunst verschwinden oder sich einfach in Nichts auflösen. Die literarische Umschreibung (in Märchen tatsächlich ein Klischee) lautet, daß die Person oder das Tier »im Nebel entschwindet«. Anders betrachtet, könnte es aber auch sein, daß dieses entschwindende Wesen zu *Nebel wird,* denn der gasförmige Zustand ist eine Art Übergangszustand, in dem die zuvor zur körperlichen Stofflichkeit verdichtete Energie in eine reinere Form zurückkehrt. Solche Ereignisse sind im keltischen Volksgut und den Feenmärchen unweigerlich der Beginn einer Reise in die Anderswelt.

Eines der herausragendsten Merkmale der todesnahen Erfahrungen, und zugleich auch eine wichtige Übereinstimmung mit der schamanischen Reise, ist die Höhle, das Loch oder der Tunnel, die in die Unterwelt hinunterführen. Oft wird auf die Ähnlichkeiten zwischen diesem Tunnel und dem Geburtskanal und auf die schockartigen Ähnlichkeiten zwischen Geburt und Tod hingewiesen. Das ›Licht am Ende des Tunnels‹ ist tatsächlich etwas, das die meisten Menschen bei ihrer Geburt erlebt haben, und es ist eine tröstliche Vorstellung, daß ein ähnlicher Durchgang auf uns wartet, wenn wir ins nächste Leben ›geboren‹ werden. In den meisten Kulturen gibt es Erzählungen über die Welten, die in oder unter der Erde liegen. Tunnel sind offensichtlich Tore zu diesen Welten. Die Feenwälle, die Feenhügel der Sidhe und die Berg- oder Felsspalten, die Sterbliche anlocken, sind Bilder, die auch in keltischen Sagen ständig wiederkehren. Sie haben ihre Wurzeln wahrscheinlich in den ekstatischen Erlebnissen der frühesten Schamanen, die über die todesähnlichen Erlebnisse ihrer anderswTeltlichen Reisen berichteten.

Viele Überlebende todesnaher Erfahrungen stoßen auf einen Fluß, eine Brücke, einem Damm oder eine andere Art von Barriere oder Hindernis, das überwunden werden muß, um in die Anderswelt zu gelangen. Einige berichten, daß sie Seelen sahen, die anscheinend in großer Not waren und vergeblich versuchten, über diese Grenze zu gelangen. Bei ihren Reisebeschreibungen erwähnen Schamanen häufig Sperren und Hindernisse, oft ein bedrohliches Gewässer. Die gleichen, scheinbar unüberwindlichen Hindernisse tauchen in keltischen Reise- und Sucherzählungen auf. Oft gehört auch der Kampf mit einem Gegner dazu, der ein Sagenungeheuer oder ein böser Krieger oder Ritter sein kann. Manche schamanisch Reisende haben auch ›schwierige‹ oder ›erschreckende‹ Erlebnisse. Für Überlebende todesnaher Erfahrungen dagegen ist die schamanische Reise immer einfach und angenehm: Vielleicht bleibt ihnen der Kampf erspart, weil ihre ›Zeit‹ noch nicht gekommen ist; oder vielleicht gibt es auch Menschen, von denen nicht verlangt wird, Hindernisse zu überwinden. Wenn wir davon ausgehen, daß die Anderswelt aus den gleichen Strukturen und Mustern des Bewußtseins aufgebaut ist wie diese Welt, so können wir getrost vermuten, daß eine Person in der Anderswelt den eigenen Ängsten oder Zweifeln begegnen wird.

Ein helles, strahlendes Licht scheint das wichtigste Merkmal der nächsten Welt zu sein. Wie die Schamanen auf ihrer Reise durch den Tunnel, so sehen auch die Sterbenden das Licht vor sich, gleich einem Leuchtfeuer, das sie anzieht. Die Geisterwesen, denen man in der Anderswelt begegnet, wirken oft strahlend und durchscheinend. Einige Menschen, die von todesnahen Erfahrungen zurückgekehrt sind, bezeichnen sie schlicht als ›Lichtgestalten‹. Stets sind sie freundliche, aufmunternde, liebevolle Wesen, die dem Reisenden ein Gefühl der Geborgenheit vermitteln. Auch unter den Hilfsgeistern der Schamanen sind normalerweise zumindest ein paar, die aus Licht oder strahlenden Farben zu bestehen scheinen. Ein irischer Mystiker, der Anfang des 20. Jahrhunderts befragt wurde, gab an, daß er Lichtgestalten verschiedenen Ranges ausgemacht hätte: »solche, die leuchten, und solche, die schillern und wirken, als würden sie von einem inneren Licht erhellt«. Der Mann vermutete, daß die leuchtenden Wesen einem niedrigeren Stand angehörten, während die selten anzutreffenden schillernden den alten irischen Göttern und Göttinnen ähnelten.[6]

Schließlich sind sich alle Berichte über die Schönheit und Fröhlichkeit einig, die die nächste Welt erfüllen, obwohl es hier und da auch Kämpfe und Elend geben mag. Insgesamt wirkt die Anderswelt außerordentlich verheißungsvoll. Besucher wollen dort bleiben, so daß man ihnen oft sagen muß, daß ›ihre Zeit‹ noch nicht gekommen sei und sie in das Land der Lebenden zurückkehren müßten. Meist übernimmt ein Lichtwesen diese Aufgabe, das den anderen übergeordnet zu sein scheint. Schamanen stimmen mit diesen Beschreibungen überein. So berichtete etwa Black Elk: »Ich konnte ein wunderschönes Land sehen, wo viele, viele Menschen in einem Kreis lagerten. Ich konnte sehen, daß sie glücklich waren und alles im Überfluß hatten.«[7] Essie Parrish, eine indianische Schamanin, beschrieb das Land, das sie bereiste, als voll von den schönen Dingen der Erde, von Hügeln und Feldern und Blumen und allem, was bewunderswert ist. »Zu beiden Seiten des Weges standen Blumen; Blumen über Blumen über Blumen, die nicht von dieser Welt waren. Und während Du läufst, ist weißes Licht im Zentrum.«[8]

Alle Berichte von Überlebenden todesnaher Erfahrungen und Schamanen fügen sich zu einem einheitlichen Bild, wonach der Tod die Pforte zu einer strahlenden, unendlich angenehmen Welt öffnet. Ihre Erfahrungen stützen die Vermutung, daß wir uns vor dem Universum nicht fürchten müssen.

TOTENBÜCHER

Einige Kulturen haben schriftliche Weisungen über das Sterben hervorgebracht, um die Menschen auf die letzte Reise in die nächste Welt vorzubereiten. Die ägyptischen und tibetanischen Totenbücher und die europäischen *Ars moriendi* sind klassische Zeugnisse der Literatur des Todes. Kurz gesagt, bestärken Totenbücher die Sterbenden darin, das Unausweichliche anzunehmen und die irdischen Gefilde mit Würde zu verlassen, um eine neue Form des Seins anzutreten. Sie enthalten Beschreibungen des Totenreichs samt Landkarten und Informationen über die ›stofflichen‹ Gegebenheiten; über die Persönlichkeiten, die die Seele in Empfang nehmen und führen werden und die Prüfungen und Hindernisse, denen Neuankömmlinge gegenüber stehen werden. Das alles mögen noch nachvollziehbare Formungen und Gestalten sein, die auf dem menschlichen Bewußtsein fußen, die aber ihre eigenständigen Wesenszüge annehmen, sobald sie von der einschränkenden Sichtweise des Körpers und des Ichs befreit sind. Ohne die dreidimensionale Wirklichkeit können solche Erscheinungen zu übermäßiger Größe anwachsen. So enthalten etwa die visionären Beschreibungen der nächsten Welt in vielen Kulturen irgendeine Art von Himmel und Hölle, die einer übersteigerten Ausformung menschlichen Glücks oder Unglücks entsprechen. Menschen, die von todesnahen Erfahrungen zurückkehrten, berichten manchmal auch von Formen strenger Beurteilung und Vergeltung, die ebenfalls übertrieben erscheinen. Auch sie überhöhen menschliche Gefühle, wenn wir am Ende des Lebens begreifen, daß keine Zeit mehr bleibt, um Schaden, den man verursacht hat, zu beheben, um etwas wieder gut zu machen, um Vergebung zu bitten oder Versäumtes nachzuholen.

Totenbücher fußen aller Wahrscheinlichkeit nach auf den Reisen von Schamanen. Tatsächlich vertritt Kalweit die Ansicht, daß die Berichte von Schamanen und anderen kulturabhängigen und mythologischen Helden über ihre Reisen in die Anderswelt »den Mitgliedern einer Kultur von Kindheit an psychologische Verhaltensmodelle und Leitbilder« vermitteln und Sterbenden helfen, sicher in ein neues Bewußtseinsreich zu gelangen«.[9] Während ältere Kulturen, wie in Ägypten und Tibet, Erklärungen über den Tod schriftlich festhielten, tut man sich beispielsweise in der modernen amerikanischen Kultur schon schwer, auch nur darüber zu sprechen. Diese Kultur versucht, den Tod und das Sterben zu verleugnen und ihre Kinder von echten Todeserfahrungen abzuschirmen. Die amerikanische Gesellschaft ist einzigartig in dieser Abneigung, über den Tod zu sprechen und offen und bewußt mit ihm umzugehen. Wie auch in vielen anderen westlichen Gesellschaften weigern sich die Amerikaner, eindeutige Beschreibungen oder Anweisungen für einen der wichtigsten – wenn nicht *den* wichtigsten – Augenblick im Leben eines Menschen zu entwerfen und anzubieten. Auch die großen Religionen bieten nur verschwommene Informationen über die Anderswelt und benutzen sie dann oft noch als Drohmittel oder Bestechung, um die religiösen Überzeugungen und das weltliche Verhalten ihrer Gemeinden zu kontrollieren. Um diese Lücke in unserem Wissen und Verständnis vom Tod füllen zu können, brauchen wir die aus erster Hand stammenden Berichte von Überlebenden todesnaher Erfahrungen. Sie können als wichtige Informationsquelle über den Eintritt in das nächste Leben dienen. Gleich an zweiter Stelle folgen aber die visionären Erlebnisse der neuzeitlichen Praktiker des Kernschamanismus.

DAS KELTISCHE »TOTENBUCH«

Im klassischen Altertum war es wohlbekannt, daß die keltischen Stämme den Tod nicht fürchteten.[10] Diodor zitiert Posidonius mit der Aussage, daß die Kelten glaubten, »die Seelen der Menschen seien unsterblich und würden nach einer bestimmten Anzahl von Jahren ein zweites Leben führen, wobei die Seele in einen anderen Körper übergehe«. Aus den Ende des 1. Jahrhunderts vor unserer Zeit verfaßten Schriften Strabos erfahren wir, daß die Druiden glaubten, »daß die Seelen der Menschen und das Universum unzerstörbar sind, wenn auch zeitweise Feuer und Wasser die Oberhand gewinnen können«. Cäsar, der alles mit den Augen eines Soldaten betrachtete, verdächtigte die keltischen Führer, den Tod aus eigennützigen Beweggründen herunterzuspielen, um ihre Krieger zu immer waghalsigeren Heldentaten anzustacheln. Seinen Worten nach, brachte man den Kelten bei, daß »die Seelen nicht sterben, sondern nach dem Tod von einem zum anderen übergehn«. Lucan brachte es bei dem Versuch, die druidische Lehre von der Unsterblichkeit zu verstehen, auf einen einfachen Nenner: Für die Kelten war der Tod »der Mittelpunkt eines langen Lebens«. In seiner klassischen Untersuchung über die Druiden macht Stuart Piggot darauf aufmerksam, wie sehr dieser Glaubensgrundsatz von den landläufigen Vorstellungen über das nächste Leben abwich, die im Mittelmeerraum vorherrschten. Das galt im besonderen für die unmittelbaren Nachbarn der keltischen Stämme, die Griechen, Römer und Etrusker. Die klassischen Überlieferungen dieser Kulturen beschrieben den Weg der Seele in die Anderswelt überwiegend als trostlos, trübsinnig und unangenehm naßkalt. Es geht da durch düstere Höhlen, verlassene Sümpfe oder in nervenaufreibenden Achterbahnfahrten durch verschiedene Lebensformen. Wie wir sehen werden, beeindruckten diese abschreckenden Beschreibungen die Kelten überhaupt nicht.

Trotz aller Äußerungen nicht-keltischer Beobachter über die druidischen Lehren von Unsterblichkeit und Wiedergeburt sagen die keltischen Quellen selbst fast nichts darüber. Wie Alwyn und Brinley Rees ausführen, zeigt die keltische Literatur »bei dem Thema seltsames Stillschweigen«; und doch »erschienen die frühesten und lebendigsten ›Visionen‹ einer christlichen Anderswelt, die im mittelalterlichen Europa aufgezeichnet wurden, im keltischen Westen«.[11] Die Tatsache, daß diese Beschreibungen keine Sinnbilder aus *anderen* christlichen Quellen übernahmen, zeigt, daß einzelne Kelten offenbar *eigene* Visionen vom Himmel hatten. Anscheinend reisten diese mittlerweile christlichen Kelten noch immer in die Anderswelt, die uralten schamanischen Kenntnisse waren nicht ausgestorben. All das bestärkt die Annahme, daß überall im mittelalterlichen Europa schamanisches Wissen überlebte und den Grundstock für die später von der christlichen Kirche verfolgte Hexenkunst bildete.

Doch wie können wir das seltsame Stillschweigen über das Leben nach dem Tod in der keltischen Literatur erklären? Gehen wir einmal davon aus, daß es ursprünglich durchaus niedergeschriebene Zeugnisse für keltische Erfahrungen mit der Anderswelt gegeben hat. Diese könnten dann wie archäologische Schätze unter späteren literarischen ›Landschaften‹ verborgen liegen und aus unzähligen Bruchstücken bestehen. Die Autoren Rees gingen genau dieser Annahme nach und fanden die »zerfledderten Reste eines mündlichen keltischen ›Totenbuchs‹«.[12] Wir finden sie in den Erzählungen über fantastische Reisen zu anderweltlichen Inseln. Im ganzen genommen, sind die märchenhaften Reisen zu verzauberten Inseln Geschichten über die Reise der Seele durch dieses Leben und ins nächste. Und wie die klassischen Totenbücher boten auch diese Reiseerzählungen (auf irisch *immrama*) den Kelten eine Vorschau auf die verschiedenen Abschnitte und Erfahrungen, die den Übergang vom irdischen zum anderweltlichen Bewußtsein ausmachen. Psychologisch gesehen geben die *immrama* den Lebenden die beruhigende Versicherung, daß der Weg ins nächste Leben aufgezeigt und zumindest teilweise erforscht ist. Tatsächlich ist die Landschaft des Todes kartenmäßig erfaßt worden, und wie in anderen archaischen Gesellschaften sind auch hier die Hauptforscher und Kartenzeichner Schamanen. Zwar sind die Helden der Reiseerzählungen nicht ausdrücklich Schamanen, doch trotzdem wurden diese Schilderungen, wie auch andere Mythen und Sagen, höchstwahrscheinlich aus Informationen zusammengefügt, die aus den Berichten von Stammesschamanen über ihre rauschhaften Reisen stammen.

Wir werden nie wissen, wieviele Erzählungen, Reisen und Reisende es ursprünglich in der mündlichen Literatur gab. In der Geschichte von Bran erzählt eine Fee dem Helden, daß es 150 Inseln gebe. Er besucht allerdings nur zwei davon: die Insel der Freude und die Insel der Frauen. Die Reise des Maildun gibt Auskunft über 33 Inseln, die er oder seine Männer besuchten. Teigue, der Sohn Cians, segelte zwar nur zu einer einzigen Insel, die jedoch mit allen Wundern der keltischen Anderswelt aufwarten konnte: Apfelbäume, dichte Eichenwälder, mit Nüssen beladene Haselsträucher, blühende Felder, drei Feenhügel, Begräbnisstätten irischer Könige, Mauern aus Silber, Gold und weißem Marmor, magische Kelche, um nur einige zu nennen.

Insgesamt bieten die Reisegeschichten (vor allem die drei irischen Sagen von Bran, Teigue und Maildun) bestimmte Informationen, die für die Sterbenden bedeutsam sind. Außerdem, und das ist nicht minder wichtig, zeigen sie den Lebenden, welche ihrer irdischen Taten nach dem Tod Einfluß auf ihr Schicksal in der Anderswelt haben werden. Kurz gesagt, sie sagen dem Zuhörer, wie er jetzt zu leben und was er später zu erwarten hat.

Eine Gruppe von Informationen betrifft abstrakte Prinzipien, wie Wahrheit, Schönheit oder Gerechtigkeit, ähnlich wie die Vorstellung Platos über die *Ideale Form*. Nehmen wir an, das Leben nach dem Tod besteht aus Versatzstücken, die nicht mehr an stoffliche Formen gebunden sind und ursprünglich dem menschlichen Geist entstammen, dann warten Platos *Ideale Formen* in irgendeiner Weise nach dem Tod auf uns.. Genau wie archetypische Bilder die Energiequellen des Unbewußten gestalten, helfen die Bilder der irischen Wunderreisen (und ebenso die Bilder der schamanischen Reise), den Stoff zu gestalten, aus dem die nächste Welt besteht. Daher ist es nicht verwunderlich, daß das nächste Leben dem jetzigen sehr ähnelt. Beispielsweise erleben die Reisenden auf einigen Inseln Farben, Naturgewalten, Gefühle und verschiedene Abschnitte des menschlichen Lebens. Diese werden in Gegensatzpaaren offenbart, die anscheinend der Denkweise des Menschen vertraut sind: schwarz-weiß, männlich-weiblich, Jugend-Alter, Leid-Freude.

Auf manchen Inseln entdecken die Reisenden bestimmte Anteile des Lebens, die einzeln in Umgebungen oder Gruppen aufgeteilt sind. Da gibt es etwa Inseln, die vorwiegend von Ameisen bewohnt werden, von Vögeln, Pferden, Bäumen, Schweinen, Schafen, Männern oder Frauen, von Feuer, Gelächter oder Metallen, und auf einer Insel lebt nur eine einzige Katze. Auf manchen Inseln gibt es merkwürdige, monströse Gestalten, wie ein Pferd mit Klauenhufen, ein Tier, das sich in seiner eigenen Haut um die eigene Achse dreht, einen Fluß, der wie Feuer brennt, Vögel, die mit menschlicher Stimme schreien, einen Brunnen, der freitags und mittwochs Wasser und Molke sprüht, an Sonntagen Milch und an anderen Festtagen Bier und Wein, einen Regenbogen aus Wasser, in dem Lachse schwimmen, und Bäume voll großer, berauschender Früchte, die tiefen Schlaf hervorrufen. Auf einer Insel sehen Maildun und seine Mannen einen sich drehenden Feuerwall, der zu einem Tor führt, durch das sie wunderschöne, herrlich gekleidete Menschen erblicken, die aus goldenen Schalen trinken und der wunderbarsten Musik lauschen.

Was sagen uns diese unglaublichen Reisen zu verzauberten Inseln über den Tod und das Sterben?

Die *immrama* setzen uns unausweichlich dem größen Dilemma des spirituellen Bewußtseins und insbesondere der keltischen Spiritualität aus: der Unvollkommenheit des menschlichen Lebens.

Das spirituelle Bewußtsein wird durch Sehnsucht und Suche bestimmt, durch den ewigen Traum von dem, was hinter dem Horizont der *alltäglichen Wirklichkeit* liegt. Die Wurzeln der Weltreligionen und der spirituellen Praktiken liegen in dem bangen Gefühl, das Leben könnte unvollkommen oder illusorisch sein und die menschliche Persönlichkeit unerfüllt bleiben, zumindest in diesem Leben. Irgendwo, an einem anderen Ort, gibt es ein umfassenderes, großartigeres Leben – in der Anderswelt, einem zeitlosen, raumlosen Reich, das die Gesetze und das Gefüge der physikalischen Wirklichkeit überwindet. In ähnlicher Weise fühlt sich der einzelne Mensch fähig, ein anderes Ich anzunehmen und neue Erfahrungen zu machen, die den menschlichen Geist erweitern und bereichern, aber unter dem, was wir als normale Bedingungen betrachten, nicht möglich sind. Der spirituellen Suche liegt die ewig ungelöste Frage nach der Beziehung zwischen Geist und Materie beziehungsweise Seele und Körper zugrunde. Unsere Sehnsucht und Suche nach Vollendung und Ganzheit verwandelt unser Bewußtsein, wenn wir forschend dem Drang folgen, *irgendwo* anders, *irgend etwas* anderes zu sein. Das meint Holger Kalweit vermutlich, wenn er sagt, »das spirituelle Bewußtsein lotet sich, wenn auch weitgehend unbewußt, sozusagen selbst aus, indem es sich Situationen aussetzt, die seine innere Struktur verändern«.[13]

Mehr als jede andere riskiert die Schamanin dieses Ausgesetztsein. Warum? Weil sie auf der schamanischen Reise diese beiden Sehnsüchte stillt, zumindest für eine Weile. In der rauschhaften Trance *geht* die Schamanin an einen anderen Ort und *wird* etwas anderes. Sie sucht die Welten auf, die hinter dem Horizont der Vorstellung liegen und wird zu Tieren, Pflanzen und anderen stofflichen Gegenständen. Der Widerspruch besteht darin, daß Schamanen teilweise ihre Seele vom Körper lösen oder Geistwesen werden müssen, um andere (oder alle) Bereiche der Schöpfung zu erforschen oder sich in sie zu verwandeln. Kurz gesagt, sie müssen ›sterben‹.

Die Inselreisen der Kelten bewirken eine tiefgreifende Veränderung des Bewußtseins, so daß die Helden die spirituellen Vorzüge eines Lebens erfahren können, das nicht den Regeln der *alltägli-*

chen Wirklichkeit gehorcht. Die Trauminseln zeigen den Reisenden die Leere eines Lebens, das ausschließlich in den Grenzen des gewöhnlichen Bewußtseins gelebt wird. Gleichzeitig zeigen sie die Möglichkeit – aber auch die *Un*möglichkeit – außerhalb dieser Kategorien zu leben. Dieser Widerspruch erscheint als der Kern der menschlichen Existenz. Beispielsweise verbringen Maildun und seine Männer drei Monate auf der Insel der Frauen, wo sie ungeheure Freuden und die Vision ewiger Jugend genießen. Doch die drei Monate erscheinen ihnen wie drei Jahre, und sie werden des Ganzen müde. Was sie hier lernen, ist: Ja, wir können uns ein Leben nie enden wollender Freude vorstellen, und ja, das ist offensichtlich das, wonach wir uns in unseren kühnsten Träumen sehnen – doch nein, es wird uns niemals zufriedenstellen. Als die irischen Seefahrer den wesentlichen Bestandteilen und Formen des menschlichen Lebens begegnen, müssen sie erkennen, daß ihnen in körperlosen *Idealen Formen* (pures Leid, pure Freude, pures Gelächter, pures Vergnügen, pure Trauer, purer Sex) etwas fehlt. *Was* ihnen fehlt, dürfte ein Geheimnis bleiben, das erst im nächsten Leben gelüftet werden kann.

Dennoch, die vielen Stränge des menschlichen Lebens zu entwirren ist der erste Schritt auf dem Weg, nicht nur die Geheimnisse des menschlichen Seins, sondern die des ganzen Universums besser zu verstehen. Sogar der Körper und die Seele müssen aus dem Gewirr der Trugbilder befreit werden, die der sterblichen Existenz angeboren sind. Wir brauchen den Tod, so wie der Schamane den Seelenflug in die Anderswelt braucht. Auch hier scheint wieder ein seltsamer Widerspruch zu bestehen: Wenn wir Seele und Körper voneinander trennen und die Bestandteile des Lebens ebenso, sehen wir uns nicht einfach einem chaotischen Wirbel beziehungsloser Teile gegenüber. Vielmehr entsteht die Möglichkeit, das zu spüren, was die Psychologen als das ›ozeanische Gefühl‹ bezeichnen: mit allem was ist, eins zu sein. Genau das erlebt der Schamane auf vielen schamanischen Reisen: die Energie des Universums, befreit von den stofflichen Formen, in denen sie normalerweise besteht, so daß die eigene Energie des Schamanen vollständig mit ihr verschmelzen kann. Ein anderes Mal, bei einer anderen Reise, kann das Erlebnis auch weniger allumfassend, weniger ehrgeizig sein: Dann verschmilzt der Schamane nur mit einer bestimmten Form von Energie, etwa einem Tier, einer Pflanze, einem Fluß oder dem Wind.

Insgesamt vermitteln die schamanischen Reisen eine wichtige spirituelle Botschaft: zu trennen und neu zu vereinen oder, wie es die Alchimisten ausdrücken, *solve et coagule*. Die Schamanin würde sagen, zerstückeln und wieder zusammenfügen. Auf manchen Inseln finden die Reisenden begrenzte menschliche Eigenschaften und Lebensbedingungen vor oder einzelne Tierarten, die vom Rest des Tierreichs abgeschnitten sind. Auf anderen Inseln entdecken sie Umweltbedingungen oder Lebewesen, die auf den ersten Blick monströse Mißgeburten der natürlichen Ordnung der Dinge zu sein scheinen. Laut und deutlich beantworten die Reisen unsere Fragen nach dem Wesen der Wirklichkeit: Die Wirklichkeit ist vielgestaltig, der Blick von den Ufern des *alltäglichen* Bewußtseins ist ausgesprochen kurzsichtig und eingeengt; und es gibt vielleicht unendlich viel mehr Möglichkeiten, ein Universum zu errichten und die große Seelenreise zu den Inseln der Unendlichkeit zu unternehmen, als wir wahrnehmen.

DIE AUSSÖHNUNG DER GEGENSÄTZE

Die Aufsplitterung der *alltäglichen Wirklichkeit* in ihre wesentlichen Einzelteile enthüllt die Polarität die dem menschlichen Denken eigen ist. Wenn ein Reisender oder der Zuhörer eines Geschichtenerzählers auf einer Insel landet, die ausschließlich einem bestimmten Teilbereich des menschlichen Lebens gewidmet ist – Freude, Leid, Gelächter, Frauen, was immer –, sieht er nur die Hälfte eines Ganzen. Damit wird der Reisende zunächst aufgefordert, so viel wie möglich über diese oder jene Eigenschaft oder Situation zu lernen. Er erfährt außerdem, das dieser einseitige Zustand nicht das gesamte menschliche Leben ausmacht und schon gar nicht die ganze menschliche Seele umschreibt. Anders ausgedrückt: Wir brauchen einen ganzen Archipel von Erfahrungen, nicht nur eine einzelne Insel, um unsere gewöhnliche Weltsicht aus den Angeln zu heben. Anscheinend erfahren wir nur so, wie reich *dieses* Leben ist und welchen Reichtum und welche Vielfalt wir im Jenseits gewinnen können. Während wir bestimmte, klar umrissene Abschnitte des Lebens kennenlernen, erkennen wir das große Bild. Jede Insel und jede Inselerfahrung gleicht einem Puzzleteil.

Nicht durch philosophische Gedankenspiele, sondern durch unmittelbare Erlebnisse erkennen die Reisenden die Wahrheiten der Inseln. Jedesmal tauchen die Besucher entweder tiefer in den herrschenden Zustand ein oder begreifen ihn als Gegensatz zu ihrer eigenen Befindlichkeit. So landen Maildun und seine Männer auf einer Insel der Keuschheit, deren Sinnbild eine Festung mit einer Glasbrücke ist. Die Reisenden erleben einen frostigen Empfang. Die Glasbrücke wehrt jeden ab, der versucht, sie zu überqueren. Eine schöne Frau weist sie ebenfalls zurück. Es stellt sich heraus, daß die Frau entschlossen ist, ihre Jungfräulichkeit zu bewahren. Als die Männer versuchen, sie für Maildun zu gewinnen, verspricht sie ihnen, am nächsten Tag zu antworten. Ihre Antwort ist eindeutig: Sie selbst, die Insel und die große Festung mit der Glasbrücke sind verschwunden, und die Männer treiben auf dem Meer. Mit anderen Worten: Menschen kommen mit ihren fleischlichen Gelüsten auf die Insel der Keuschheit und werden abgewiesen.

Schmerzlich wird deutlich, wie unvollständig das Inselleben ist. Die Inseln sind einfarbige Spiegelungen einzelner menschlicher Wünsche, ohne Verbindung zu den größeren Zusammenhängen, die uns erst den Wert unserer Wünsche erkennen lassen. Oft fehlt genau der Gegensatz, der es uns erst ermöglicht, gegenteilige Empfindungen zu würdigen – Tag und Nacht, Freude und Leid, Ruhe und Bewegung. Auf den ersten Blick, während das Boot sich noch dem Ufer nähert, mag das Leben auf einer bestimmten Insel unerhört verlockend wirken. Doch so unvollständig die Umgebung ist, weckt sie in der menschlichen Seele eine Sehnsucht nach einer umfassenderen Ganzheit, nach Vielfalt, oder nach den vertrauten Gegenpolen, durch die wir die Wahrheit und den Wert der Dinge zu schätzen lernen. Instinktiv fühlen die Besucher, daß es falsch ist, auf einer einzelnen Insel zu verweilen. Denn wenn das menschliche Bewußtsein dort bliebe, würde es paradoxerweise hilflos umhertreiben, ohne die Anker des Gegensatzes, der Ähnlichkeit und der Vielfalt.

Auf jeden Fall sind diese Reisen in die Anderswelt eine Art Todestherapie. Sie helfen, den Schock zu mildern, wenn wir entdecken, daß das Leben nach dem Tod zwar vielleicht aus den Bestandteilen des menschlichen Bewußtseins zusammengesetzt ist, aber trotzdem kaum unseren Erwartungen entspricht. Die *immrama* bereiten uns darauf vor, gewohnten Erfahrungen in ungewohnten Zusammenhängen zu begegnen und die jähen Erkenntnisse anzunehmen, die diese Begegnungen auslösen werden. Nachdem wir den Ozean des Todes überquert haben, werden wir eine Welt verstehen und vielleicht auch zu schätzen lernen, die uns im irdischen Leben widersprüchlich schien, weil sie vermeintlich nur eine Hälfte des Lebens spiegelte. Vielleicht lernen wir auf der anderen Seite aber auch endlich, daß im Ursprung alles schon sein Gegenteil in sich trägt.

Sogar der Gegensatz zwischen Geist und Materie mag sich letztlich als Trugbild erweisen. Die Cartesianische Revolution im westlichen Denken hat diesen Gegensatz zum Rückgrat der wissenschaftlich-industriellen Revolution der letzten 400 Jahre gemacht. Wir sind heute darauf programmiert, diese Lehre als Wahrheit zu betrachten. Tatsächlich ist der Gegensatz zwischen Geist und Materie jedoch eine eher neue Vorstellung in der menschlichen Ideengeschichte. Wenn wir diesen Gegensatz überwinden, gewinnen wir vielleicht die Weisheit des Grals. Von unserer Antwort auf diese Frage hängen Philosophie, Theologie, Wissenschaft, Technik und Kunst ab. Wenn Geist und Materie die grundlegende Aufteilung des menschlichen Seins ausmachen, in welcher Beziehung stehen sie dann wirklich zueinander? Wie verhält sich das Bewußtsein zur Natur? Ist der Geist vom Rest der Schöpfung getrennt, oder nehmen Geist und Bewußtsein teil *in* und *an* der Natur, wie es die Schamanen empfinden?

Es ist auch möglich, daß die *immrama* uns Mut machen sollen, das Beste aus allen Bereichen des menschlichen Lebens zu machen, solange wir noch lebendig sind, damit wir nicht an unser Ende kommen und feststellen, daß wir den Kelch des Lebens nicht bis zur Neige geleert haben. Erlösung, Erleuchtung oder Erfüllung nach dem Tod könnten davon abhängen, daß wir alle Möglichkeiten wahrgenommen haben (negative und positive), die uns das diesseitige Leben geboten hat.

Was die Seele lernt, während sie durch das Archipel einzelner Eigenschaften, Werte und menschlicher Lebensbedingungen segelt, ist »zu trennen und neu zu vereinen«. Die Alchimisten nennen es auflösen und gerinnen lassen, die Schamanen zerstückeln und zusammenfügen. Irgendwann, wenn wir genug Reisen, genügend Inseln und genügend Zerstückelungen hinter uns haben, werden wir alle nur möglichen Verbindungen kennen. Vielleicht ist es das, worauf wir uns im nächsten Leben am meisten freuen. Letztlich erforschen wir die Bücher des Todes aber nicht, um ein klar umrissenes Ziel zu erreichen oder ein bestimmtes Wissen zu erwerben. Wir lernen lediglich einen Ablauf kennen, eine Entwicklung, die wie eine Reise erscheint und die sich ebenso wie diese auf einen offenen Geist und unstillbare Abenteuerlust gründet. Denn wenn die sterbende Seele ihren Übergang in das nächste Leben mit Würde und Anstand vollziehen will, muß sie auf alles gefaßt sein.

DAS WIEDERGEFUNDENE PARADIES

Das Wichtigste am Tod dürfte sein, daß wir nicht wissen, wohin wir gehen und was aus uns wird. Genau diese Fragen beschäftigen aber auch Neuschamanen und sogar erfahrene Reisende, auch wenn die andersweltliche Landschaft und die eigenen Verwandlungen für erfahrene Schamanen bis zu einem gewissen Grad vorhersehbar werden. Wiederholte Andersweltreisen und Verwandlungserlebnisse bestärken die Schamanin in ihrer Weltsicht, wonach letztlich alles zueinander in Beziehung steht und durch die Unterstützung von Hilfsgeistern genug persönliche Kraft verfügbar ist, um die Reisen und Verwandlungen erfolgreich zu bewältigen.

Wir haben bereits die keltischen ›Prahlereien‹ als Ausdruck des schamanischen Erlebens betrachtet: »Ich bin der Wind, der über die See weht; Ich bin eine Welle im Ozean.« Tatsächlich erschafft der Wind die Welle aus Luft, Wasser und Bewegung. Die vier Elemente und das lebendige Zusammenspiel der Naturkräfte sind den keltischen Gestaltverwandlern und Reisenden vertraut. Die Wunderreisen als unvollständige Landkarten der Anderswelt versprechen, daß wir nach unserem Tod tiefer in die Geheimnisse der zerstückelten Wirklichkeit eindringen werden und sich endlich unsere Sehnsucht nach Ganzheit erfüllt. Ob hinter der Anderswelt gar noch weitere Welten mit immer neuen Möglichkeiten der Erfüllung warten, bleibt abzuwarten. Vom Standpunkt des menschlichen Schamanen aus, der ›nur‹ diese eine Anderswelt bereist, bietet auch das schon eine geradezu paradiesische Vielfalt an Möglichkeiten, zumal wenn er als Meister der rauschhaften Trance bis an die Grenzen des Universums fliegt.

Joseph Campbell nennt die ältesten spirituellen Wege »Religionen der Identität«, weil sie, aus den schamanischen Erlebnissen von Einheit und Ich heraus, in ihren Anhängern die Einsicht zu wecken suchten, daß das Göttliche in jedem Menschen steckt.[14] Wie sich diese Einsicht auswirkt, können wir im *alltäglichen* Bewußtseinszustand nicht vollständig einschätzen. Die alten spirituellen Praktiken jedoch, wie etwa Initiationsriten, verschiedene Formen tranceauslösender Meditationsmethoden oder gar rituelle Drogen, versuchten, diese Erkenntnis zu fördern. Wenn die Erkenntnis einsetzte, war das wie ein Erwachen oder eine Erleuchtung, ähnlich, wie in Mystikern die Erkenntnis erwacht, daß sie mit dem Göttlichen eins sind.

Unsere Vorfahren erlebten die Wirklichkeit völlig anders als wir. Während wir die Natur entheiligt haben, sahen sie im stofflichen Universum göttliche Kräfte. Während wir das Göttliche als etwas ansehen, das in sich geschlossen, von der Materie losgelöst und von der Schöpfung weit entfernt ist, glaubten unsere Vorfahren, daß die Göttliche Kraft das stoffliche Reich durchdringt und sich in bestimmten Formen und Eigenschaften ausdrückt. Entsprechend der alten Weisheit, daß wir nicht verstehen, was wir nicht benennen können, gaben unsere Vorfahren diesen Abbildern der göttlichen Kraft in der Natur die Namen von Göttern und Göttinnen. So erschufen sie die alten Göttergeschlechter, die über die Natur und die Menschen herrschten. Gewissermaßen haben die Zweifler also recht, wenn sie sagen, daß wir die Götter schufen und nicht die Götter uns. Doch was wir erschaffen und benennen, sind eigentlich nur die Fußabdrücke des Göttlichen, und wir tun es, um besser zu verstehen, wie die göttliche Kraft (der Große Gott/die Große Göttin oder der Geist) im täglichen Leben wirkt. Nehmen wie einmal an, daß es stimmt: Wir *kennen* nur, was einen Namen hat; dann gilt sicher ebenso, daß wir nur mit dem *sprechen* können, was eine Stimme besitzt. In gewisser Weise dient der Schamanismus einer anderen Art von Kennzeichnung: Schamanen beschreiben nicht nur die Welt, sie geben ihr eine Stimme. Es ist ein Weg, um den menschlichen Geist vom *alltäglichen* Bewußtsein zu befreien, damit er sich mit der göttlichen Kraft in der Natur verbinden kann. Dieses Zwiegespräch läßt uns erkennen, wie die göttliche Kraft alles Geschaffene durchströmt, nicht zuletzt auch den menschlichen Geist. So wird durch die schamanische Reise in visionäre Bewußtseinszustände noch deutlicher, daß diese göttlichen Kräfte wirklich in jedem von uns walten.

Was die alten Mysterienreligionen ihre Eingeweihten offenbar lehrten, war, daß wir im Tod diese Kräfte der Götter und Göttinnen zurückholen. Sie werden wieder zum inneren Ausdruck unserer eigenen Göttlichkeit. Im Augenblick des Todes, oder kurz danach, fordern wir unser göttliches Ich zurück. Im ägyptischen Totenbuch etwa rühmt sich die verstorbene Seele:

Das Haar meines Hauptes, es ist Nus Haar.
Mein Antlitz ist die Scheibe der Sonne.
In meinem Augenstrahl lebt Hathors Mut …
Wahrlich! In jedem Glied meines Körpers lebt eine Gottheit …
Ich bin das Heute.
Ich bin das Gestern.

Ich bin das Morgen.
Meine wiederholten Geburten durchschreitend
Bleibe ich kraftvoll und jung.
Ich bin dem Geheimnis verwobene göttliche Seele,
Die einstmals, in frühester Zeit,
Die Göttergeschlechter erschuf.[15]

Diese letzte Zeile ist ein beeindruckendes Echo des Gefühls, das sich in Amergins Prahlen offenbart: »Ich bin der Gott, der im Geist Gedanken formt.« Ebenso ist der Anspruch, die gesamte Zeit zu umfassen – Vergangenheit, Gegenwart und Zukunft – nicht sehr weit von Tuan Mac Carells Behauptung entfernt, die gesamte Geschichte Irlands miterlebt zu haben, und auch nicht von Taliesins Ruf »Es gibt nichts, in dem ich nicht war.«

In allen Kulturen macht der Mythos des Goldenen Zeitalters geltend, daß Menschen von Anbeginn der Zeit möglicherweise viele dieser göttlichen Kräfte, wenn nicht sogar alle, in sich selbst verwirklicht haben. Sie konnten mit Tieren sprechen, fliegen, ihre Gestalt verwandeln und das geheime Leben der Natur verstehen. Sie waren stark, gesund, glücklich und unsterblich. Beschreibungen dieses ›Paradieses der Urzeit‹ enthalten viele Einzelheiten, die aus Beschreibungen der nächsten Welt stammen. So wie sich das Rad der Jahreszeiten dreht, erwartet auch die menschliche Vorstellungskraft, einen Kreis zu vollenden, und wir glauben, daß das Leben nach dem Tod dem Leben vor der Geburt ähnelt. Wir werden jung, schön, weise, glücklich und erfüllt sein und über alle Weisheit und Macht verfügen, derer wir fähig sind. Wenn die Schamanin reist, tritt sie wieder in diese heilige Zeit ein, und die ursprünglichen Zustände werden wiederhergestellt.

Die Iren glauben, daß Irland dem Sündenfall entging, wie er in der der jüdisch-christlichen Erzählung von Adam und Eva dargestellt wird. Diesem Volksglauben nach ist Irland dem Himmel näher als irgendein Ort, den man erreichen könnte, solange man sich noch auf der Erde befindet. In dieser Vorstellung verbirgt sich eine ältere Idee, die dem heidnischen keltischen Denken nicht fremd ist, daß nämlich der ›Himmel‹ oder die Anderswelt in diesem Moment hier auf der Erde existiert: vielleicht überall, vielleicht nur in bestimmten heidnischen Hainen oder Landschaften von atemberaubender Schönheit und Kraft. Aber ob wir die Anderswelt nun als allgegenwärtig betrachten oder sie nur an bestimmten Orten sehen, auf jeden Fall befindet sie sich *hier*.

Als die keltischen Stämme romanisiert und christianisiert wurden, verloren sie viele ihrer angestammten Territorien und mit ihnen heilige Haine, Begräbnisstätten, Brunnen, Quellen und Berge. Die Kelten mußten zusehen, wie ihre heiligen Landschaften von fremden Eindringlingen und Glaubensvorstellungen in Besitz genommen wurden. Wen wundert es da, wenn sich der keltische Glaube, der doch die stoffliche Welt so eng verwoben mit der spirituellen Sphäre sah, einen Ausweg suchte. Die keltische Sehnsucht verdichtete sich geographisch auf die letzte *Insel*, wo die keltische Überlieferung weitgehend unbeschädigt überlebt hatte: Irland.

W. B. Yeats fand heraus, daß der typische irische Bauer um die Jahrhundertwende immer noch glaubte, »daß sich das Äußerste, was er träumen kann, irgendwann einmal direkt auf seiner Türschwelle Wirklichkeit war oder vielleicht sogar immer noch ist. Er deutet auf irgendeinen Berg und erzählt Dir, daß ein berühmter Held oder eine schöne Frau hier gelebt und gelitten hat. Oder er erzählt Dir, daß Tir-na-nog, das Land der Jugend, das alte keltische Paradies – das Land des lebendigen Herzens, wie es einst genannt wurde – überall um ihn herum existiert«.[16] Auffällig ist hier aus der schamanischen Sicht nicht nur, daß ›der Himmel auf Erden liegt‹. Genauso bedeutsam ist, daß die Wahrnehmungen in Träumen und Tagträumen wichtige Informationen in visionärer Form sind und daß die Vision in der Tat eine *Tatsache* ist – eine spirituelle Tatsache, die sich nur denen erschließt, die diesen älteren, keltischen Glauben nicht verloren haben.

Die Kelten waren nie um Begriffe verlegen, die zur Beschreibung der Anderswelt dienten. Tir-na-nog bedeutet *Land der Jugend*. Andere beliebte Ausdrücke waren *Das Land der Lebenden*, *Das Land der Verheißung*, *Das Andere Land*, *Die Große Ebene*, *Die Schöne oder Glückliche Ebene*. In christlicher Zeit wurde aus Tir-na-nog *Das Land der Heiligen*, aber verändert hat sich das alte, heidnische Paradies nur sehr wenig. In *Adamnan's Vision* wird es immer noch als Insel beschrieben, die nach wie vor nur durch eine lange Seereise zu erreichen ist. Einmal dort angelangt, findet der Besucher keinen Stolz, keine Krankheit oder Lügen, keinen Neid und keinen Tod, sondern »Freude an allem, was gut ist«.[17] Auch den wundervollen Gesang von Zaubervögeln gibt es und himmlische Wohlgerüche, schwer vom Duft der Apfelblüten.

Im Lauf der Zeit kamen zur christianisierten Deutung der Anderswelt dann die katholischen Unterabteilungen des Fegefeuers und der Hölle hinzu. Die Vögel verwandelten sich in kreischende Harpyien, die mit scharfen Schnäbeln und Krallen die Sünder quälten. Es gibt keine Musik oder süßen Düfte mehr, sondern nur Weinen und Wehklagen, wenn die Schlechten für ihre Vergehen im vergangenen Leben bestraft werden. Doch ob mit oder ohne christlichen Anstrich: Der heidnische Glaube, daß die Anderswelt sich hier auf Erden befindet, auf einer abgelegenen Insel weit über dem Meer, fesselte weiterhin auch die christianisierten Kelten. Irgendwann siegte das strenggläubige Christentum über den heidnischen Glauben. Das Dogma, daß Gott jenseits der Welt lebt und der Himmel unstofflich ist, ersetzte den heidnischen Glauben an die Gegenwart Gottes in der ganzen Schöpfung ebenso wie die Vorstellung, daß der Himmel oder das nächste Leben menschliche Freuden bietet, die unsere Vorstellungskraft übersteigen. Der langsame Übergang vom Heidnischen zum Christlichen vollzog sich an vielen Orten gleichzeitig und über viele Jahre hinweg. Vielleicht war es manchmal so wie in der merkwürdigen Geschichte von St. Malo und seinem Lehrer Brandan, die mit einem Schiff aufbrachen, um die eigentlich heidnische Anderswelt zu finden, obwohl sie Christen waren. Nach einigen Tagen trieben die Wellen sie zurück ans Ufer. Dort erschien ihnen ein Engel, der ihnen mitteilte, daß sie am besten bis zum Tod warten sollten, wenn sie das Land der Jugend und Glückseligkeit finden wollten. Mit anderen Worten, von hier aus kommt man nicht mehr dorthin.

AVALON

Keine andere Insel aus der keltischen Literatur über die Anderswelt hat je die westliche Phantasie mehr beflügelt als Avalon. Vermutlich leitet sich der Name vom walisischen Wort *Avallach* ab, was Apfel bedeutet. Die Iren nannten die Insel der Frauen *Emain Ablach* (ein weiterer Ausdruck für Apfel), weil sie für die herrlichen Äpfel berühmt war, die auf ihr wuchsen. Geoffrey of Monmouth beschreibt Avalon so: »Die Insel der Apfelbäume wurde auch die Begnadete Insel genannt, da auf ihr alles auf natürliche Weise gedeiht, ohne daß die Bewohner das Land zu bebauen hätten … Reich sind dort die Ernten und von Äpfeln und Trauben übervoll die Wälder.«[18] Dem modernen Leser mag es merkwürdig vorkommen, daß die Kelten so viel Wert auf die Pflanzenwelt, vor allem Äpfel, legten. Warum Äpfel?

Wir müssen bedenken, daß die Nordeuropäer nur eine sehr begrenzte Auswahl an Früchten, Zucker und Gewürzen hatten, bevor die Handelsrouten in die wärmeren Länder des Südens entstanden. Und noch Jahrhunderte nachdem die Handelsrouten erschlossen worden waren, gab es keine verläßlichen Kühlmethoden, die es erlaubt hätten, verderbliche Güter billig und in größeren Mengen zu transportieren. Nur die Reichen konnten sich die exotischen Früchte des Mittelmeerraums leisten. Süße und duftende Früchte waren aufgrund ihrer empfindlichen Beschaffenheit eine seltene Ware. Der widerstandsfähige Apfel jedoch wuchs von Natur aus im nördlichen Klima und schien den Bewohnern rauherer Gefilde eine Gabe der Göttin selbst zu sein. Der Apfelbaum war kräftig und berechenbar, als Feuerholz verströmte er süßen Wohlgeruch, und die Frühlingsblüten verwandelten einen Garten in ein wahres Feenreich von Farben und Düften.

In den Beschreibungen von Avalon wird betont, daß Schmerz, Leid und die üblichen Probleme der menschlichen Gesellschaft dort unbekannt waren. So heißt es im *Gest Regum Brittanniae*: »Diese Insel wird – da allseits vom Ozean umgeben – von keinerlei Krankheit heimgesucht. Es gibt weder Diebe noch sonstige Übeltäter; es gibt weder Schneefall noch Nebel oder unerträgliche Hitze.

Ewiger Friede herrscht auf der Insel. Nie versiegt der Reichtum der Blüten und Früchte unter dem Dach der Blätter. Die Bewohner sind ohne Makel und in ewiger Blüte der Jugend. Eine jungfräuliche Königin, noch schöner als die Allerschönste auf Erden, herrscht über die Insel.«[19] Diese Beschreibungen machen deutlich, daß die keltische Anderswelt kein eigentliches Totenreich ist, das heißt keines von der Art, wie es sich andere Kulturen vorstellen: ein Ort, an dem die Seelen der Toten wohnen und der vom Unglück und der unerträglichen Sehnsucht nach dem vergangenen Leben erfüllt ist. Wie grundlegend anders ist doch die keltische Anderswelt, die nicht von den Toten, sondern von den Lebenden bewohnt wird, von schönen, strahlenden Wesen, die über die Jahrhunderte von den Kelten verschiedene Namen erhalten haben: Götter, Göttinnen, die *Guten Leute*, die *Edlen Leute*, das Feenvolk.

Wenn die Kelten die Anderswelt ›Das Land der Lebenden‹ nennen, drücken sie damit ihren starken Glauben an die Unsterblichkeit der menschlichen Seele aus, die Überzeugung, daß der Tod nicht das Ende ist, sondern eine Pforte, die in eine andere Art von Leben führt. Avalon ist *Das Lebendige Land*, *Das Sommerland*, in dem alle jung, glücklich und frei von Sorgen sind. Aber soll Avalon (oder auch der Himmel) ewig währen? Die keltische Überlieferung scheint anzudeuten, daß die Welt jenseits des Todes vielleicht nicht dauerhaft ist, sondern wiederum auch nur der Mittelpunkt noch weiterer Leben sein könnte. Wir finden diese Vorstellung in den vielen Geschichten, die Besucher der Anderswelt warnen, sich von ihr nicht einfangen zu lassen und nicht dort zu bleiben. Oft wird der Reisende beispielsweise ermahnt, die Feenspeisen nicht zu essen oder, anders als Thomas der Reimer, nicht in die lieblichen Fallstricke der Feenkönigin zu geraten. Sir Owain, der nach St. Patrick's Purgatory reiste, wurde untersagt, Engelsspeisen zu essen, weil sie Ähnliches wie die Speisen der Feen bewirken. Wer die Speisen ißt, der bleibt.

Bezeichnend und sehr keltisch sind auch die immer wiederkehrenden Warnungen, sich nur nicht von der Anderswelt einfangen zu lassen. Das *Verweilen* in der Anderswelt hat immer etwas Falsches oder Unnatürliches an sich. Sogar von Artus wird nicht erwartet, daß er auf ewig in Avalon bleibt. Er wird wiederkehren, wenn die Welt ihn erneut braucht. Auch der Gral bleibt nicht im unsichtbaren Reich. Er erscheint, bringt seinen Segen, stellt die menschliche Kraft wieder her, läßt die Natur gesunden und verschwindet dann wieder. Könnte dies der Sproß einer schamanischen Tradition sein, wonach man zwar in die Anderswelt reist, aber immer mit der Absicht wiederzukehren, um die eigene Kräfte und das eigene Wissen mit den Lebenden zu teilen? Die Aufforderung ›mitzukommen‹ ist keine Flucht, sondern eine Mission von fast schamanischer Bedeutung, mit dem Ziel, Heilung und Weisheit mitzubringen. Es gehört zum keltischen Geist, den ›raumlosen Raum‹ zwischen dieser Welt und der Anderswelt zu überbrücken, die Verständigungswege offen zu halten und noch nicht einmal die ›gefährlichen Brücken‹ hinter sich zu verbrennen.

Im 1. Jahrhundert unserer Zeit beschrieb Pomponius Mela eine Insel vor einer keltischen Küste, die offenbar ein Ziel spirituell Suchender war, jedoch kein Ort, an dem man blieb. Die Insel wurde von neun Frauen regiert. In Pomponius' Beschreibung hören wir Anklänge an die keltischen Schilderungen von Avalon, das von Morgan le Fay und ihren acht Schwestern beherrscht wurde. Pomponius beschreibt die Frauen mit sehr schamanischen Begriffen: »… man schreibt ihnen die übernatürliche Macht zu, durch ihre magischen Kräfte Winde und Gewitterstürme zu entfesseln, sich je nach Belieben in dieses oder jenes Tier zu verwandeln, als unheilbar geltende Leiden zu kurieren und schließlich, die Zukunft voraussagen zu können.«[20] Was seine Schilderung der schamanischen Praktiken dieser Frauen so bemerkenswert macht, ist, daß sie »ihre Heilmittel und Wahrsagungen *ausschließlich denjenigen [gewährten], die eigens zu diesem Zwecke über die See gereist waren.*« (Hervorhebung des Autors) Wie wir gesehen haben, beziehen sich ›über die See reisen‹ oder ›unter die See gehen‹ oft auf eine Reise in die *nichtalltägliche Wirklichkeit.*

Wenn die Frauen ihre Kräfte nur denen zur Verfügung stellten, die »mit der ausdrücklichen Absicht, sie zu konsultieren« übers Meer gekommen waren, dann muß es Menschen gegeben haben, die mit diesem Ziel zu ihnen reisten. Es muß also Schamanen gegeben haben. Ausschließlichkeit und Absicht sind wichtige Kennzeichen des Schamanismus, die ihn von anderen Formen des Mystizismus und der visionären Erlebnisse unterscheiden. Denn Schamanen können reisen, wohin andere nicht gelangen, und sie können diese Reise willentlich antreten, mit voller Absicht, mit Vorsatz und Erfolg. All dies wird in Pomponius Melas Beschreibung angedeutet. Er scheint genau das zu sagen, was Schamanen überall glauben: daß Heil- und Zukunftswissen *verfügbar* ist, daß sie Geschenke hilfreicher Geistwesen sind und daß man nur die Reise in die Geisterwelt antreten muß, um sie zu erhalten. Aus Pomponius' Bericht kann man schließen, daß entlang der keltischen Küsten eine Tradition dieser Art bestand.

Avalon glänzt in der westlichen Vorstellungswelt noch heute wie ein tiefgründiges, geschliffenes Juwel, das die großen Geheimnisse des menschlichen Seins beleuchtet. Avalon mag seine eigene Reise in der westlichen Spiritualität als eine Insel der Äpfel begonnen haben, als Ort der Heilung für kranke Seelen oder als Artus' zeitweilige Ruhestätte. Doch inzwischen ist die Insel in der westlichen Vorstellung genau das, was Bali Hai für die Polynesier ist – ein Sinnbild der Vollkommenheit, ein Ort uneingeschränkten Glücks, ein Seinszustand. Es ist das westliche Gegenstück zum Nirvana. Es ist der Traum in unseren Träumen.

Kann man Avalon geographisch festlegen? Viele haben versucht, überzeugende Beweise für einen bestimmten Ort vorzulegen, und sind dabei gescheitert. Allerdings liegt Glastonbury in Somerset immer noch gut im Rennen, und obwohl die Belege eher wunderlich als historisch sind, gibt es gute Gründe, diesen uralten Kraftplatz im Südwesten Englands hoch zu schätzen. Ursprünglich wurde der Ort das *Sommerland* genannt, ein gebräuchlicher Name für die Anderswelt, der auf die Freuden und die Fruchtbarkeit des Sommers hinwies. Es gab eine Zeit, da war die Gegend um Glastonbury ein morastiger Sumpf, und was heute ein felsiger Hügel oder *Tor* mit einem verfallenen Turm ist, war einst eine Insel, die man nur mit einem Boot erreichen konnte. Anscheinend wurden dort seit Menschengedenken Äpfel angebaut, und so ist es heute noch.

Ein älterer walisischer Name für die sagenumwobene Insel bei Glastonbury lautete *Ynis-Witrin*, die Glasinsel. Wie die Metallherstellung, so galt auch die Glasbläserei ursprünglich als Zauberkunst und jahrhundertelang war Glas ein teures und außergewöhnliches Handelsgut. Es ist auch möglich, daß die Begriffe für Glas und Kristall austauschbar verwendet wurden, ist doch beides wunderbar durchsichtig und kann das Licht in allen Regenbogenfarben leuchten lassen. Tatsächlich halten sogar noch heute einige Menschen Kristall für gehärtetes Sonnenlicht, das magische, heilende Kräfte besitzt.

Der Überlieferung nach wurde die erste christliche Kirche in Britannien von Joseph von Arimathia in Glastonbury errichtet und so ist dieser Ort eng mit der Gralssage verbunden. Der Turm auf der Spitze des *Tors* ist die Ruine einer zu Ehren von St. Michael erbauten mittelalterlichen Kirche, aber noch älter ist der Glaube, daß der Turm über dem Eingang zur keltischen Unterwelt steht, wo Artus und seine Männer nach dem Kessel der Unsterblichkeit suchten. So scheint Glastonbury den westlichen Geist schon immer beflügelt zu haben, von den vorkeltischen und heidnischkeltischen Zeiten über die frühe christliche Ära bis in die Gegenwart.

Glastonbury zieht auch weiterhin spirituell Suchende an, New-Age-Begeisterte und moderne Anhänger des Okkulten und älterer heidnischer Religionen. Aufgrund des Glaubens, daß dies Avalon, oder der Zugang zu Avalon ist oder war, nimmt dieser uralte Ort weiterhin einen wichtigen Platz im mythischen Bewußtsein ein. Ob Artus unter der Ruine der Kathedrale von Glastonbury begraben ist; ob, wie einige vermuten, der kaum noch erkennbare prähistorische Pfad, der sich um den Hügel zum Gipfel windet, ein Labyrinth war, das zu Initiationsriten einer vorkeltischen Mysterienreligion genutzt wurde, das werden wir wohl nie wissen. Aber aus schamanischer Sicht und aus dem Blickwinkel des keltischen Schamanismus wird Glastonbury ein geheimnisvoller Ort bleiben, an dem die Welt der Zeit und Materie auf die Welt der Unendlichkeit und des Geistes trifft. Es ist ein Ort, an dem die schamanische Reise beginnen kann.

Einmal hoffte Merlins Schwester Ganieda, die Frau des Königs Rhydderch, beweisen zu können, daß ihr Bruder, der gerade die Phase des ›Verrückten aus dem Wald‹ durchmachte, wirklich ein Narr sei. Sie warb einen Jungen an, der zu drei verschiedenen Gelegenheiten bei Hof erscheinen sollte. Beim ersten Mal kam er in seiner gewöhnlichen Kleidung. Beim zweiten Mal schnitt er sein Haar ab und verkleidete sich. Beim dritten Mal erschien er in der Kleidung eines jungen Mädchens. Jedesmal, wenn er kam, bat Ganieda Merlin, vorauszusagen, wie der Junge sterben würde. Beim ersten Besuch prophezeite Merlin, er würde von einer hohen Klippe stürzen. Als der Junge verkleidet wiederkam, erklärte Merlin, er würde verrückt werden und auf einem Baum eines gewaltsamen Todes sterben. Für das ›junge Mädchen‹ sah Merlin voraus, daß es in einem Fluß ertrinken würde. Ganieda war entzückt, daß ihr Bruder offensichtlich verwirrt war, und versuchte ihren Mann zu überreden, den Vorhersagen Merlins keinen Glauben zu schenken – genausowenig wie seiner Enthüllung, daß sie eine Affäre mit einem anderen Mann hatte.

Ganieda ahnte nicht, daß der Junge Jahre später, als Erwachsener, tatsächlich einen dreifachen Tod sterben würde, genau wie Merlin es vorausgesagt hatte. Der inzwischen zum Mann gewordenen Junge war eines Tages auf der Jagd, als seine Hunde ein Reh aufschreckten, das sie in wilder Hatz über einen Berg verfolgten. In seinem Jagdeifer trieb der Mann sein Pferd schneller an, als es auf dem felsigen Boden ratsam war. Das Tier stolperte, und der Mann fiel von einer Klippe. Sein Fuß verfing sich im Astwerk eines Baumes, der über einem reißenden Fluß wuchs. An den Ästen baumelnd, den Kopf unter Wasser, ertrank er. So triumphierte Merlin letztlich doch über seine Schwester.

Wenn die keltischen Krieger ihren Eid auf die Elemente ablegten, riskierten sie ebenfalls einen dreifachen Tod: durch Feuer (das Feuer der herabfallenden Sonne und Sterne), durch Wasser (in der wütenden See) und durch Erde (bei Erdbeben oder einem Erdrutsch). Mit diesem Schwur hofften sie vielleicht, ihren Häuptlingen zu gleichen, denn der Tod eines Stammesführers, und später der Tod der irischen Könige, wurde immer als dreifach beschrieben. Betrachten wir den Tod eines Königs, nämlich den Diarmaits, des Sohnes von Fergus. St. Ciaran hatte einst vorausgesagt, daß Diarmait durch Verwundung, Ertrinken und Feuer sterben würde. Der König fragte auch seine Druiden, sei es nun, weil er seine Chancen verdoppeln wollte oder nur weil er sich – wie so viele Kelten – der heidnischen wie der christlichen Weltanschauung verbunden fühlte. Der erste Druide prophezeite ein »Gemetzel«, der zweite »Ertrinken« und der Dritte »Verbrennen«. Trotz dieser übereinstimmenden Meinungen tat der König die Prophezeiungen verächtlich ab. Aber auch sie trafen ein. Von einem verräterischen Feind zu einem Fest gelockt, starb Diarmait, nachdem jener Feind ihm eine Lanze durch die Brust stieß, als er eben die Halle verlassen wollte. Der König, zwar betäubt, aber noch nicht tot, betrat erneut das Gebäude, das inzwischen in Brand gesteckt worden war. Um den Flammen zu entkommen, sprang er in ein Faß voller Bier. Doch vergeblich: Das Dach fiel auf ihn hernieder und erschlug ihn. Wie also starb Diarmait? Er wurde durch einen Speer getötet, ertrank im Bier, verbrannte in einer Feuersbrunst und wurde von einem Dachbalken erschlagen.

Es liegt etwas besonders Schamanisches in der Vorstellung, daß die Elemente sich versammeln werden, um den Tod eines berühmten Menschen herbeizuführen. Die animistische Sicht, daß der Wind, der Regen, die Sterne oder die Sonne ein unmittelbares Interesse am menschlichen Leben entwickeln, setzt in der Natur ein beinahe vernunftbegabtes lebendiges Wesen voraus und in den verschiedenen Naturerscheinungen einen Geist, der auf die menschlichen Belange anspricht. Natürlich versteht die Schamanin dies gut, denn diese Einsicht liegt der schamanischen Tätigkeit zugrunde. Sie erklärt auch die persönliche Beziehung, die eine Schamanin zu ihrem Krafttier hat, zu den Geistern der Natur und letztendlich zur gesamten Schöpfung.

Es ist durchaus möglich, daß der dreifache Tod ursprünglich der Tod des Schamanen war und erst später Königen und Helden zugesprochen wurde. Wenn die Naturgewalten den Schamanen töten, verkünden sie sinnbildlich, daß sie die drei Welten der schamanischen Reise nun vor ihm verschlossen haben. Die Welten sind jetzt entfremdet; das Reisen ist vorbei. Die Oberwelt der Sterne und des Himmels fällt auf den Kopf des Schamanen hernieder; die Unterwelt unter dem Meer erhebt sich und ertränkt ihn; die Mittelwelt bricht auf und verschlingt ihn. Es wird kein ›Wandern zwischen den Welten‹ mehr geben. Der Schamane wird zu einer Person ohne spirituelle Heimat.

Und doch, wie passend ist es, daß die Landschaften der andersweltlichen Reisen der Schamanin in die *nichtalltägliche Wirklichkeit* als Hebammen bei ihrer Geburt ins nächste Leben dienen, ihr den endgültigen Eingang für diese letzte Reise öffnen. Der dreifache Tod verschließt die stoffliche Welt vor der Reisenden. Diesmal muß sie weiter gehen als auf jeder früheren Bewußtseinsreise. Jetzt muß die Schamanin wahrhaft über die oberen und unteren Bereiche der Natur hinausgehen, sogar hinaus über die Natur selbst. Sie muß sich jenseits der Schöpfung begeben, auf der Suche nach dem Weg, für den alle anderen Reisen die Vorbereitung waren – dem Weg in das Große Jenseits.

Der dreifache Tod hat die Kelten nicht ohne Grund stets so sehr beschäftigt, denn die keltische Vorstellungswelt ist hochgradig schamanisch. Der keltische Geist weiß, was der Schamane weiß: Jenseits der Schönheit und der Schrecknisse der drei Naturwelten liegt eine andere Welt, die unsere wahre Heimat ist. So gastfreundlich, erfüllend und abenteuerlich die Natur für unseren irdischen Aufenhalt auch gewesen sein mag, sie ist nicht unser endgültiges Ziel. Die Wanderung muß und wird weitergehen, während wir nach unserem Auferstehungsort suchen. Das Ziel namens Avalon befindet sich immer gerade hinter dem, was Mythen und Erinnerung erreichen können. Denn letztlich ist Avalon weder ein geographischer Ort noch eine spirituelle Oase, in die man sich vor der Mühsal des Lebens zurückziehen kann. Es ist das Lied der Hoffnung, das im menschlichen Herzen klingt und ruft: »Komm mit, komm mit.«

EPILOG

DER RUF, DER ÜBER DIE ERDENRÄNDER LOCKT

Paddy Flynn, ein irischer Geschichtenerzähler, der um die Jahrhundertwende lebte, wohnte in einer zugigen kleinen Hütte mit nur einem Zimmer im Dorf Ballisodare, das er als einen der »lieblichsten Feenplätze« der ganzen Grafschaft Sligo beschrieb. W. B. Yeats, der Flynn kannte, schilderte ihn als »großen Geschichtenerzähler, der es versteht, in seinen Erzählungen den Himmel, die Hölle, das Fegefeuer, das Märchenland und die Erde zugleich vor den Menschen auszuleeren«.[1] Er konnte »Himmel, Hölle, Fegefeuer und das Feenland zusammenmischen, sogar Tierköpfe auf menschliche Körper setzen oder die Seelen von Männern in das Herz von Steinen stecken«. Yeats traf ihn manchmal dabei an, wie er sich ein Mahl aus Pilzen bereitete oder »schlafend unter einer Hecke, ein Lächeln auf den Lippen« – eine Beschreibung, die auf einen tranceartigen Zustand bei diesem »kleinen, alten Mann mit den hellen Augen« hindeuten könnte, der nach W. B. Yeats »die visionäre Melancholie ganz instinktbestimmter Naturen und aller Tiere besaß«.

War Paddy Flynn ein Schamane? Das hätte er sehr gut sein können; vielleicht nutzte er seine Pilzmahlzeiten und seinen berauschenden Schlaf unter einer Hecke, um in die Anderswelt zu reisen, wo er seine christlichen Reiche des Himmels, der Erde und des Fegefeuers ebenso fand, wie die älteren heidnischen Reiche des irischen Feenlands. Und wo er lernte, Tierköpfe auf menschliche Körper zu stecken und zu entdecken, wie die menschliche Seele in das Bewußtsein von Felsen eingehen konnte. Paddy Flynn reiste schamanisch in *nichtalltägliche Wirklichkeiten* und verwandelte sich in die spirituellen Formen anderer Naturerscheinungen. Dann kehrte er zurück, um wundersame Geschichten von seinen Reisen zu erzählen.

Der keltische Geist war immer offen dafür, das eigene Bewußtsein mit dem Geist anderer Orte und Kreaturen zu teilen. Amergins Prahlereien sind bezeichnend für die keltische Sicht der Dinge: »Ich bin der Wind, der bläst übers Meer; Ich bin eine Woge aus der Tiefe; Ich bin der Hirsch der sieben Schlachten; Ich bin der Falke dort oben.« Es ist die selbstbewußte Behauptung zu verzauberten Inseln, in magische Lande, zu den geheimen Plätzen unter den Feenhügeln und in die privaten Lichtungen unserer Seele gereist zu sein. Es bedeutet, die Gedanken und Gefühle der ganzen Schöpfung zu teilen, als wären Menschen die nächsten Verwandten von Felsen, Strömen, Pflanzen, Sternen, Bäumen, Tieren, Göttern und Göttinnen.

Der keltische Geist hat viele Jahrhunderte lang Zeit und Raum überlebt und die Welten der *alltäglichen* und *nichtalltäglichen Wirklichkeit* überbrückt. Wenn die Wirklichkeit so dünn wie Gaze und die Wahrheit so zart wie das Zwielicht ist, wenn Tag und Nacht sich scheinbar sanft vereinen und die Welt der Feen und der Sterblichen ein gemeinsames Terrain teilen – dann erblüht die keltische Seele. Jedes Mal, wenn eine Feenstimme ›Komm mit, komm mit‹ ruft, lockt sie die keltische Vorstellungskraft in die Grenzlande zwischen Leben und Tod, wo uns die beiden wichtigsten Fragen der Menschheitsgeschichte und in der persönlichen Geschichte jedes Mannes und jeder Frau nicht loslassen: Wo gehen wir hin, wenn wir sterben, und was wird dann aus uns?

In jeder Kultur haben sich Männer und Frauen mit diesen beiden Fragen auseinandergesetzt. Für den Schamanen liegen die Antworten mehr in der Art der Erfahrung als in sprachlichen Erklärungen. Denn letztlich kann uns niemand sicher sagen, wo wir hingehen und was nach dem Tod aus uns werden wird. Aber die selbsterlebten Berichte der Schamanen auf der ganzen Welt legen Zeugnis ab von den Erlebnissen, die einen Menschen erwarten, der die Schwelle von einem Leben in das nächste überschreitet. Wir werden in eine andere Wirklichkeit reisen; wir werden unser gemeinsames Erbe erkennen und unseren gemeinsamen Geist mit der gesamten Schöpfung teilen. Die Reise geht in einen Bewußtseinszustand, der sich über die engen Grenzen der *alltäglichen Wirklichkeit* hinwegsetzt, über diese Mauern von Zeit, Raum und Ego, die unser Leben beschränken und über die wir nur mit so viel Mühe blicken oder springen können. Aber der Schamane weiß, diesen Mauern zu entkommen. Er befreit sich, um jene Welten zu finden, die gleich hinter der Welt des Alltäglichen liegen.

W. B. Yeats sagte, die Kelten wüßten, wie man »in unseren Herzen und Seelen ein kleines Feuer machte, wie man mit offener Hand aufnimmt, was immer kommen mag, um sich daran zu wärmen, sei es ein Mensch oder ein Phantom«.[2] Vielleicht haben die Kelten die Tore für die Geister der Anderswelt offengehalten, weil sie schon immer den Glauben nährten, daß diese Geister oder Phantome nie sehr weit von den Welten der *alltäglichen Wirklichkeit* entfernt waren; und weil sie sowieso schon so viel mit uns teilen, wäre es geradezu närrisch, sie fernhalten zu wollen.

Der irische Mystiker A. E. nannte das größere erweiterte Wesen, das wir mit allem Geschaffenen teilen, das »majestätische Selbst«, das unendliche und ewige »Es«.[3] Er schrieb in seinem visionären Werk: »Wir stellen uns vor, in der Weite des Es zu sein. Wir sehen uns …, wie wir uns in allen Dingen bewegen, in allen Wesen leben, in der Erde, dem Wasser, der Luft, dem Feuer, dem Äther. Wir versuchen, zu wissen, wie Es weiß; zu leben, wie Es lebt; mitfühlen zu sein, wie Es mitfühlend ist.« A. E. nannte seine persönliche Art zu meditieren ein »feuriges Brüten«, das seine Vorstellungskraft in die Reiche von Geist und Energie ausdehnte, die Schamanen überall vertraut sind.

Mit bemerkenswerter Regelmäßigkeit erkennen der Schamane und der Mystiker eines jeden Jahrhunderts die besondere Flamme der Vision, die die Welten jenseits unseres alltäglichen Reichs von Zeit und Raum erhellt. Jeder von uns kann, wenn wir entschlossen sind, nach den Reichtümern der visionären Erfahrung zu schürfen, eigene Wege finden, um in diese Anderswelten zu reisen und das spirituelle Wissen aller geschaffenen Dinge zu teilen. Von Hilfsgeistern begleitet, gehen wir durch unsichtbare Türen und haben teil an der Göttlichen Kraft, die die geheimnisvollen Körper der Tiere, das Feuer in unserem Kopf und die Seele der Natur übersteigt. Auf unserer Reise entdecken wir dann Amergins uralte Weisheit: Wir *sind* der Ruf, der über die Erdenränder lockt.

ANMERKUNGEN

Einleitung

1 Matthews, Caitlin: *The Celtic Tradition.* Element Books, Longmead/Shaftesbury/Dorset 1989, S. 13.

2 Van de Weyer, Robert (Hg.): *Celtic Fire. The Passionate Religious Vision of Ancient Britain and Ireland.* Doubleday, New York 1991, S. 167.

3 Eliade, Mircea: *Schamanismus und archaische Ekstasetechnik.* Suhrkamp Taschenbuch Verlag, Frankfurt/Main 9. Aufl. 1997, S. 13.

4 Ross, Anne: *The Pagan Celts.* Barnes and Noble Books, Totowa 1986, S. 103–104.

5 Cunliffe, Barry: *The Celtic World. An Illustrated History of the Celtic Race. Their Culture, Customs and Legends.* Greenwich House, New York 1986, S. 156.

6 Rosenthal, M.L. (Hg.): *Selected Poems and Two Plays of William Buler Yeats.* Collier Books, New York 1962, S. 22.

Kapitel 1

1 Ginzburg, Carlo: *Hexensabbat. Entzifferung einer nächtlichen Geschichte.* Klaus Wagenbach Verlag, Berlin 1990, S. 104.

2 Campbell, Joseph: *The Way of the Animal Powers.* Summerfield Press, London 1983, S. 157.

3 Harner, Michael: *Der Weg des Schamanen. Ein praktischer Führer zu innerer Heilkraft.* Ariston, Kreuzlingen/München 2. Aufl. 1995, S. 13.

4 Campbell, Joseph: *The Way of the Animal Powers*, S. 156.

5 Eliade, Mircea: *Schamanismus und archaische Ekstasetechnik*, S. 9.

6 Kalweit, Holger: *Traumzeit und innerer Raum. Die Welt der Schamanen. Entdeckungsreisen in die Terra Incognita der Seele. Der Schamane als Pionier der modernen Bewußtseinsforschung.* Scherz, München 1984, S. 84.

7 Murray, Margaret: *The God of the Witches.* Oxford University Press, London 1952, S. 48.

8 Mac Manus, Diarmaid: *Irish Earth Folk.* Devin-Adair, New York 1959, S. 14.

9 Yeats, William Butler: *Irish Fairy and Folk Tales.* Dorset Press, New York 1986, S. 11.

10 Mac Manus, Diarmaid: *Irish Earth Folk*, S. 180.

11 Lady Gergory: *Visions and Beliefs in the West of Ireland.* Putnam & Sons, New York/London 1920, S. 63.

12 Lady Gergory: *Visions and Beliefs in the West of Ireland*, S. 37.

13 Lady Gergory: *Visions and Beliefs in the West of Ireland*, S. 66.
14 Halifax, Joan: *Die andere Wirklichkeit der Schamanen. Erfahrungsbericht von Magiern, Medizinmännern und Visionären. Die Wiederentdeckung uralten Wissens von den Kräften der Natur*. Scherz, Bern/München 1981, S. 13.
15 Bamford, Christopher/Marsh, William Parker: *Celtic Christianity. Ecology and Holiness*. Lindisfarne Press, West Stockbridge 1987, S. 126–129.
16 Eliade, Mircea: *Schamanismus und archaische Ekstasetechnik*, S. 118.
17 Eliade, Mircea: *Schamanismus und archaische Ekstasetechnik*, S. 69 Anm. 53.
18 Evans-Wentz, W.Y.: *The Fairy Faith in Celtic Countries*. Citadel Press, New York 1990, S. 236.
19 Evans-Wentz, W.Y.: *The Fairy Faith in Celtic Countries*, S. 345f.
20 Halifax, Joan: *Die andere Wirklichkeit der Schamanen*, S. 66.
21 Kalweit, Holger: *Traumzeit und innerer Raum*, S. 194.
22 Matthews, John: *Taliesin. Shamanism and the Bardic Mysteries in Britain and Ireland*. Aquarian Press, London 1991, S. 161.
23 Eliade, Mircea: *Schamanismus und archaische Ekstasetechnik*, S. 430–456.
24 Campbell, Joseph: *Der Flug der Wildgans. Mythologische Streifzüge*. Piper Taschenbuch Verlag, München 1994, S. 182.
25 Eliade, Mircea: *Schamanismus und archaische Ekstasetechnik*, S. 449.

Kapitel 2

1 Das Zitat von Amergin und das folgende von Taliesin sind übernommen aus: Charles Squire: *Celtic Myth and Legend*. Newcastle, Newcastle 1975, S. 123–124. Die Übersetzungen ins Deutsche stammen von Howard Fine.
2 Rutherford, Ward: *The Druids. Magicians of the West*. Northamptonshire, Aquarian Press 1978, S. 71.
3 Matthews, Caitlin: *The Celtic Tradition*, S. 108.
4 Matthews, Caitlin: *The Celtic Tradition*, S. 7.
5 Matthews, John: *Taliesin*, S. 283–285.
6 Evans-Wentz, W.Y.: *The Fairy Faith in Celtic Countries*, S. 377.
7 Rees, Alwyn und Brinley: *Celtic Heritage. Ancient Tradition in Ireland and Wales*. Thames & Hudson, London 1961, S. 98.
8 Von Ranke-Graves, Robert: *Die weiße Göttin. Sprache des Mythos*. Rowohlt Taschenbuch Verlag, Reinbek 1985, S.14.
9 Rolleston, T.W.: *Celtic*. Avenel Books, New York 1986, S. 134.
10 Llywelyn, Morgan: *Bard. The Odyssey of the Irish*. Tor, New York 1987, S. 65.
11 Cunliffe, Barry: *The Celtic World*, S. 83.
12 Ross, Anne: *The Pagan Celts*, S. 121.

13 Halifax, Joan: *Die andere Wirklichkeit der Schamanen*, S. 95.
14 Sjoestedt, Marie-Louise: *Gods and Heroes of the Celts*. Turtle Island Foundation, Berkeley 1982, S. 74–75.
15 Mac Cana, Proinsias: *Celtic Mythology*. Peter Bedrick Books, New York 1987, S. 63.
16 Kalweit, Holger: *Traumzeit und innerer Raum*, S. 207.
17 Harner, Michael: *Der Weg des Schamanen*, S. 48.
18 Ross, Anne: *The Pagan Celts*, S. 121.
19 Cunliffe, Barry: *The Celtic World*, S. 82.
20 Ginzburg, Carlo: *Hexensabbat*, S. 205–213.
21 Piggot, Stuart: *The Druids*. Thames & Hudson, London 1961, S. 79.
22 Eliade, Mircea: *Schamanismus und archaische Ekstasetechnik*, S. 236.
23 Van de Weyer, Robert: *Celtic Fire*, S. 170–171.
24 Rees, Alwyn und Brinley: *Celtic Heritage*, S. 76.
25 Bamford, Christopher/Marsh, William Parker: *Celtic Christianity*, S. 12–13.
26 Halifax, Joan: Shaman. *The Wounded Healer*. Crossroad, New York 1982, S.11, und Campbell, Joseph: *The Way of the Animal Powers*, S. 169.

Kapitel 3

1 Yeats, William Butler: *The Celtic Twilight*, S. 47–48.
2 Kondratiev, Alexi: »The Coming of Lugh«. In: *An Aael*. Irish Arts Center, New York 1990, S. 11.
3 Harner, Michael: *Der Weg des Schamanen*, S. 26–30.
4 Rolleston, T.W.: *Celtic*, S. 36f.
5 Evans, Arthur: *Witchcraft and the Gay Counterculture*. Fag Rag Books, Boston 1978, S. 19.
6 Fuller, Fred: »The Fool, the Clown, the Jester«. In: *Gnosis* (Frühjahr 1991), S. 17.
7 Welsford, Enid: *The Fool: His Social and Literary History*. Peter Smith, Gloucester 1966, S. 326.
8 Yeats, W.B.: *The Celtic Tradition*, S. 41.

Kapitel 4

1 Kalweit, Holger: *Traumzeit und innerer Raum*, S. 150.
2 Halifax, Joan: *Die andere Wirklichkeit der Schamanen*, S. 136f.
3 Evans-Wentz, W.Y.: *The Fairy Faith in Celtic Countries*, S. 57.
4 Underhill, Ruth Murray: *Singing for Power. The Song Magic of the Pagago Indians of Southern Arizona*. University of California Press, Berkeley 1938, S. 6.

5 Halifax, Joan: *Die andere Wirklichkeit der Schamanen*, S. 45.
6 Halifax, Joan: *Die andere Wirklichkeit der Schamanen*, S. 27.
7 Halifax, Joan: *Die andere Wirklichkeit der Schamanen*, S. 46.
8 Evans-Wentz, W.Y.: *The Fairy Faith in Celtic Countries*, S. 40.
9 Eliade, Mircea: *Schamanismus und archaische Ekstasetechnik*, S. 105.
10 Ross, Anne: *The Pagan Celts*, S. 89.
11 Neihardt, John G.: *Black Elk Speaks*. Simon & Schuster, New York 1975, S. 36. Auch auf deutsch erschienen: Schwarzer Hirsch: *Ich rufe mein Volk. Leben, Visionen und Vermächtnis des letzten großen Sehers der Ogalalla-Sioux*. Lamuv, Göttingen 10. Aufl. 1993.
12 Halifax, Joan: *Die andere Wirklichkeit der Schamanen*, S. 150.
13 Halifax, Joan: *Die andere Wirklichkeit der Schamanen*, S. 97.
14 Halifax, Joan: *Die andere Wirklichkeit der Schamanen*, S. 303.
15 Halifax, Joan: *Die andere Wirklichkeit der Schamanen*, S. 225.
16 Evans-Wentz, W.Y.: *The Fairy Faith in Celtic Countries*, S. 40.
17 Evans-Wentz, W.Y.: *The Fairy Faith in Celtic Countries*, S. 298f.
18 O'Sullivan, Donal: *Carolan. The Life, Times and Music of an Irish Harper*. Routledge and Kegan Paul, London 1958.
19 O'Sullivan, Donal: *Carolan*, S. 160.
20 O'Sullivan, Donal: *Carolan*, S. 155.
21 Campbell, John: *The Way of the Animal Powers*, S. 98.
22 Eliade, Mircea: *Schamanismus und archaische Ekstasetechnik*, S. 157–159.
23 Ross, Anne: *The Pagan Celts*, S. 129.
24 Ross, Anne: *The Pagan Celts*, S. 270.
25 Van de Weyer, Robert: *Celtic Fire*, S. 155.
26 Bamford, Christopher/Marsh, William P.: *Celtic Christianity*, S. 105.
27 Halifax, Joan: *Shaman*, S. 24.
28 Eliade, Mircea: *Schamanismus und archaische Ekstasetechnik*, S. 443.
29 Van de Weyer, Robert: *Celtic Fire*, S. 155.
30 Bamford, Christopher/Marsh, William P.: *Celtic Christianity*, S. 105.
31 Sander, Donald: *Navaho Symbols of Healing*. Harcourt Brace Jovanovich, New York 1979, S. 63.
32 Matthews, Caitlin: *The Celtic Tradition*, S. 103.
33 Bamford, Christopher/Marsh, William P.: *Celtic Christianity*, S. 48.
34 Bamford, Christopher/Marsh, William P.: *Celtic Christianity*, S. 54.
35 Rolleston, T.W.: *Celtic*, S. 108.
36 Matthews, John: *Taliesin*, S. 140.
37 Halifax, Joan: *Die andere Wirklichkeit der Schamanen*, S. 90.
38 Rees, Alwyn und Brynley: *Celtic Heritage*, S. 142.
39 Rees, Alwyn und Brynley: *Celtic Heritage*, S. 331.

40 Ginzburg, Carlo: *Hexensabbat*, S. 225–251.
41 Ginzburg, Carlo: *Hexensabbat*, S. 242.
42 Yeats, William B.: *Celtic Twilight*, S. 66.
43 Maguire, Jack: *Hopscotch, Hangman, Hot Potato and Ha Ha Ha. A Rulebook of Children's Games*. Prentice Hall, New York 1990, S. 4.
44 Ginzburg, Carlo: *Hexensabbat*, S. 258.
45 Halifax, *Die andere Wirklichkeit der Schamanen*, S. 31.
46 Matthews, John: *Taliesin*, S. 80f.
47 Ross, Anne: *Pagan Celtic Britain*, S. 288.
48 Rees, Alwyn und Brynley: *Celtic Heritage*, S. 210.
49 Rees, Alwyn und Brynley: *Celtic Heritage*, S. 212.
50 Rees, Alwyn und Brynley: *Celtic Heritage*, S. 235.
51 Matthews, John: *Taliesin.*, S. 130–132.
52 Van de Weyer, Robert: *Celtic Fire*, S. 209–211.

Kapitel 5

1 Piggot, Stuart: *The Druids*, S. 80.
2 Halifax, Joan: *Shaman*, S. 9.
3 Halifax, Joan: *Shaman*, S. 14.
4 Larsen, Stephen: *The Mythic Imagination. Your Quest for Meaning Through Personal Mythology*. Bantam Books, New York 1990, S. 71.
5 Stewart, R.J.: *The Mystic Life of Merlin*. Arkana, London 1986, S. 212.
6 Evans-Wentz, W.Y.: *The Fairy Faith in Celtic Countries*, S. 17.
7 Halifax, Joan: *Die andere Wirklichkeit der Schmananen*, S. 251.
8 Evans-Wentz, W.Y.: *The Fairy Faith in Celtic Countries*, S. 227.
9 Cunliffe, Barry: *The Celtic World*, S. 90.
10 Matthews, John: *Taliesin*, S. 234.
11 Carr-Gomm, Philip: *The Druid Tradition*. Element Books, Longmead/Shaftesbury/Dorset 1991, S. 112.
12 Rutherford, Ward: *The Druids*, S. 67.
13 Piggot, Stuart: *The Druids*, S. 108.
14 Zitiert in: Rutherford: *The Druids*, S. 67.
15 Naddair, Kaledon: *Keltic Folk and Faerie Tales. Their Hidden Meaning Explored*. Century, London 1987, S. 68.
16 Cowan, Eliot: »Interview with an Irish Shaman«. In: *Shamanism. Quarterly of the Foundation for Shamanic Studies* (Sommer 1992), S. 17.
17 Naddair, Kaledon: *Keltic Folk and Faerie Tales*, S. 68.
18 Anderson, William: *Green Man. The Archetype of Our Oneness with the Earth*. HarperCollins, London 1990, S. 45. Im Deutschen erschienen

unter dem Titel *Der grüne Mann. Ein Archetyp der Erdverbundenheit*. Walter, Olten 1993.
19 Ross, Anne: *Pagan Celtic Britain*, S. 137.
20 Taylor, Timothy: »The Gundestrup Cauldron«. In: *Scientific American* (3/1992), S. 88.
21 Bamford, Christopher/Marsh,William P.: *Celtic Christianity*, S. 125.
22 Bamford, Christopher/Marsh,William P.: *Celtic Christianity*, S. 10.
23 Stewart: *The Mystic Life of Merlin*, S. 85.
24 Stewart: *The Mystic Life of Merlin*, S. 38.
25 Eliade, Mircea: *Schamanismus und archaische Ekstasetechnik*, S. 179.
26 Anderson, William: Green Man, S. 3.
27 Pfeiffer, John E.: *The Creative Explosion. An Inquiry into the Origins of Art and Religion*. Cornell University Press, Ithaca 1982, S. 177.
28 Evans-Wentz: *The Fairy Faith in Celtic Countries*, S. 443.
29 Bonwick, James: *Irish Druids and Old Irish Religions*. Dorset Press, Dorset 1986, S. 239.
30 Stewart: *The Mystic Life of Merlin*, S. 143f.
31 Markale, Jean: *Die keltische Frau. Mythos, Geschichte, soziale Stellung*. Dianus Trikont, München 1984, S. 52.
32 Markale, Jean: *Die keltische Frau*, S.71.
33 Zitiert in: Bonwick, James: *Irish Druids and Old Irish Religions*, S.241.

Kapitel 6

1 King, Serge Kahili: *Der Stadt-Schamane*. Lüchow, Freiburg/Br. 7. Aufl. 1997, S. 10–11.
2 Mac Cana: *Celtic Mythology*, S. 107.
3 Smith, Robert Jerome: »Irish Mythology«. In: Harold Orel (Hg.): *Irish History and Culture*. University of Kansas Press, 1976, S. 17f.
4 Mac Cana: *Celtic Mythology*, S. 107.
5 Sjoestedt, Marie-Louise: *Gods and Heroes of the Celts*, S. 104.
6 Sjoestedt, Marie-Louise: *Gods and Heroes of the Celts*, S. 113.
7 Matthews, Caitlin: *The Celtic Tradition*, S. 82.
8 Rolleston, T.W.: *Celtic*, S. 267.
9 Ross, Anne: *Pagan Celtic Britain*, S. 337.
10 Eliade, Mircea: *Schamanismus und archaische Ekstasetechnik*, S. 156.
11 Eliade, Mircea: *Schamanismus und archaische Ekstasetechnik*, S. 156.
12 Murray, Margaret: *The God of the Witches*, S. 59.
13 Rolleston, T.W.: *Celtic*, S. 264.
14 Arthen, Andras Corban: »The Witch as Shaman«. In: *FireHeart* (Frühjahr/Sommer 1989), S. 29f.

15 Ginzburg, Carlo: *Hexensabbat*, S. 108.
16 Ginzburg, Carlo: *Hexensabbat*, S. 155.
17 Ginzburg, Carlo: *Hexensabbat*, S. 173.
18 Arthen, Andras Corban: *The Witch as Shaman*, S. 29.
19 Murray, Margaret: *The God of the Witches*, S. 52.
20 Ginzburg, Carlo: *Hexensabbat*, S. 164.
21 Eliade, Mircea: *Schamanismus und archaische Ekstasetechnik*, S. 172.
22 Pfeiffer, John E.: *The Creative Explosion*, S. 177–180.
23 Pfeiffer, John E.: *The Creative Explosion*, S. 162f.
24 Murray, Margaret: *The God of the Witches*, S. 78.
25 Murray, Margaret: *The God of the Witches*, S. 92.
26 Murray, Margaret: *The God of the Witches*, S. 108.
27 Murray, Margaret: *The God of the Witches*, S. 110.
28 Es gibt keinen Beweis für Margaret Murrays Annahme eines europaweiten vorchristlichen Hexenkults. Kritiker meinen, sie habe überschätzt, in welchem Ausmaß die Anhänger der Alten Religion und der Volksmagie in Gemeinschaften zusammengeschlossen waren. Einige Hexen haben ganz offensichtlich als Einzelgängerinnen praktiziert. Damals wie heute verfügen viele Hexen über Kräfte, die nur wenig gemeinsam haben mit denen anderer. Der Ausdruck »Hexenkult« ist hier im populären Sinne zu verstehen, er beinhaltet all das, was Hexen nach allgemeiner Vorstellung – ob wahr oder nicht – in ihren rituellen Zeremonien verband.
29 Eliade, Mircea: *Schamanismus und archaische Ekstasetechnik*, S. 301.
30 Cowan, Eliot: »Interview with an Irish Shaman«. In: *Shamanism. Quarterly of the Foundation for Shamanic Studies* (Sommer 1992), S. 11.
31 Campbell, Joseph: *Der Flug der Wildgans*, S. 179.
32 Eliade, Mircea: *The Quest. History and Meaning in Religion*. University of Chicago Press, Chicago 1969, S. 115.
33 Arthen, Andreas C.: *The Witch as Shaman*, S. 55.

Kapitel 7

1 Kalweit, Holger: *Traumzeit und innerer Raum*, S. 96.
2 Eliade, Mircea: *The Two and the One*. Harper Torchbooks, New York 1965, S. 169.
3 Jung, Emma/von Franz, Marie Louise: *Die Graalslegende in psychologischer Sicht*. Walter, Olzen 1980, S. 217.
4 Jung, Emma/von Franz, Marie Louise: *Die Graalslegende in psychologischer Sicht*, S. 217.
5 Matthews, Caitlin: *The Celtic Tradition*, S. 12.

6 Ashe, Geoffrey: *King Arthur. The Dream of the Golden Age*. Thames & Hudson, London 1990, S. 15.
7 Matthews, John: *The Grail Tradition*. Element, Longmead/Shaftesbury/ Dorset 1989, S. 15.
8 Jung, Emma/von Franz, Marie Louise: *Die Graalslegende in psychologischer Sicht*, S. 211.
9 Ingerman, Sandra: *Auf der Suche nach der verlorenen Seele. Der schamanische Weg zur inneren Ganzheit*. Ariston: Kreuzlingen/München, S. 13.
10 Eliade, Mircea: *Schamanismus und archaische Ekstasetechniken*, S. 18.
11. Eliade, Mircea: *Schamanismus und archaische Ekstasetechniken*, S. 288.
12 Eliade, Mircea: *Schamanismus und archaische Ekstasetechniken*, S. 208.

Kapitel 8

1 Zitiert in: Markale, Jean: *Die keltische Frau*, S. 94.
2 Kalweit, Holger: *Traumzeit und innerer Raum*, S. 76.
3 Eliade, Mircea: *Schamanismus und archaische Ekstasetechniken*, S. 510.
4 Kalweit, Holger: *Traumzeit und innerer Raum*, S. 15f.
5 Kalweit, Holger: *Traumzeit und innerer Raum*, S. 16.
6 Evans-Wentz, W.Y.: *The Fairy Faith in Celtic Countries*, S. 60.
7 Neihardt, John: *Black Elk Speaks*, S. 170.
8 Kalweit, Holger: *Traumzeit und innerer Raum*, S. 55.
9 Kalweit, Holger: *Traumzeit und innerer Raum*, S. 80.
10 Piggot, Stuart: *The Druids*, S. 113.
11 Rees, Alwyn und Brinley: *Celtic Heritage*, S. 324.
12 Rees, Alwyn und Brinley: *Celtic Heritage*, S. 325.
13 Kalweit, Holger: *Traumzeit und innerer Raum*, S. 31.
14 Campbell, Joseph: *Der Flug der Wildgans*, S. 222 f.
15 Campbell, Joseph: *Der Flug der Wildgans*, S. 224.
16 Evans-Wentz, W.Y.: *The Fairy Faith in Celtic Countries*, S. 357.
17 Evans-Wentz, W.Y.: *The Fairy Faith in Celtic Countries*, S. 356.
18 Markale, Jean: *Die keltische Frau*, S. 91.
19 Markale, Jean: *Die keltische Frau*, S. 91.
20 Markale, Jean: *Die keltische Frau*, S. 92.

Epilog

1 Yeats, William B.: *The Celtic Twilight*, S. 3f.
2 Yeats, William B.: *The Celtic Twilight*, S. 6.
3 A.E.: *The Candle of Vision. Inner Worlds of the Imagination*. Prism Books, Dorset 1990, S. 14.

LITERATUR

A.E.: *The Candle of Vision. Inner Worlds of the Imagination.* Prism Books, Dorset 1990.

Anderson, William: *Green Man. The Archetype of Our Oneness with the Earth.* HarperCollins, London 1990. Im Deutschen erschinen unter dem Titel *Der grüne Mann. Ein Archetyp der Erdverbundenheit.* Walter, Olten 1993.

Arthen, Andras Corban: »The Witch as Shaman«. In: *FireHeart* (Frühjahr/Sommer 1989), S. 27.

Ashe, Geoffrey: *King Arthur. The Dream of the Golden Age.* Thames & Hudson, London 1990.

Bamford, Christopher: »The Heritage of Celtic Christianity. Ecology and Holiness«. In: Orel, Harold (Hg.): *Irish History and Culture.* University of Kansas Press, 1976.

Bamford, Christopher/Marsh, William Parker: *Celtic Christianity. Ecology and Holiness.* Lindisfarne Press, West Stockbridge, MA 1987.

Bonwick, James: *Irish Druids and Old Irish Religions.* Dorset Press, Dorset 1986.

Campbell, Joseph: *Der Flug der Wildgans. Mythologische Streifzüge.* Piper Taschenbuch Verlag, München 1994

Campbell, Joseph: *The Way of the Animal Powers.* Summerfield Press, London 1983.

Carr-Gomm, Philip: *The Druid Tradition.* Element Books, Longmead/Shaftesbury/Dorset 1991.

Cowan, Eliot: »Interview with an Irish Shaman«. In: *Shamanism. Quarterly of the Foundation for Shamanic Studies*, Band 5, Nr. 1 (Sommer 1992), S. 4.

Cunliffe, Barry: *Die Kelten und ihre Geschichte.* Lübbe, Bergisch Gladbach 6. Aufl. 1996

Eliade, Mircea: *The Quest. History and Meaning in Religion.* University of Chicago Press, Chicago 1969.

Eliade, Mircea: *Schamanismus und archaische Ekstasetechnik.* Suhrkamp Taschenbuch Verlag, Frankfurt/Main 9. Auflage 1997.

Eliade, Mircea: *The Two and the One.* Harper Torchbooks, New York 1965.

Evans, Arthur: *Witchcraft and the Gay Counterculture.* Fag Rag Books, Boston 1978.

Evan-Wentz, W.Y.: *The Fairy Faith in Celtic Countries.* Citadel Press, New York 1990.

Fuller, Fred: »The Fool, The Clown, The Jester«. In: *Gnosis* 19 (Frühjahr 1991).

Ginzburg, Carlo: *Hexensabbat. Entzifferung einer nächtlichen Geschichte*. Klaus Wagenbach Verlag, Berlin 1990.

Gregory, Lady: *Visions and Beliefs in the West of Ireland*. Putnam & Sons, New York/London 1920.

Halifax, Joan: Shaman. *The Wounded Healer*. Crossroad, New York 1982.

Halifax, Joan: *Die andere Wirklichkeit der Schamanen. Erfahrungsbericht von Magiern, Medizinmännern und Visionären; die Wiederentdeckung uralten Wissens von den Kräften der Natur*. Scherz, Bern/München 1981.

Harner, Michael: *Der Weg des Schamanen. Ein praktischer Führer zu innerer Heilkraft*. Ariston, Kreuzlingen/München 2. Auflage 1995.

Ingerman, Sandra: *Auf der Suche nach der verlorenen Seele. Der schamanische Weg zur inneren Ganzheit*. Ariston, Kreuzlingen/München 1998.

Jung, Emma/Marie Louise von Franz: *Die Graalslegende in psychologischer Sicht*. Walter, Olzen 1980.

Kalweit, Holger: *Traumzeit und innerer Raum. Die Welt der Schamanen; Entdeckungsreisen in die Terra incognita der Seele. Der Schamane als Pionier der modernen Bewußtseinsforschung*. Scherz, Bern/München 1984.

King, Serge Kahili: *Der Stadt-Schamane*. Lüchow, Freiburg/Br. 7. Aufl. 1997.

Kondratiev, Alexi: »The Coming of Lugh«. In: *An Gael*. Irish Arts Center, New York 1990.

Larsen, Stephen: *The Mythic Imagination. Qur Quest for Meaning Through Personal Mythology*. Bantam Books, New York 1990.

Llywelyn, Morgan: *Bard. The Odyssey of the Irish*. Tor, New York 1987.

Mac Cana, Proinsias: *Celtic Mythology*. Peter Bedrick books, New York 1987.

Mac Canus, Diarmaid: *Irish Earth Folk*. Devin-Adair, New York 1959.

Maguire, Jack: *Hopscotch, Hangman, Hot Potato, and Ha Ha Ha. A Rulebook of Children's Games*. Prentice Hall, New York 1990.

Markale, Jean: *Die keltische Frau. Mythos, Geschichte, soziale Stellung*. Dianus-Trikont, München 1984.

Matthews, Caitlin: *The Celtic Tradition*. Element Books, Longmead/Shaftesbury/Dorset 1989.

Matthews, John: *The Grail Tradition*. Element Books, Longmead/Shaftesbury/Dorset 1990.

Matthews, John: *Taliesin. Shamanism and the Bardic Mysteries in Britain and Ireland*. Aquarian Press, London 1991.

Murray, Margaret A.: *The God of the Witches*. Oxford University Press, London 1952.

Naddair, Kaledon: *Keltic Folk and Faerie Tales. Their Hidden Meaning Explored*. Century, London 1987.

Neihardt, John G.: *Black Elk Speaks*. Simon & Schuster, New York 1975.

Dieses Buch ist auch im Deutschen erschienen: Schwarzer Hirsch: *Ich rufe mein Volk. Leben, Visionen und Vermächtnis des letzten großen Sehers der Ogalalla-Sioux*. Lamuv, Göttingen 10. Aufl. 1993.

O'Sullivan, Donal: *Carolan. The Life, Times and Music of an Irish Harper*. Routledge and Kegan Paul, London, 1958.

Pfeiffer, John E.: *The Creative Explosion. An Inquiry into the Origins of Art and Religion*. Cornell University Press, Ithaca 1982.

Piggot, Stuart: *The Druids*. Thames & Hudson, London 1975.

Von Ranke-Graves, Robert: *Die weiße Göttin. Sprache des Mythos*. Rowohlt Taschenbuch Verlag, Reinbek 1985.

Rees, Alwyn und Brinley: *Celtic Heritage*. Ancient Tradition in Ireland and Wales. Thames & Hudson, London 1975.

Rolleston, T.W.: *Celtic*. Avenel Books, New York 1986.

Rosenthal, M.L. (Hg.): *Selected Poems and Two Plays of William Butler Yeats*. Collier Books, New York 1962.

Ross, Anne: *Pagan Celtic Britain. Studies in Iconography and Tradition*. Columbia University Press, New york 1967.

Ross, Anne: *The Pagan Celts*. Barnes and Noble Books, Totowa, NJ 1986.

Rutherford, Ward: *The Druids. Magicians of the West*. Aquarian Press, Wellingborough/Northamptonshire 1978.

Sander, Donald: *Navaho Symbols of Healing*. Harcourt Brace Jovanovich, New York 1979.

Shakespeare, William: Die lustigen Weiber von Windsor. Übersetzt von Chris Alexander, bearbeitet von Chris Holzwarth. Bremer Shakespeare Company, 1991.

Sjoestedt, Marie-Louise: *Gods and Heroes of the Celts*. Turtle Island Foundation, Berkeley 1982.

Smith, Robert Jerome: »Irish Mythology«. In: Orel, Harold (Hg.): *Irish History and Culture*. University of Kansas Press, 1976.

Squire, Charles: *Celtic Myth and Legend*. Newcastle, Newcastle 1975.

Stewart, R.J.: *The Mystic Life of Merlin*. Arkana, London 1986.

Taylor, Timothy: »The Gundestrup Cauldron«. In: *Scientific American*. Band 266, Nr. 3 (3/1992), S. 84.

Underhill, Ruth Murray: *Singing for Power. The Song Magic of the Papago Indians of Southern Arizona*. University of California Press, Berkeley 1938.

Van de Weyer, Robert (Hg.): *Celtic Fire. The Passionate Religious Vision of Ancient Britain and Ireland*. Doubleday, New York 1991.

Welsford, Enid: *The Fool. His Social and Literary History*. Peter Smith, Gloucester 1966.

Yeats, William Butler: *The Celtic Twilight. Myth, Fantasy and Folklore.* Prism Press, Dorset 1990.
Yeats, William Butler (Hg.): *Irish Fairy and Folk Tales*. Dorset Press, New York 1986.